THÉOPHILE GAUTIER

UN
TRIO DE ROMANS

LES ROUÉS INNOCENTS
MILITONA
JEAN ET JEANNETTE

PARIS
G. CHARPENTIER ET Cⁱᵉ, ÉDITEURS
11, RUE DE GRENELLE, 11
1888

UN
TRIO DE ROMANS

BIBLIOTHÈQUE CHARPENTIER
à 3 fr. 50 le volume.

ŒUVRES COMPLÈTES DE THÉOPHILE GAUTIER

Poésies complètes. 1830-1872................................	2 vol.
Emaux et Camées. Edition définitive, ornée d'un Portrait à l'eau-forte, par J. Jacquemart................................	1 vol.
Mademoiselle de Maupin....................................	1 vol.
Le Capitaine Fracasse.....................................	2 vol.
Le Roman de la Momie, Nouvelle édition....................	1 vol.
Spirite, nouvelle fantastique. 5e édition..................	1 vol.
Voyage en Russie. Nouvelle édition........................	1 vol.
Voyage en Espagne (Tra los montes)........................	1 vol.
Voyage en Italie (Italia).................................	1 vol.
Nouvelles (La Morte amoureuse. — Fortunio, etc.)..........	1 vol.
Romans et Contes (Avatar. — Jettatura, etc.)..............	1 vol.
Tableaux de Siège. — Paris, 1870-1871. 2e édition.........	1 vol.
Théâtre (Mystère, Comédies et Ballets)....................	1 vol.
Les Jeunes France, romans goguenards......................	1 vol.
Histoire du Romantisme, suivie de Notices romantiques et d'une Etude sur les Progrès de la Poésie française (1830-1868). 3e édition................................	1 vol.
Portraits contemporains (littérateurs, peintres, sculpteurs, artistes dramatiques), avec un portrait de Th. Gautier, d'après une gravure à l'eau-forte, par lui-même, vers 1833. 3e édition..	1 vol.
L'Orient..	2 vol.
Fusains et Eaux-fortes....................................	1 vol.
Tableaux à la plume.......................................	1 vol.
Les Vacances du Lundi.....................................	1 vol.
Constantinople..	1 vol.
Les Grotesques..	1 vol.
Loin de Paris...	1 vol.
Portraits et Souvenirs littéraires........................	1 vol.
Guide de l'amateur au Musée du Louvre.....................	1 vol.
Souvenirs de théâtre, d'art et de critique................	1 vol.

IL A ÉTÉ TIRÉ DE CET OUVRAGE :

25 exemplaires numérotés sur papier de Hollande,
au prix de 7 francs.

Paris. — Imprimerie G. Rougier et Cie, 4, rue Cassette.

THÉOPHILE GAUTIER

UN TRIO DE ROMANS

Les Roués innocents.

Militona.

Jean et Jeannette.

PARIS

G. CHARPENTIER ET Cie, ÉDITEURS

11, RUE DE GRENELLE, 11

—

1888

Tous droits réservés.

LES ROUÉS INNOCENTS

I

Plusieurs calèches, crottées jusqu'aux capotes, attelées de chevaux de poste fumants, arrivèrent à de petites distances l'une de l'autre, avec un grand tintamarre de coups de fouet et de grelots, devant la porte d'un des plus célèbres restaurateurs du Palais-Royal, vers six ou sept heures du soir, un jour qu'il y avait eu sur les rives de la Bièvre une de ces courses au clocher, entremêlées d'averses, où les *gentlemen-riders* auraient autant besoin de parapluies que de cravaches.

Il sortit des voitures quelques hommes, dont aucun n'était vieux, et quelques jeunes femmes à qui un goût sévère n'aurait guère pu reprocher autre chose que d'être trop bien mises et d'une élégance trop *voyante*, pour emprunter au style figuré des modistes et des couturières cet hypallage qui leur sert à désigner tout objet ou toute couleur qui attire l'œil.

La troupe joyeuse ou du moins turbulente s'engouffra dans l'escalier, et les passants attirés par ce fracas purent entendre, pendant quelques minutes, des éclats de voix et de rire qui les firent penser en soupirant aux voluptés sans nombre qu'allaient savourer ces fortunés mortels. Les postillons, mis en belle humeur par les cinq francs de guide qu'ils venaient de recevoir, s'en retournèrent en faisant le plus triomphant vacarme du monde par manière de remerciement.

Une table somptueuse, servie dans le salon rouge du premier étage, attendait les convives, qui se placèrent avec un hasard un peu arrangé d'après les sympathies, les droits et les aversions de chacun. Les femmes, débarrassées de leurs chapeaux et de leurs mantelets, firent bouffer d'un coup de main le pli de leur jupe, passèrent le doigt dans l'échancrure de leur robe, se tassèrent dans leur corset par un gracieux mouvement d'épaules et se livrèrent à tous les préparatifs de toilette de personnes qui veulent se mettre à l'aise pour une séance de quelque longueur; deux ou trois d'entre elles tirèrent leurs petites mains, non sans peine, de gants plus petits encore, et qui, roulés ensemble, furent coulés dans le cornet des verres à vin de Champagne, en compagnie d'un bouquet de violettes de Parme ou d'un mouchoir garni de dentelles. D'autres, craignant de compromettre la délicatesse de leur peau, ne se dégantèrent pas et jetèrent sur leurs compagnes un regard où se peignait un dédain miséricordieux pour une semblable rusticité.

Les domestiques, vêtus de noir, cravatés de blanc comme des médecins ou des diplomates, circulaient, ombres légères et discrètes, autour de la table; et, se penchant mystérieusement à l'oreille des convives, marmottaient : « Monsieur, ou madame (selon le sexe) désire-t-il — ou désire-t-elle du vin de Xérès, de Madère — des côtelettes d'agneau aux pointes d'asperges — du vol-au-vent de turbot, du faisan truffé? » d'un ton de voix lugubre et d'un air de tristesse profonde peu en harmonie avec le sens des phrases prononcées, mais destiné à imiter le sérieux du service

anglais. A voir la mine compassée et funèbre de ces
« desservants du temple de Comus, » des bourgeois
ingénus les eussent plutôt pris pour des fossoyeurs
allant s'enterrer eux-mêmes, que pour les dispensateurs de l'ivresse et de la gaieté.

Cependant, grâce aux soins silencieux mais actifs de
ces Ganymèdes fantômes, la tranquillité ordinaire du
premier service commençait à faire place à l'animation ; une rumeur confuse, composée du bruit des
entretiens particuliers, flottait en bourdonnant au-dessus de la table, et déjà, pour se faire entendre, il
était nécessaire de grossir la voix. La flamme des
bougies chauffait avec force, et les fleurs groupées
dans les corbeilles du surtout dégageaient des parfums
pénétrants.

Une voix haute et stridente, celle du baron
Rudolph, lança au travers du tumulte des conversations et du bruit des fourchettes cette motion, qui
eut à l'instant beaucoup d'approbateurs :

« Pourquoi ne jette-t-on pas par la fenêtre cet
affreux système de cuivre doré qui, sous prétexte
d'ornement, nous empêche de voir Amine et Florence ? »

En disant ces mots, Rudolph étendit la main vers
une des pièces du surtout chargée de fruits confits et
de bonbons, comme s'il eût voulu joindre l'action à la
parole.

Les valets mélancoliques s'avancèrent, et, en un
instant, eurent débarrassé le milieu de la table.

Désobstruées du buisson de bronze et de fleurs qui
les cachaient, Amine et Florence apparurent dans tout
leur éclat aux bravos du reste de l'assemblée, comme
deux étoiles sortant d'un nuage.

Le baron Rudolph avait fait preuve de bon goût en
préférant la perspective de ces deux charmantes
figures à celle d'assiettes montées et de châteaux de
sucreries.

On n'aurait su trouver un contraste plus parfait qu'Amine et que Florence séparées par un cavalier insignifiant : elles semblaient créées pour montrer qu'on pouvait arriver à une beauté égale par des moyens complètement différents.

Amine était de taille moyenne, mince et potelée à la fois. Un teint d'une exquise fraîcheur naturelle, augmentée encore par les soins d'une coquetterie consommée, faisait ressortir l'extrême délicatesse de ses traits, plus fins que réguliers. Sa bouche, d'une mignonnerie enfantine contrastant avec les paroles qui en sortaient, ses yeux de velours tout étonnés de leurs regards hardis, son petit nez à narines roses dilatées et mobiles, formaient un ensemble où la grâce de l'enfance se mêlait au piquant de la corruption. Dépravée toute jeune par un vieux chargé d'affaires d'une des petites cours du Nord, elle avait la malice d'un diable dans la peau d'un ange.

Ainsi faite, Amine passait dans ce monde pour une créature dangereuse, pour une sirène irrésistible ; — ceux qui une fois subissaient ce charme fatal, ne pouvaient venir à bout de le rompre. — Dans la longue liste de ses amants, personne ne l'avait quittée, même ceux qu'elle trompait et qui le savaient.

Une robe de soie à larges raies, qu'on eût pu croire faite de rubans cousus, donnait à la mise d'Amine quelque chose de printanier et de fantasque qui lui seyait à merveille.

Quant à Florence, la première idée qu'elle éveillait dans l'esprit était celle d'une reine perdue n'ayant pu retrouver le chemin de son palais. Il y avait dans toute sa personne une telle distinction, une noblesse si réelle qu'on lui avait donné le sobriquet de l'*Impératrice*. On sentait qu'elle n'était pas née dans la bohème comme les autres, et qu'elle n'avait dû y venir que par suite de hasards malheureux, ou par une de ces injustices sociales auxquelles la nature ne peut se soumettre.

L'ovale de sa tête était d'une pureté grecque; les attaches de son col semblaient taillées par Pradier dans le marbre de Paros. Ses mains appelaient le sceptre, et provisoirement se contentaient de jouer avec un couteau de nacre et de vermeil. Sa peau, légèrement olivâtre, avait du rapport avec la pâleur passionnée des Andalouses et des Espagnoles de la Havane, et ressortait merveilleusement aux bougies. Une robe de velours noir montante, un petit col rabattu de point d'Angleterre, telle était la toilette sévère et simple de Florence, dont tout le luxe consistait en un admirable bracelet de Froment-Meurice à moitié caché d'ailleurs par la manchette. Bien que sa figure n'exprimât aucun sentiment de dédain pour cette société plus brillante que choisie, il y avait autour d'elle comme une espèce de solitude, de respect. Son voisin de droite s'occupait d'une autre femme, et son voisin de gauche, voyant Amine engagée dans une conversation assez vive, aimait mieux accepter tous les mets que lui envoyait le découpeur ou l'*écuyer tranchant* — si ce mot n'est pas trop ambitieux pour ce siècle bourgeois — que de commencer avec Florence un dialogue sans doute difficile à soutenir.

Quoique isolée et silencieuse, la jeune femme prenait à ce qui se passait une part plus active qu'on ne l'aurait supposé à son regard errant et à sa physionomie en apparence indifférente.

Amine aussi, malgré son babil inépuisable et les éclats de rire soulevés par ses folies, n'était pas sans une certaine préoccupation; ses yeux se dirigeaient souvent de l'autre côté de la table avec une expression singulière; coquetterie, tendresse ou malignité, quel était le sens de cette œillade furtive et rapidement détournée, c'est ce qu'il eût été difficile de préciser. A qui s'adressait-elle ? La question n'eût pas été non plus très aisée à résoudre, car l'heureux mortel qui aurait eu le droit de la recevoir ne se trouvait pas de ce côté : il est vrai qu'avec une femme du caractère d'Amine, ce n'était qu'une raison de plus.

Ce manège n'échappait pas à Florence qui la surveillait sans en avoir l'air, avec cette distraction merveilleusement jouée, commune aux chats, aux sauvages et aux femmes.

A plusieurs reprises, Amine avait senti son regard comme intercepté au vol et baissé les yeux se croyant devinée ; mais la physionomie complètement détachée de Florence qui dégustait à petites cuillerées un sorbet au marasquin, car on était arrivé au milieu du repas, l'avait assurée de l'indifférence ou du défaut de perspicacité de l'*Impératrice*, *abrutie* par sa beauté, et incapable de s'occuper d'autre chose que de ses perfections.

Deux hommes se trouvaient dans la direction du regard d'Amine et pouvaient attirer son attention. L'un était le baron Rudolph, celui qui, par une sorte de galanterie brusque, avait menacé de jeter les corbeilles du surtout par la fenêtre ; l'autre était Henri Dalberg, un jeune homme lancé depuis peu, qui montrait d'assez belles dispositions à manger le capital de vingt-cinq mille francs de rente qu'il possédait.

Le baron avait près de quarante ans, quoiqu'il en parût trente à peine ; ses cheveux noirs, rasés de près pour prévenir un commencement de calvitie, sa petite moustache fine et pincée par le bout au moyen d'un cosmétique, son teint d'une blancheur mate, l'expression à la fois efféminée et cruelle de sa physionomie lui donnaient une ressemblance vague avec ces portraits de Janet ou de Porbus, représentant des mignons de la cour de Henri III ; cette ressemblance physique aurait pu se continuer au moral.

Dalberg avait tout au plus vingt-deux ans ; sa figure

ouverte et douce, son regard bienveillant, sa bouche souriante contrastaient étrangement avec le ton dégagé et les allures hardies qu'il affectait. Les teintes roses de l'adolescence n'avaient pas encore entièrement quitté ses joues un peu pâlies par quelques excès récents et la fréquentation des coulisses de l'Opéra ; à la satisfaction évidente avec laquelle il passait un petit peigne d'écaille dans sa barbe d'un châtain doré, on voyait que c'était pour lui une nouveauté agréable.

« Auquel des deux en veut-elle ? » se dit Florence tout en répondant à son voisin, qui, après de longues réflexions, s'était enfin décidé à rompre le silence pour émettre cette importante observation météorologique :

« Quel temps affreux il a fait aujourd'hui, madame !

— A Rudolph ? à Henri ? Rudolph a été dans les bonnes grâces d'Amine autrefois, et Amine, comme elle le dit elle-même, n'a pas le défaut de rabâcher. Elle aurait fort à faire si elle s'abandonnait aux tendres réminiscences. Alors c'est à Henri que s'adresse cette œillade assassine ; Demarcy est donc ruiné ? »

Et Florence jeta un coup d'œil sur le mortel chargé de subvenir à la liste civile d'Amine ; il trônait au haut de la table, avec l'indolente sécurité d'un homme qui a beaucoup d'actions du Nord.

« Ce serait donc caprice, sinon de cœur, du moins de tête ? Observons, continua Florence dans son monologue.

— Et combien il a dû se gâter de chapeaux, d'écharpes et de robes, ajouta le voisin d'un ton lamentable, en songeant qu'on abuserait sans doute de ce prétexte pour lui faire renouveler une toilette entièrement intacte ou tout au plus maculée d'une goutte de pluie.

— Dalberg s'est-il aperçu qu'il est la cible des flèches d'Amine ? a-t-il senti un des regards qu'elle lui décoche ? se demanda Florence ; les hommes sont étranges. Les deux seuls qui n'y verront rien, ce seront lui et Demarcy. »

Ce n'est pas que Dalberg fût un sot ; mais il était engagé avec Rudolph dans une controverse assez vive. Il avait perdu vingt-cinq louis en pariant pour un cheval au steeple-chase ; la somme n'était pas considérable, mais son amour-propre souffrait de l'erreur de son jugement : il soutenait au baron qui avait gagné que toute la faute était à l'écuyer.

« Mon cher, lui répondait Rudolph, on pouvait s'y tromper. Votre favori, bien qu'au fond il ne fût qu'une rosse, avait des *performances* remarquables. Vous avez jugé en artiste et non en jockey ; mais nous vous formerons. Je vous présenterai à Edwards et à Robinson ; je vous ferai connaître Tom Hurst, le célèbre entraîneur. »

L'espoir d'être admis dans l'intimité de si grands personnages rendit sa bonne humeur à Dalberg qui se mit à parcourir la gamme de verres-mousseline placés devant lui, et que les échansons sinistres avaient impassiblement remplis de barsac, de gruau-larose, de romanée, de constance et autres crus renommés.

Amine sourit en voyant Dalberg s'abandonner franchement à la gaieté du repas, et dit à voix basse à l'homme placé auprès d'elle :

« Il marche bien l'enfant !

— S'il continue, il va se griser comme un garde national à la table du roi, » répondit l'homme avec un geste de pitié.

Rudolph, lui, ne buvait qu'un peu de vin de Champagne frappé, mêlé à de l'eau de Seltz, sous prétexte d'un commencement de gastrite causé par de soi-disant excès commis dans les enfers de Londres, à un récent voyage en Angleterre.

Cette différence fut remarquée par Florence, et un imperceptible mouvement d'épaules trahit sa contrariété.

Les minauderies d'Amine avaient enfin attiré l'attention d'Henri, qui s'était penché vers Rudolph pour lui dire :

« Il me semble, sans présomption aucune, qu'Amine me regarde d'un air furieusement tendre.

— Pardieu ! vous êtes un gaillard dubitatif ; rien n'est plus clair ; mais vous êtes trop Némorin pour profiter de la bonne volonté de cette Estelle, répondit le baron Rudolph à Henri, qui se disculpa de son mieux de toute tendance pastorale, et affirma d'un air plein de candeur que jamais la terre n'avait porté un plus grand scélérat, et qu'auprès de lui Lovelace et don Juan n'étaient que des gens timorés.

— Tant mieux ! car l'on vous avait soupçonné d'amour honnête et pur, ce qui est extrêmement mal porté et du plus mauvais genre. »

A ce propos, Henri rougit comme une jeune fille prise en faute, et cacha son embarras sous un toast en l'honneur d'Amine et de Florence, qui le lui rendirent en portant leur verre à la hauteur de leurs yeux.

Le dîner tirait à sa fin et devenait bruyant, tout le monde parlait à la fois et chacun se racontait son histoire à soi-même faute d'auditoire. Une demi-douzaine de ces confidents de tragédie qui savent si bien écouter n'eût pas été de trop dans cette société de seigneurs et de princesses. Ne pouvant se faire entendre, malgré son fausset criard, Amine, bête et malfaisante de sa nature, gâchait le plus qu'elle pouvait de fruits, d'oranges glacées et de tranches d'ananas. Elle avait soin de faire entamer tous les plats intacts, d'effondrer à grands coups de cuiller toutes les architectures de sucre filé encore restées debout, et cela, disait-elle, dans l'idée philanthropique de les empêcher d'être servis une seconde fois tout couverts de poussière et de moisissure à un repas de noces de gens vertueux. Elle aurait bien aussi cassé quelques cristaux, quelques glaces et quelques porcelaines, si Rudolph ne lui eût affirmé que ce n'était plus de mode depuis l'Empire et la Restauration.

On passa au salon : Florence, qui paraissait voir avec déplaisir Amine se rapprocher d'Henri, trouva moyen de se faire offrir le bras par ce dernier. Amine saisit vivement le bras de Rudolph et lui dit très bas :

« Eh bien ! que dites-vous de mes œillades ?

— Parfait d'exécution, répondit Rudolph sur le même ton ; le demi-tour de prunelle et surtout l'éclair humide qui le suit sont irrésistibles. Une Andalouse, une bayadère n'eussent pas mieux fait. Tu as dans le blanc de l'œil une certaine lueur nacrée qui vaut un million.

— Et qui me l'a rapporté, répliqua le joli monstre en riant de manière à montrer jusqu'au fond de sa bouche ses petites dents grosses comme des graines de riz.

— Il s'agit de rendre Henri Dalberg amoureux fou.

— Je le veux bien : il est gentil, son air d'innocence me plaît.

— Par amour du contraste, sans doute ; il faut en outre, pour des motifs à moi connus, le compromettre le plus possible ; le montrer avec lui en loge découverte, à l'Opéra, aux avant-scènes des petits théâtres, aux Champs-Élysées, au Bois et aux courses, et cela avec ce luxe tapageur et ce fracas de toilette qui te fait regarder d'un bout du Champ de Mars à l'autre et qui occupe de toi seule une salle tout entière.

— Et si Demarcy se fâche ? Il n'est pas lucide sans doute, mais vous demandez des choses à crever les yeux.

— Tu l'enverras promener ; il n'a d'autre mérite que d'être grossièrement riche ; mais le jeune homme possède cinq cent mille francs clairs et mangeables : c'est toujours cela.

— Oui, répondit Amine, et il est beau, c'est ce qui me décide.

— Et d'ailleurs, si tu perds ton banquier, je te donnerai un prince indien avec une multitude de lacks de roupies, des masses de cachemires et des diamants à remuer à la pelle. »

Pendant ce court dialogue, Henri et Florence avaient traversé le salon et se tenaient debout dans l'embrasure de la croisée entr'ouverte. L'air qui vient du Palais-Royal n'a rien d'alpestre ni de balsamique, mais il peut paraître agréable après une séance de trois heures dans une salle échauffée par les feux des bougies, la vapeur des mets et l'haleine de vingt personnes.

Le ciel s'était nettoyé, un vague rayon éclairait les allées de tilleuls et piquait de paillettes d'argent l'eau tremblante du bassin. La figure de Florence, atteinte d'un côté par la lueur rose des lustres et de l'autre par le reflet bleu de la lune, était d'une beauté singulière et d'une rare noblesse. Sans le vouloir, Dalberg, qui affectait des allures cavalières, avait repris les façons respectueuses qu'il eût eues auprès d'une femme de la meilleure compagnie; il écoutait avec déférence quelques observations spirituelles et pleines de bon sens, faites par Florence sur les événements de la journée, et avait complètement oublié Amine.

Celle-ci s'en aperçut, et, peu disposée à perdre du terrain, elle trouva un moyen très simple de séparer de la sage Florence le confiant ami de Rudolph.

Le café pris et les liqueurs bues, l'on avait voulu danser. Il y a toujours aux Frères-Provençaux deux ou trois pianistes en permanence qu'on évoque quand il est besoin, et qui, à demi endormis, se mettent à jouer avec des physionomies de somnambules des contredanses, des galops, des valses, des polkas; ce sont pour la plupart de pauvres jeunes artistes rêvant de symphonies à la Beethoven, d'opéras à la Meyerbeer, et qui acceptent ce triste métier pour vivre. Leurs nuits se passent à voir de belles jeunes femmes étincelantes de parure se livrer à la joie et aux plaisirs : ils sont là spectateurs impassibles de l'orgie comme l'esclave cubiculaire des fresques d'Herculanum ; et, le jour, penchés sur leur papier de musique couturé de ratures, ils pensent à ces anges et à ces démons qu'ils connaissent tous et dont aucun ne les connaît.

Amine s'avança vers Henri, et, faisant une révérence moqueuse à Florence, dont la figure se rembrunit, elle lui dit de sa petite voix flûtée :

« Madame, je vous demande pardon de vous enlever monsieur, mais je n'ai pas de danseur. Allons, venez, monsieur Henri, vous regarderez la lune une autre fois, fit-elle en minaudant ; n'allez pas croire au moins que j'aie pour vous une passion désordonnée parce que je vous ai invité moi-même. Une femme qui a envie de polker ne respecte aucune convenance ; ainsi, c'est bien entendu, vous n'êtes pour moi autre chose que deux pieds vernis et une main gantée de blanc. »

En débitant d'un ton délibéré ces phrases dédaigneuses, Amine se penchait sur le bras d'Henri avec une nonchalance voluptueuse qui démentait le sens de ses paroles. Henri ne put se défendre d'un certain trouble en sentant sur sa manche la tiédeur vivace d'un corsage élastique.

On joua une valse ; Amine, dont les petits pieds effleuraient à peine le parquet, se suspendait à l'épaule de Dalberg, et bien qu'elle ne lui pesât pas plus qu'une plume de colibri, elle semblait presque portée par lui ; sa jolie tête renversée en arrière, et dont les anglaises éparpillées flottaient dans le tourbillon, prenait de ses yeux noyés, de sa bouche à demi ouverte par une respiration précipitée, une expression de langueur voluptueuse à troubler l'homme le plus froid. Heureusement Demarcy, qui était marié et comme tel forcé de rentrer à des heures probables, avait demandé sa voiture depuis longtemps.

Florence, qui, restée debout près du balcon et presque enveloppée par les plis du rideau, observait cette scène sans être vue, se dit, tant l'imitation était parfaite : « Est-ce qu'elle serait amoureuse tout de bon ? »

Fatigué de danser, Henri alla s'asseoir en face de Rudolph à une table de jeu, et la tête alourdie par les libations, ému par les regards fascinateurs d'Amine, il perdit une cinquantaine de louis qui rejoignirent, dans la poche du baron, les vingt-cinq du pari. Cette journée de plaisir coûtait deux mille francs à Dalberg, — juste ce qu'elle rapportait à Rudolph.

Le monsieur observateur de la température, qui, par une foule de manœuvres savantes, s'était rapproché de Florence, lui confia mystérieusement cette troisième proposition déduite des deux premières avec une logique supérieure :

« Ne vaudrait-il pas mieux remettre les *steeple-chases*, et généralement toutes les solennités en plein air, lorsque le baromètre est à la pluie ou même au variable ? »

La nuit s'avançait, l'aiguille allait toucher trois heures ; Dalberg, moins aguerri aux veilles que le reste des convives, la plupart viveurs émérites, s'était endormi dans l'angle d'une causeuse, comme un enfant qu'on a oublié de coucher.

« Bon ! le voilà qui dort plus à lui seul qu'un comité de lecture, dit Amine en passant devant lui ; s'il allait nous dire en rêvant le nom de celle qu'il aime — style de ballet — ce serait drôle ! »

Tout à coup elle se pencha vers le dormeur « comme Diane vers Endymion. » Par l'interstice de la chemise de Henry, que laissait bâiller un bouton d'opale sorti de sa boutonnière, elle avait vu briller un petit médaillon au bout d'un ruban. L'attirer à elle et couper de ses dents de rat le nœud qui le retenait, avait été pour Amine l'affaire d'un instant. Dalberg avait tressailli et porté vaguement la main à sa poitrine, comme pour défendre son bien, mais ne s'était pas réveillé.

« Ah! pour le coup, nous allons rire, à défaut du nom, nous connaîtrons au moins la figure de la bien-aimée de M. Dalberg. »

Et la malicieuse créature s'était enfuie au bout du salon et réfugiée parmi un groupe de ses compagnes, de peur que le médaillon ne lui fût brusquement arraché des mains. Elle en fit jouer le ressort et mit en évidence une miniature grande comme l'ongle et représentant une tête de jeune fille.

Amine fit voir le portrait à ses amies; aucune ne put lui mettre un nom:

« Ce doit être quelqu'un d'honnête; pas une de nous ne la connaît, dit-elle avec cette insolence joyeuse qui la caractérisait. Elle est blonde, à ce qu'il paraît; des yeux bleus, l'air distingué, de la beauté, mais tout cela fade et glacial; une de ces perfections à faire mourir d'ennui. »

Quand ce fut le tour de Rudolph de regarder, un éclair de joie illumina sa pâle figure. Ces traits, qui n'étaient pour les autres qu'une vaine image, il les avait signés au premier coup d'œil.

« Ne rends pas ce médaillon, » dit-il à la jeune folle en voyant s'approcher Dalberg.

Florence aussi ne put retenir un léger tressaillement à l'aspect du médaillon; peut-être sa nature plus délicate que celle des autres se révoltait-elle à cette profanation d'un si pur sentiment.

« Bonjour, berger, dit Amine à Dalberg qui s'avançait, avez-vous fait, pendant votre sommeil des rêves couleur de rose, et vu des moutons poudrés à blanc dans des pâturages d'épinards ? avez-vous soupiré sur vos pipeaux l'éloge de votre belle, comme il convient à un parfait Céladon ?

— Que signifient ces folies? répondit Dalberg qui ne s'était pas encore aperçu de la perte du portrait.

— Et moi qui écoutais avec un frisson si bénévole les terribles histoires que monsieur racontait tantôt au steeple-chase, et qui m'attendais à tout moment à voir sortir de terre une flamme de térébenthine pour engloutir un si grand scélérat!... Le lion est un agneau, le don Juan porte sur son cœur des portraits de pensionnaires avec des cheveux, car il y a des cheveux pour que rien ne manque à la bourgeoisie sentimentale de la chose. De la soupe grasse, du bœuf aux choux, une femme légitime et sept enfants, voilà ce qu'il vous faut pour être heureux, profond séducteur ! »

Les autres femmes se mirent à ricaner de leur rire; Dalberg s'écria :

« Rendez-moi ce médaillon.... c'est le portrait de ma mère....

— Allons donc ! repartit Amine, il y a une date ; en 1845 madame votre mère devait avoir plus de seize ans !

— Je me trompais.... reprit Dalberg en balbutiant, je voulais dire ma sœur....

— Vous pataugez horriblement, mon cher : vous n'avez pas de sœur : un de vos principaux agréments est d'être fils unique.

— Trêve de plaisanteries ; rendez-moi ce médaillon.

— Non pas, je le garde pour mon musée. Je serai charmée d'avoir la vertu chez moi, ne fut-ce qu'en effigie. »

Dalberg furieux s'avança pour reprendre le médaillon de force; mais prévoyant l'attaque, Amine l'avait fait passer rapidement de sa main droite dans sa main gauche, et pendant que Dalberg s'efforçait d'écarter les doigts effilés de la jeune femme, elle avait prestement coulé le portrait dans son corset.

2.

« Ce n'est pas la peine de jouer ici la scène de lord Ruthven et du duc de Guise, et de me faire des bleus au bras, » dit Amine en ouvrant sa main vide.

Par un brusque mouvement de retraite, elle gagna la porte, jeta sur ses épaules le manteau que lui tendait un domestique et descendit l'escalier avec la légèreté d'un oiseau.

Dalberg se précipita sur ses pas, mais n'arriva que pour voir étinceler le pavé sous les fers des chevaux et la voiture tourner l'angle de la rue.

II

La place qui s'étend devant la vieille église de Saint-Germain-des-Prés était complètement déserte. Un reste de brouillard qui se résolvait en pluie fine avait chassé les rares passants qui traversent cet endroit presque solitaire. Les yeux des maisons commençaient à peine à s'ouvrir, et, sans une citadine aux stores baissés qui stationnait à quelque distance du portail, on eût pu se croire dans une ville morte.

Une femme emmaillottée d'une pelisse de couleur sombre qui ne permettait pas de distinguer ses formes, coiffée d'un chapeau noir garni d'un voile très épais derrière lequel il était impossible de deviner ses traits, sortit de l'église après avoir légèrement effleuré du bout de son gant le goupillon que lui tendait le donneur d'eau bénite; mais, soit qu'il lui eût fallu pour se signer relever son voile, soit qu'elle ne fût pas d'une piété bien fervente, elle secoua la gouttelette suspendue à son doigt et se dirigea vers la citadine, dont le cocher abaissa le marchepied avec plus d'adresse et de vivacité que n'en mettent habituellement ces honnêtes automédons.

S'il se fût trouvé là un observateur, il eût remarqué un pied à cambrure aristocratique, des chevilles mignonnes moulées dans un brodequin irréprochable; et l'idée de quelque entrevue mystérieuse, de quelque rendez-vous à l'espagnole lui fût immédiatement venue à l'esprit, corroborée par la mise de l'inconnue, qui pouvait passer pour un déguisement; car, bien qu'elles n'aient pas la ressource du loup de velours, de la mantille et de la baüte, les femmes de Paris qui ne veulent pas être reconnues ont inventé à l'usage de la ville un domino aussi impénétrable que celui de l'Opéra.

Eh bien! malgré sa finesse, cet observateur se serait trompé. Il eût pu faire le tour des nefs humides, le long desquelles moisissent quelques tableaux dans le goût strapassé du dernier siècle, pénétrer jusque dans la chapelle de la Vierge déshonorée d'affreuses grisailles, fouiller le chœur assombri par les échafaudages placés pour les peintures de Flandrin, regarder derrière les colonnes corinthiennes de bois sculpté qui soutiennent le buffet de l'orgue et jettent des ombres si propices au mystère — il n'eût découvert aucun prétexte pour supposer une intrigue de roman.

Une ou deux vieilles femmes marmottaient des prières, chacune devant son autel de prédilection; un vieillard coiffé d'un bonnet de soie noire balayait la nef et rangeait les chaises dont les pieds tracassés faisaient un bruit répété longuement par la sonorité vide de l'église.

L'esprit le plus sceptique n'eût pu soupçonner ce bonhomme d'être un prince déguisé; c'était bien un balayeur d'une authenticité incontestable, et d'ailleurs connu dans le quartier depuis quarante ans.

L'objection qu'il existe une autre porte — et même

d'un assez joli style renaissance — qui donne sur une autre rue, n'aurait eu aucune valeur, car depuis plus d'une heure personne n'avait passé par là.

Malgré toute l'envie possible de croire qu'on tenait le bout du fil d'un de ces imbroglios que la curiosité aime tant à démêler, il eût fallu se résigner à ce fait tout simple et peu romanesque que la dame inconnue n'avait d'autre but que de faire sa prière en dépit du manteau-sac, du voile et de la citadine aux stores baissés. En ce siècle d'incrédulité, tout le monde n'a pas le courage d'être pieux ouvertement, et beaucoup de gens se masquent pour aller à l'église.

Au moment où la citadine se mettait en mouvement, parut au coin de la rue de l'Abbaye une jeune fille accompagnée d'une gouvernante âgée et d'une physionomie respectable qui tenait ouvert au-dessus de la tête de son élève un parapluie de forme patriarcale.

La mise de la jeune fille, quoique d'une simplicité presque puritaine, faisait voir par la finesse des étoffes et le soin des détails qu'elle appartenait aux classes aisées de la société. Sa figure fraîche et colorée annonçait une vie calme comme le quartier. On ne lisait pas autour de ses yeux bleus la fatigue des bals, des spectacles et des soirées, écrite en pénombres violettes. Ses cheveux blonds tournés en boule et arrêtés au coin de ses tempes, car il était trop matin pour qu'elle fût déjà coiffée, permettaient d'apprécier les lignes pures de ses joues que veloutait le duvet de la virginité. Son air modeste et recueilli, ses yeux baissés sans affectation indiquaient une jeune personne pieuse qui se rend à l'église pour commencer saintement une journée innocente.

Le petit fiacre à stores baissés passa si près de la jeune fille et de sa gouvernante, qu'elles furent forcées de se ranger contre le mur. Une légère rougeur, probablement due à l'émotion, car la roue l'avait presque froissée, colora le front blanc de Calixte, et elle continua sa route vers Saint-Germain-des-Prés d'un pas plus vif.

Calixte et sa gouvernante entrèrent dans l'église, et remontèrent la nef jusqu'à ce qu'elles fussent arrivées à la chaire. C'était là que se trouvait la chaise de Calixte, dont les initiales étaient marquées en clous de cuivre sur le dossier. — Un petit coffre adapté en dessous contenait le Paroissien, l'Eucologe et les livres de piété à l'usage de la jeune fille.

Elle s'agenouilla après avoir tiré un des livres de la boîte, et se mit à prier, en apparence avec ferveur. Cependant, malgré toute la bonne opinion que doit inspirer une jeune fille qui se rend de si bonne heure à l'église, accompagnée de la plus respectable des gouvernantes, il faut dire qu'un papier plié ayant toutes les apparences d'un billet doux se trouvait intercalé entre les feuilles du saint livre! Calixte ne sembla pas le moins du monde indignée de cette découverte, et glissa avec assez de dextérité le billet entre son gant et sa main.

Autre remarque bien faite pour surprendre : si quelqu'un des convives qui avaient si joyeusement employé la nuit aux Frères-Provençaux eût pu, par un hasard invraisemblable, se trouver à cette heure matinale dans cette vieille église, au fond du faubourg Saint-Germain, il eût été frappé de l'étrange ressemblance des traits de Calixte avec ceux du médaillon volé par Amine à Henri Dalberg.

C'étaient bien les mêmes cheveux blonds, le même regard bleu, le même sourire doucement épanoui. Mais comment le portrait d'une jeune fille si dévote reposait-il sur le cœur d'un jeune écervelé, où l'avait été chercher la main impure d'une courtisane!

La messe achevée, Calixte retourna chez elle d'un pas dont elle avait peine à modérer l'impatience, et que pouvait à peine suivre la vieille gouvernante ; arrivée à la maison, elle monta droit à sa chambre.

Il régnait dans ce nid de colombe un ordre parfait, une propreté extrême. L'ameublement, quoique confortable, était d'une simplicité rigoureuse ; une étoffe bleu uni tendait la muraille ; un tapis blanc, parsemé de bouquets, couvrait le plancher. — Un lit de pensionnaire se cachait au fond, sous ses rideaux blancs. A des cordons blancs de soie étaient suspendues quelques gravures d'après Raphaël ; quelques aquarelles représentant des fleurs, cadeaux et souvenirs d'amies de pension. — L'une d'elles ayant pour sujet un groupe de coquelicots et de bleuets mêlés à des épis, portait cette inscription : « Fait en promenade d'après nature, et offert à mon amie Calixte. » Mais la signature, à moitié cachée par le cadre, ne laissait voir que le haut de deux lettres débordant de la ligne et qui semblaient être un F. et un L. Était-ce une maladresse de l'encadreur ou une précaution pour dissimuler un nom qu'il ne convenait pas de faire connaître ? C'est ce qu'il serait difficile de résoudre ?

Sur une petite étagère de palissandre, une douzaine de volumes montraient des dos à nervures et des titres glorieux, tels que *les Méditations*, *les Feuilles d'automne*, *Paul et Virginie*, *le Pèlerinage de Child-Harold*, et témoignaient d'un goût pur et d'une éducation soignée.

Un magnifique piano d'Érard, seul luxe de la chambre et sur le pupitre duquel s'ouvrait un cahier de musique — la sonate 13⁰ de Beethoven — annonçait aussi chez Calixte des connaissances musicales assez avancées, en même temps qu'un métier à broder tendu d'un fond de meuble presque terminé attestait que ces études d'un ordre plus élevé ne lui faisaient pas négliger les humbles travaux de l'aiguille.

Calixte, après avoir donné à sa gouvernante un ordre

qui devait la tenir éloignée pour quelque temps, ferma sa porte, retira le billet de son gant et se mit à le lire.

La lettre si mystérieusement parvenue à son adresse ne produisit pas l'effet qui résulte ordinairement de pareilles correspondances. — Un nuage parut ombrer le front ordinairement si serein de Calixte; ses beaux yeux se troublèrent, un mouvement précipité souleva son sein, et le papier trembla dans sa main émue, qu'elle laissa retomber sur son genou dans une attitude découragée.

Elle resta ainsi quelques minutes, puis relevant la tête, qu'éclairait en plein la lumière, elle sembla secouer une idée importune, et la tranquillité reparut sur ses traits. La conviction ébranlée un moment rentra dans son âme, et elle se leva du fauteuil où elle s'était jetée, en disant avec un accent de foi profonde:

« Je vaincrai le mauvais ange ! »

Puis elle alluma une bougie et brûla à sa flamme la lettre, dont elle fit disparaître les vestiges dans la cheminée.

Quand la gouvernante rentra, elle trouva Calixte assise à son métier et comptant les points d'une fleur tracée au carreau qu'elle voulait copier. Elle lui apportait ce qu'elle avait demandé.

« C'est bien, ma bonne, dit Calixte d'un ton doux et bienveillant. — Comment trouvez-vous ce dessin ?

— Parfait ! répondit la vieille femme sans se douter que Calixte venait de l'envoyer chercher assez loin un écheveau de laine dont elle n'avait que faire, et qu'on eût fort surprise en lui apprenant que la pupille qu'elle ne quittait pas d'un instant avait reçu, lu et brûlé un billet éminemment suspect. »

Quelques mots sur Calixte et son origine ne seraient pas déplacés ici. Calixte habitait Paris depuis six mois seulement avec M. Desprez, son père, ancien notaire d'une ville de province qu'il est inutile de désigner, et qu'il s'étonnait d'avoir quittée.

Cette ville était la ville natale de Henri Dalberg, légèrement cousin de Calixte Desprez. Là, ces deux enfants s'étaient connus et liés l'un à l'autre par ce fil imperceptible de l'habitude; ils avaient vécu ensemble dans la charmante familiarité de l'innocence; leur parenté, qu'ils s'exagéraient, expliquait la fréquence de leurs rapports; on les avait vus si petits l'un et l'autre que personne ne songeait qu'ils étaient devenus grands. M. Desprez, parce qu'il avait autrefois fait danser Henri sur son genou, le regardait comme un enfant sans conséquence; quant à sa fille, elle lui paraissait à peine sevrée, et il l'appelait toujours « petite », comme le jour où elle était revenue de nourrice; aberration commune aux gens âgés qui, parce qu'ils restent stationnaires, ne s'aperçoivent pas que tout pousse autour d'eux, et demeurent tout ébahis qu'un jour ces bambins fassent des dettes, se battent en duel, aient des maîtresses, et demandent à se marier. Henri était pourtant un beau jeune homme, ayant la tête de plus que M. Desprez, et Calixte, laissée plus libre, malgré une éducation austère, qu'elle ne l'eût été si sa mère eût vécu, avait déjà une grâce sérieuse, des idées plus réfléchies que la plupart des jeunes filles.

Bien que la maison de M. Desprez ne fût guère amusante, et qu'il n'y vînt que des quinquagénaires, pour faire le whist et le boston, Henri la trouvait la plus divertissante du monde, et y passait presque toutes ses soirées.

Le grand salon à boiseries grises, et dont les angles restaient toujours en dehors de l'auréole des bougies, lui paraissait gai, lumineux et vivant. Son avis eût été sans doute tout autre, si, en entrant, il n'avait pas vu Calixte déjà assise au piano, et déchiffrant quelque morceau difficile qui réclamait son avis et son intervention. D'autres fois, c'était une lecture de quelque poëte étranger qu'il fallait traduire ensemble, et souvent, leurs têtes, penchées vers la même page, s'effleuraient par le front ou la joue ; une boucle blonde se mêlait aux cheveux bruns de Henri ; mais dans le feu de l'explication, on n'y prenait pas garde. La surveillance, un peu assoupie, il est vrai, de la vieille gouvernante, légitimait d'ailleurs ces entrevues d'une pureté parfaite, et auxquelles le rigorisme le plus scrupuleux n'eût rien trouvé à redire.

Lorsque Dalberg fut obligé de partir pour Paris, où l'appelaient le perfectionnement de ses études et le soin de son avenir, Calixte éprouva un grand serrement de cœur ; — la scène des adieux fut triste. Dalberg demanda et obtint une miniature que Calixte avait faite d'après elle-même au miroir et qu'elle destinait à une de ses amies de pension, car elle peignait avec beaucoup de goût. Ce fut alors que ces deux enfants comprirent combien ils s'aimaient. Ils ne se l'étaient jamais dit, mais leurs âmes s'étaient fiancées silencieusement et avaient échangé l'anneau d'or dans un baiser muet. Dans le cœur de Calixte, un poinçon invisible avait buriné cette phrase :

« Je n'aurai jamais d'autre époux que Henri Dalberg. »

Au bout de quelques mois, M. Desprez qui s'était jusque-là parfaitement contenté des ressources que la ville de C*** offrait à son loisir, prétendit qu'il avait assez lu Horace, que le whist était un jeu monotone et que le poisson devenait de plus en plus rare dans la rivière locale. Il sentit tout à coup le besoin de revoir des parents oubliés depuis vingt ans et qui devaient lui être fort utiles pour de certaines opérations qu'il méditait. Bref, il annonça qu'il partait pour Paris dans l'intention d'y passer une partie de l'année.

Calixte, avec ce machiavélisme familier aux plus honnêtes natures féminines, avait inspiré à son père, qui n'en avait nullement envie, l'idée de ce voyage ; et M. Desprez, sans trop savoir pourquoi, s'était trouvé installé rue de l'Abbaye, dans un appartement retenu d'avance par un ami.

Dalberg vint naturellement voir le père de Calixte, et les choses se passèrent à peu près au faubourg Saint-Germain comme à C***, et dans le salon rouge comme dans le salon gris. Seulement M. Desprez, reprenant goût à la vie parisienne, vendit sa maison de C*** et s'établit d'une manière définitive dans cette rue dont la tranquillité lui plaisait et lui permettait de jouir de ce qu'il appelait en riant le sommeil de province.

La tolérance de M. Desprez s'expliquait tout naturellement ; ce qui pouvait arriver de pis, c'est que les jeunes gens devinssent très amoureux l'un de l'autre, et comme Dalberg était d'une famille honorable et possédait une assez jolie fortune, l'ex-notaire, sûr de la vertu de sa fille et de la loyauté du jeune homme, ne voyait à cela aucun inconvénient. La perspective d'avoir Dalberg pour gendre lui souriait comme une excellente affaire.

Maintenant, si l'on s'étonne de voir Henry souper avec des beautés équivoques, jouer et se griser ayant le cœur plein de beaux sentiments, l'on voudra bien se souvenir que l'âme humaine est un composé de contrastes, et que les héros tout d'une pièce ne se rencontrent guère que dans les tragédies. Le monde est plein de Grandissons qui se conduisent en Lovelaces et font des atrocités avec une fraîcheur d'idylle ; l'entraînement de l'entourage, la vanité naturelle à la jeunesse, la séduction d'un type célébré par les grands poëtes, faussent bien des natures ; la candeur et la naïveté sont des qualités dont on rougit plus que des vices ; et si, au dire de ceux qui l'habitent, le bagne n'est peuplé que d'innocents, en revanche, tous les jeunes gens qu'on interroge prétendent être d'affreux bandits : chacun a la fatuité de ce qui lui manque.

Ainsi Dalberg, fait pour savourer les douceurs de la vie intime, capable de comprendre les poésies du foyer et de la famille, menait une vie diamétralement opposée; cela tenait à ce qu'en arrivant à Paris, il avait lié connaissance avec Rudolph qui l'avait lancé dans ce monde douteux où, sous l'apparence du plaisir, se cachent des préoccupations sérieuses et de profonds calculs.

On ne passe pas ainsi de la vie patriarcale de province à cette existence fiévreuse, surexcitée, orgiaque, où l'or, le vin et les femmes combinent leur triple ivresse, sans en éprouver une commotion morale. Les rires étincelants, les œillades lascives, les propos hardis, les toilettes provoquantes, et pourquoi ne pas le dire? les épaules satinées, les bras nus insolemment livrés au regard, avaient troublé les sens neufs de Dalberg. Malheureusement pour la vertu, le vice a souvent la peau fine, la dent blanche et le teint pur. — En outre, la crainte d'être taxé par Rudolph de naïveté départementale, poussait Henri à toutes sortes de forfanteries de viveur. Il soupait sans faim, par simple imitation des roués de la régence, jouait et perdait de peur d'avoir l'air bourgeoisement économe, et se croyait obligé de faire la cour à des femmes qui ne lui plaisaient pas du tout, mais qui étaient vantées par son ami comme très à la mode. Plus de gens qu'on ne le pense, et cela parmi les plus forts et les plus spirituels, vivent pour obtenir l'approbation d'individus quelquefois sans mérite. Dans tout ce qu'il faisait, Henri avait l'inquiétude de Rudolph; un sourire ou un froncement de sourcils du baron lui faisait complètement changer d'avis; un mouvement d'épaules, un peuh! méprisant de Rudolph suffisaient pour dégoûter Henri d'un cheval, d'une femme ou d'une voiture. S'il donnait à souper, Henri n'était à son aise que lorsque Rudolph avait daigné dire : « C'est mangeable, » et ne s'amusait pas à mettre au-dessus des mets les plus exquis quelque ignoble ragoût de portier. — Rudolph avait une manière froide d'exciter Dalberg aux plus grandes folies ; il lui donnait des conseils raisonnables et l'engageait à ne pas forcer sa nature débonnaire et pacifique ; ainsi poussé, Henri aurait sauté une haie de six pieds de haut, embrassé la reine sur son balcon, et mis toute sa fortune sur une carte.

A ce train, Henri avait déjà mangé une cinquantaine de mille francs, mais ce n'était pas cela qui l'occupait en ce moment.

Ce médaillon, que depuis plus d'un an il avait l'habitude de sentir sur sa poitrine, et qu'il regardait comme un espèce de talisman, était aux mains d'Amine, qui, sans doute, n'avait voulu lui faire qu'une niche en l'emportant, car de quelle utilité pouvait lui être cette miniature ? Elle n'était pas entourée de brillants, et ce morceau d'ivoire peint ne devait avoir aucune valeur pour la maîtresse de Demarcy. Pourtant, Dalberg éprouvait un vif chagrin de ne plus posséder ce cher portrait auquel il attachait une idée superstitieuse ; il se trouvait en quelque sorte désarmé.

Aussi il attendit avec une impatience extrême qu'il fût l'heure de se présenter chez Amine ; mais Amine avait eu la fantaisie d'aller déjeuner à Saint-Germain, au pavillon Henri IV, prétendant que rien n'est plus malsain que de rentrer chez soi après souper — et n'était pas encore revenue. — Mais sans doute, avait ajouté la femme de chambre, monsieur pourra trouver madame, ce soir, à l'Opéra.

Henri courut à l'Opéra, mais il eut beau braquer sa lorgnette sur toutes les loges, il ne put découvrir Amine, et sortit fort dépité. — L'heure à laquelle il pouvait convenablement se présenter chez M. Desprez était passée, ce qui ne l'empêcha point de prendre le chemin de la rue de l'Abbaye, pour avoir au moins le plaisir de regarder la maison où vivait son amie.

Une faible lueur tremblotait à travers les rideaux de la chambre de Calixte. — Henri, embossé dans son manteau, fixa longtemps ses yeux humides sur ce point brillant, étoile d'amour qui scintillait dans l'obscurité générale, car les autres fenêtres s'étaient successivement éteintes.

Les scènes du passé revinrent en foule à sa mémoire; il se souvint de mille charmants détails où perçait la plus pure tendresse, d'une fleur donnée et conservée comme une relique, d'un refrain de romance dont l'application était visible, d'une main abandonnée plus longtemps qu'il n'était nécessaire à une descente de bateau ou de voiture.... Et il se sentit le cœur inondé d'ineffables délices, car ces riens venant de Calixte avaient une valeur immense! Puissance de l'amour chaste, il était plus heureux de guetter une ombre sur une vitre qu'il ne l'avait été la veille à une table exquise, au milieu des plus jolies femmes et des plus joyeux compagnons.

« C'est là, se disait-il, qu'elle vit, qu'elle prie et travaille; c'est là qu'elle s'endort sous l'aile de son ange gardien, qui se penche pour voir les rêves de cette âme charmante. »

Puis, au bout de quelques minutes de contemplation extatique, faisant un retour sur lui-même, il ne put s'empêcher de s'écrier :

« Ah! si Rudolph me voyait, c'est pour le coup qu'il m'appellerait troubadour et m'offrirait une redingote abricot à bandes de velours; il ne me manque vraiment que la guitare. Encore si j'étais à Séville ou à Grenade, sous un balcon moresque! » Et il rit, mais du bout des lèvres, car il avait les paupières mouillées.

Pendant que Dalberg se livrait dans la rue à cet exercice que les Espagnols appellent *pelar la pava*, que faisait Calixte?

Assise devant une petite table, elle écrivait, ou du

moins paraissait écrire, car sa plume ne laissait aucune trace sur le papier. Un plateau chargé d'un verre et d'une carafe contenant de la limonade, était posé près du pupitre de Calixte, qui piquait le bec de sa plume dans une moitié de citron qui n'avait pas servi à la confection du breuvage.

En ce moment, les sons d'un orgue se firent entendre dans le lointain, et M. Desprez entra, selon sa coutume, pour dire bonsoir à sa fille. L'orgue se rapprocha et s'arrêta sous la fenêtre, où il se mit à jouer tout son répertoire.

« Que le diable emporte l'Auvergnat et sa musique ! Est-ce l'heure de jouer à tour de bras : *Je veux revoir ma Normandie ?* s'écria M. Desprez, impatienté.

— Ce pauvre homme compte, pour sa recette, sur l'ennui qu'il cause, répondit Calixte en riant ; je vais lui jeter quelque monnaie, et il s'en ira. »

Calixte enveloppa deux ou trois pièces de billon avec le papier ramagé d'hiéroglyphes invisibles, et, entr'ouvrant la croisée, lança dans la rue le petit paquet, qui vint rouler aux pieds du musicien ambulant.

Celui-ci ramassa le tout, et mit précieusement l'enveloppe dans sa poche, après en avoir extrait l'argent ; puis, faisant passer la boîte derrière son dos, il disparut d'un pas rapide. Quant à Dalberg, heureux d'avoir entrevu un instant la blanche figure de Calixte dans le flot de lumière qui s'échappait de la fenêtre ouverte, il se retira emportant du bonheur jusqu'au lendemain.

Sans vouloir dénigrer une vertu aussi pure que celle de Calixte, ne pourrait-on pas croire que l'Auvergnat emportait une réponse au billet trouvé le matin à Saint-Germain-des-Prés ?

III

Il y a différentes manières, à Paris, de comprendre le mot matin : pour les hommes d'études, d'affaires ou de commerce, cette idée correspond à l'espace qui s'étend depuis huit heures jusqu'au milieu du cadran ; pour les femmes du monde, les actrices et les duchesses sans blason, le matin commence à trois heures de l'après-midi et finit au dîner.

Dalberg, qui était passablement usagé, sortit de chez lui vers trois heures, et, après avoir flâné quelque temps sur le boulevard des Italiens, pour n'avoir pas l'air d'un sauvage tombant dès l'aurore dans une maison civilisée, il se rendit chez Amine, qui habitait, rue Joubert, un appartement princier.

Il sonna. Un petit groom, fagoté en singe savant, vint lui ouvrir, lui demanda son nom, puis s'enfonça dans les profondeurs de l'appartement pour aller consulter la femme de chambre.

Au bout d'une ou deux minutes, le groom revint avec un air plus gracieux et accompagné de la camériste.

« Ma maîtresse est encore au lit, dit-elle à Dalberg, mais si monsieur veut excuser le désordre d'une chambre à coucher qui n'est pas faite, madame consent à le recevoir. »

Dalberg fit la réponse naturelle ; et comme il y avait déjà dans le salon un visiteur moins favorisé qui attendait patiemment l'heure du lever d'Amine en lisant des journaux et des brochures, on fit traverser à Henri un cabinet encombré d'aiguières d'argent, de jattes de porcelaine du Japon, de brosses, de limes, d'éponges, de gants à masser, et de tous les raffinements de toilette qu'ont inventés dans tous les temps et dans tous les pays la coquetterie et la richesse amoureuses d'elles-mêmes.

Derrière un paravent fumait l'eau tiède encore d'une baignoire garnie d'un fond de toile de Hollande. Çà et là était jetées négligemment quelques-unes de ces belles serviettes damassées algériennes qui boivent si parfaitement la sueur dans les étuves moresques, et avec lesquelles les femmes d'Amine avaient séché sur son beau corps les dernières perles du bain.

Peut-être trouvera-t-on que faire traverser à un homme sur qui l'on a des intentions cet atelier de beauté qu'on nomme un cabinet de toilette, est de la part d'une femme aussi exercée qu'Amine, un manque de tact et de convenance! Ne risquait-elle pas de se dépoétiser aux yeux mêmes de celui qu'elle voulait charmer? ou bien pensait-elle que ces recherches de sultane ou d'impératrice romaine, que ce culte excessif de soi-même était un moyen de séduction, les hommes étant toujours flattés des efforts faits pour leur plaire?

Il faisait à peine jour chez Amine. Une veilleuse agonisait dans une lampe d'albâtre suspendue au plafond, et jetait des reflets vacillants qui faisaient vaguement miroiter dans l'ombre des dorures rocaille, des ventres de potiche et des angles de cadre.

Dalberg fit quelques pas en hésitant. Ses yeux, accoutumés à la vive clarté du dehors, ne pouvaient encore rien distinguer dans cette demi-obscurité.

« Allons, Annette, ouvrez les rideaux et enlevez la lampe; il fait jour, je pense, dit Amine à sa camériste. »

Un torrent de lumière entra dans la chambre, et un joyeux rayon de soleil se mit à sauter le long des murs comme une folle levrette enfin admise auprès de sa maîtresse.

« Ah ! c'est vous, monsieur Dalberg ! vous êtes venu hier, à ce qu'on m'a dit ? — Combien je regrette de ne pas m'être trouvée là. — Mais qui aurait pu prévoir que vous m'honoreriez de votre visite ? dit Amine avec un charmant sourire ; il faut vraiment que je ne sois guère coquette pour vous recevoir faite ainsi. »

Et, en disant cela, la malicieuse créature commettait un gros mensonge, car elle savait très bien qu'aucune toilette au monde ne valait pour elle le désordre étudié où elle se trouvait.

Son bonnet garni de dentelles gisait à côté de sa tête ; sa chevelure soyeuse se répandait en boucles lustrées sur la blancheur du drap, et laissait voir une petite oreille délicatement ourlée et rose comme un coquillage de la mer du Sud. Son peignoir de batiste, brodé de valenciennes, et négligemment fermé, lui faisait toute sorte d'utiles trahisons ; un de ces bras sorti de la couverture s'allongeait languissamment sur l'ondulation de sa hanche ; l'autre s'arrondissait au-dessus de son front dans la pose de la Cléopâtre antique.

Sans avoir oublié Calixte, Dalberg n'y pensait peut-être pas avec la même intensité qu'auparavant et contemplait Amine d'un œil sinon amoureux, du moins caressant. Le regard admiratif qu'il eût accordé à un marbre, à un tableau, il ne pouvait le refuser à un chef-d'œuvre vivant.

Amine, satisfaite de l'effet qu'elle avait produit, dit à Dalberg d'un ton demi sérieux, demi badin :

« Si j'avais le moindre amour-propre, je croirais que vous vous êtes enfin décidé à venir rendre hommage « à mes faibles charmes ; » mais un autre motif vous amène. — Je ne suis pas assez jolie, sans doute, pour mériter un tel honneur.

— Madame, un pareil blasphème ne peut être dit que par vous.

— Vous êtes poli, Dalberg ; mais vous ne seriez pas ici, malgré tous vos compliments, sans un certain médaillon que vous grillez de ravoir et que je ne vous rendrai pas.

— Ne vous faites pas plus méchante que vous n'êtes, Amine. A quoi vous servira-t-il de le garder?

— Cela me servira à vous faire venir. J'ai beaucoup de plaisir à vous voir.

— Ne raillez pas, je vous prie.

— Je parle sérieusement ; — qu'y a-t-il là d'étrange?

— Voyons, — je vous donnerai une belle bague, un bracelet....

— Pourquoi faire? répondit Amine en remuant dans un baguier, placé sur un guéridon près de son lit, un amas étincelant de bijoux.

Vous l'aimez donc beaucoup cette blonde.... Est-ce qu'elle est jolie? les portraits sont toujours flattés.

— Jolie... répondit Dalberg en balbutiant.... pas absolument.... de la fraîcheur, de l'ingénuité.

— Oui, la beauté du diable.... des couleurs de pension, les coudes et les mains rouges, dit Amine avec une petite moue dédaigneuse en avançant sa main blanche, fluette, veinée légèrement d'azur, transparente comme l'opale, et dont les ongles ressemblaient à des feuilles de rose du Bengale.

— Oh! quelle admirable main vous avez, reprit Dalberg, désireux de changer le cours de la conversation, et il attira vers lui le bras d'Amine qui se laissa faire.

— Les sculpteurs les plus illustres l'ont moulée.... Mais il ne s'agit pas de ma main. Comment pouvez-vous aimer une blonde? Les blondes ont les cils et les sourcils effacés! » dit Amine en agitant par un mouvement rapide, pareil à celui que les Espagnoles impriment à leur éventail, les longues franges brunes de ses paupières, qui palpitaient sur ses joues comme des papillons noirs sur un bouquet de roses.

Malgré toute sa passion pour Calixte, Dalberg ne pouvait s'empêcher de convenir que les cils d'Amine étaient longs, soyeux, d'une nuance admirable, et faisaient merveilleusement ressortir la nacre bleuâtre de ses yeux. Il répondit d'un air dégagé :

« Je ne suis pas amoureux.

— Comment ! et vous portez un médaillon sur votre cœur ! Que feriez-vous donc si vous l'étiez ?

— Pur enfantillage ? — Imitation de romans passés de mode ; sentimentalité à la Werther !

— Dont vous n'êtes pas corrigé, à ce qu'il paraît.

— Ce portrait, j'avais l'habitude de l'avoir suspendu au cou, et j'oubliais toujours de l'ôter.

— Je suis sûre, tendre berger, que vous posiez dévotement vos lèvres, soir et matin, sur cette chère effigie, ainsi que cela doit se faire sur les bords du Lignon.

— Amine, vous me croyez par trop pastoral....

— Oh ! je sais que vous êtes un monstre.... vous avez fait une infinité de malheureuses et commis vingt rouëries plus scélérates les unes que les autres.

— Ne me raillez pas si cruellement et faites-moi donner cette miniature à laquelle j'ai la faiblesse de tenir....

— Personne, excepté vous, n'a jamais pensé dans cette chambre à une autre femme que moi.... Allons, c'est bien, je vois que je suis devenue laide, » dit Amine, en se retournant dans son lit.

Dans ce mouvement, son peignoir glissa sur son épaule, et elle ne le rajusta pas tellement vite que Dalberg ne pût être convaincu que le temps de déployer des talents et des qualités morales n'était pas encore arrivé pour ce démon à peau satinée.

Henri n'avait pas étudié Escobar et son *Traité des compositions de conscience ;* mais il n'était pas très éloigné de racheter le portrait de Calixte à un singulier prix, se fondant sur la légitimité de l'intention. — Les œillades qu'Amine lui avait lancées au souper des Frères-Provençaux, la façon dont elle l'accueillait avaient un sens trop clair pour qu'on pût s'y méprendre ; il crut donc inutile et même dangereux d'insister davantage sur la restitution du portrait, craignant d'éveiller la jalousie feinte ou réelle d'Amine, et sachant la haine envenimée qu'ont les anges d'en bas pour les anges d'en haut. Il n'aimait pas Amine, mais elle exerçait sur lui, en ce moment, la fascination de tout ce qui est charmant et perfide, brillant et glacé, la fascination de la fleur vénéneuse qu'on ne peut s'empêcher de cueillir, du serpent dans la gueule duquel l'oiseau vient s'engouffrer, frissonnant de plaisir et d'horreur. La corruption a des attraits inexplicables même pour les âmes les plus honnêtes. — Sans trop se rendre compte de tout cela, Henri s'était rapproché d'Amine et ne parlait plus du médaillon, lorsque la femme de chambre, soulevant une portière, arriva près du lit, et se penchant vers sa maîtresse, lui chuchota cette phrase :

« Mademoiselle Florence est là qui voudrait parler à madame.

— Il fallait dire que je n'y étais pas.

— Il y avait déjà du monde au salon, et madame ne m'avait pas dit qu'elle voulait se celer.

— Décidément, Annette, tu baisses. Une soubrette d'esprit entend à demi-mot. Mais puisque la sottise est faite, laisse entrer. — Qui peut nous valoir cette visite de Florence et d'où lui vient cette amitié subite ? » dit Amine en fixant son regard sur Henri.

Florence entra, et d'un rapide coup d'œil se rendit compte de l'état de la chambre et de la situation des personnes. Ce ne fut qu'un éclair, mais une expression plus sereine se répandit sur sa figure, et après avoir salué Amine, elle fit une révérence gracieuse à Dalberg, qui s'était retiré un peu à l'écart.

« Voilà une aimable surprise, dit Amine à Florence, vous êtes si rare !

— Mon Dieu ! j'ai peur d'être importune : que faites-vous aujourd'hui ?

— Rien... j'avais un commencement de migraine ; je n'avais aucun projet ; je comtais rester couchée toute la journée.

— J'essaye une nouvelle voiture et une paire de chevaux neufs ; voulez-vous venir faire un tour au bois de Boulogne avec moi ?

— Volontiers. Je vous demande un quart d'heure pour m'habiller ; regardez un peu dans la rue, monsieur Dalberg, je vous en prie, ou passez dans une autre pièce, dit Amine d'un ton de pudeur fort peu alarmée, en se laissant glisser sur le tapis d'hermine étendu devant son lit, et en fourrant ses pieds mignons dans les pantoufles doublées de cygne que lui présentait sa camériste agenouillée.

— A propos, dit Florence, vous avez sans doute rendu à M. Dalberg le médaillon que vous lui avez enlevé par plaisanterie ?

— Non pas... je le garde pour le taquiner. »

Un léger pli contracta le front de Florence, qui reprit aussitôt :

« Et vous connaissez le nom de la personne qu'il représente ?

— Pas encore, mais je le saurai. »

Une imperceptible rougeur monta aux joues de Florence.

« Pourquoi faire ? dit-elle d'un ton négligent.

— J'ai des dispositions à détester les gens qu'aime M. Dalberg.

— C'est un aveu, cela...

— Oh! non, je suis jalouse sans être amoureuse.

— Allons, vous pouvez reparaître, dit Amine en élevant la voix, je suis habillée de façon à ne plus alarmer votre candeur.

— Si monsieur veut nous accompagner, dit Florence, il y a une place pour lui.

— J'accepte avec reconnaissance, » répondit Dalberg en s'inclinant, et il suivit les deux femmes, sans trop savoir s'il était content ou fâché, et si l'arrivée de Florence avait été opportune ou intempestive.

Quant au monsieur installé dans le salon, il avait fini sa dernière brochure, lorsque Annette vint lui annoncer qu'Amine, ayant une migraine atroce, ne se lèverait pas de la journée. En apprenant cette fâcheuse nouvelle, il prit son chapeau et dit : « Ce n'est pas étonnant, le vent d'est souffle depuis deux jours. »

A cette profondeur d'observation, on aura reconnu le personnage météorologique du souper. C'était lui, en effet.

Maintenant, pour quelle raison Florence était-elle venue précisément, ce jour-là, à cette heure, chez Amine, qu'elle ne visitait pas quatre fois l'an, et pour laquelle, bien qu'elle s'abstînt de porter des jugements sur les autres femmes, elle ne paraissait avoir aucune sympathie? — Était-ce le simple hasard, ou l'espoir d'y rencontrer Dalberg et le désir d'arrêter à son commencement une intrigue qui lui déplaisait, pour une raison ou pour une autre?

En lui supposant de l'amour pour Henri, la jalousie eût expliqué cette démarche; mais elle ne l'avait vu qu'un très petit nombre de fois, d'une manière vague, en compagnie d'autres personnes, et sans chercher à faire naître des rapports plus fréquents.

D'ailleurs, Florence était une vertu.... relative. — On ne lui avait jamais connu qu'un amant, et si des mauvaises langues chuchotaient le nom d'un second, le fait n'était pas bien prouvé. Quoique par sa position même elle ne pût être reçue dans le monde, Florence possédait tout ce qu'il faut pour y briller, et, légalité à part, n'était pas plus indigne d'y tenir sa place que bien d'autres, abritées derrière le nom d'un mari, endosseur naturel de toutes leurs fredaines. La crainte qu'Amine ne fît un méchant usage du médaillon et ne s'en servît pour jeter du trouble dans la vie d'une jeune fille honnête et pure, avait probablement déterminé Florence à se rapprocher de la maîtresse de Demarcy.

La voiture remontait les Champs-Élysées au trot de deux chevaux anglais demi-sang et d'une rare beauté. Amine, enveloppée des pieds à la tête dans un grand cachemire, s'étalait sur le velours bleu des coussins comme si elle eût été couchée, saluant avec une certaine affectation les gens de connaissance qu'elle rencontrait. Elle était fière de paraître en public avec Florence, comme le serait une bourgeoise de sortir avec une duchesse, ou une choriste avec un premier sujet. Chaque monde a son aristocratie, et dans ce monde-là Florence était une princesse du sang.

A l'avenue de Madrid, on rencontra Rudolph qui faisait une promenade à cheval et parut assez étonné de voir Amine avec Dalberg dans la voiture de Florence. En homme qui a l'usage du monde, il ne témoigna aucune surprise, et se mit à trotter le long de la calèche, échangeant avec les femmes quelques observations caustiques sur les tournures plus ou moins grotesques des cavaliers qui filaient dans un nuage de poussière.

« Quel motif peut avoir la réunion de ces personnages disparates ? se demandait Rudolph, tout en cheminant du côté de la calèche occupée par Amine. — La vertueuse Florence aurait-elle l'imagination préoccupée à l'endroit du jouvenceau recommandé par moi aux soins d'Amine? Voilà une auxiliaire sur qui je n'avais pas compté; deux valent mieux qu'une. Si Amine échoue, Florence réussira. Si l'une d'elles lui déplaît, l'autre doit le charmer ; il n'y a pas moyen qu'il échappe. »

Et Rudolph, rassuré sur la réussite de ses projets, fit faire une courbette à son cheval.

Amine, se penchant hors de la voiture du côté de Rudolph, qui s'était rapproché, dit en anglais et d'un ton de voix assez bas pour n'être pas entendue d'Henri et de Florence, occupés d'ailleurs de leur conversation :

« Le nom du portrait?.... vite !

— Calixte Desprez, » répondit Rudolph en sourdine ; et si près de la voiture, que la roue rasa presque la hanche de son hack.

Un éclair de joie maligne illumina la figure d'Amine.

« Qui eût pensé, disait Florence à Dalberg, mais avec un doux sourire et des yeux attendris, que vous étiez capable d'un sentiment si pur? — Cette religion de l'amour m'a touchée.

— L'adresse? continua du même ton Amine en feignant d'admirer un point de vue.

— Rue de l'Abbaye, 7, répondit Rudolph du bout des lèvres et courbé sur le col de sa monture.

— Il y a, répondit Dalberg, dans une pièce de Calderon, la *Dévotion de la Croix*, un certain chenapan nommé Eusebio qui n'a d'autre mérite qu'une foi profonde dans le signe de la rédemption.

— Et qui est sauvé. — Mais vous n'avez plus votre talisman, dit Florence, et le diable a tout pouvoir sur vous.

— J'espère, dit Rudolph, poursuivant la conversation à travers le bruit des roues et les piétinements des chevaux, que tu feras le plus mauvais usage possible de ces documents?

— Soyez tranquille, » dit Amine.

Comme on était assez loin, l'on dit au cocher de toucher vers Paris, et la voiture redescendit l'avenue des Champs-Élysées au petit pas des chevaux, la mode étant d'aller doucement, mode assez sage dans ce dédale mouvant de phaétons, de tilburys, d'américaines, d'escargots, de broughams et d'équipages de toutes sortes.

Rudolph eut fort affaire de saluer toutes les beautés de sa connaissance rencognées dans l'angle d'un petit coupé, en compagnie d'un king's-charles ou d'un énorme bouquet.

Florence déposa Dalberg près des chevaux de Marly, et reconduisit Amine chez elle. — Pour Rudolph, il rentra dans son entre-sol de la rue de Provence, et, après dîner, comme il n'avait rien à faire, il joua quatre heures de suite à la bouillotte, des parties sèches, c'est-à-dire où aucun argent n'était engagé, avec des amis curieux comme lui de ne rien perdre de leur force.

Dalberg, qui devait une visite à M. Desprez, était allé changer de toilette, — se trouvant trop bien mis; — sa chemise, brodée et ornée de transparents prétentieux, fut remplacée par une autre très fine, mais plus simple; à son gilet un peu flamboyant, succéda un gilet d'une nuance modeste et plus assortie à la gravité d'une maison d'ex-notaire, naturellement amoureux d'habits noirs et de couleurs sombres.

En déposant ses vêtements de lion, Dalberg avait repris son ancien caractère, et quand il entra dans le salon de M. Desprez, à sa mise simple, naturelle et modeste, l'on n'eût pas reconnu le jeune homme qui se promenait chaque soir au bras de Rudolph, sur le boulevard des Italiens, d'un air si crâne et en soufflant au nez des femmes la fumée de son cigare.

4.

Ce n'était pas de sa part dissimulation, mais retour à la vérité.

Quand il alla saluer Calixte occupée de quelque ouvrage dans l'embrasure de la croisée, il se sentit embarrassé malgré le sourire amical et l'accueil plein de bienveillance de la jeune fille. La conscience de n'avoir plus le médaillon le tourmentait, il lui semblait que Calixte devait deviner par intuition magnétique la perte de ce doux gage d'amour et de confiance, et par un mouvement puéril sans doute, mais que comprendront ceux qui ne rient pas des poétiques superstitions de l'âme, il croisa son habit, interposant ainsi un voile de plus entre sa poitrine et le regard de son amie.

« Henri, je crains bien que vous n'ayez un rival, dit en riant la jeune fille à Dalberg; — j'ai vu hier au soir, sous ma fenêtre, un personnage mystérieux....

— Un joueur d'orgue, dont la musique faisait hurler tous les chiens du quartier.

— Non pas.... mais un cavalier enveloppé d'un manteau couleur de muraille, et le feutre enfoncé sur les yeux, qui doit être fort enrhumé aujourd'hui, car il ne faisait pas chaud. Je vous conseille d'aller l'attendre demain et de le pourfendre de votre bonne lame.

— Je m'en garderai bien, reprit Dalberg.

— Et moi qui avais cru éveiller votre jalousie par cette confidence.... Je vois que je n'y réussirai jamais.

— Non, Calixte; j'ai en vous une confiance sans borne, dit Henri, car je vous aime, et de toute mon âme.

— Je le crois ! » répondit Calixte en plongeant dans les yeux d'Henri son regard lumineux et pénétrant.

La figure de Calixte, naturellement charmante, était sublime en cet instant; on eût dit que le jour émanait d'elle. Son âme jetait de si vifs rayons qu'elle était devenue visible sur ses traits par une sorte de pâleur lumineuse.

« Je sens que je ne puis vivre sans vous, dit Henri en s'inclinant sur la main tiède et moite que lui abandonnait Calixte. — Voulez-vous de moi pour mari, si votre père m'accepte ? »

Calixte ne répondit pas ; mais elle laissa tomber sa tête sur l'épaule de Dalberg, et quand elle la releva, ses beaux yeux étaient baignés de larmes....

M. Desprez, qui était entré à pas de loup, surprit ce groupe charmant, et ne se conduisit pas en père de comédie. Il ne roula pas de gros yeux, ne fronça pas le sourcil d'une manière olympienne : un sourire plein de bonhomie éclaira son visage jovial, car il attendait depuis longtemps ce résultat, et il s'avança vers sa fille et Dalberg, en se frottant les mains.

Henri vint à sa rencontre, et, le prenant à part, lui dit :

« Monsieur Desprez, il faut que j'aie un entretien avec vous.

— Quand vous voudrez, mon garçon ; je me doute bien de ce que vous avez à me dire ; mais vous êtes bien jeunes tous les deux, nous avons le temps, » répliqua M. Desprez.

.... Quelques amis de l'ex-notaire arrivèrent, et l'on se mit à jouer au boston, comme dans le salon gris de C....

A dix heures, Henri se retira le paradis dans le cœur ; il ne s'était jamais autant amusé que ce soir-là.

En rentrant chez lui, comme il passait devant la loge de son concierge, un bras sortant par le vasistas lui tendit une petite lettre ; il l'ouvrit, et y trouva ces mots :

« Venez me prouver ce soir que vous n'aimez pas
« *Calixte*, et je vous rendrai un portrait qui n'aura
« plus de prix pour vous. »

IV

« Quelle heure est-il, Annette? dit Amine en s'étirant sur la chaise longue où elle était à demi couchée ; je ne vois pas la pendule d'ici.

— Minuit bientôt, madame, répondit la suivante après avoir consulté un cadran niellé de fort bon goût.

— Il n'est pas tard, il peut venir encore, pourvu que Rudolph ne l'ait pas emmené jouer au Cercle, » se dit Amine à elle-même.

« On a bien remis ma lettre? demanda Amine une demi-heure après.

— Oui, madame; c'est Toby qui l'a portée.

— C'est singulier comme l'attente rend nerveuse! Faites-moi un verre d'eau et mettez-y trois gouttes de fleur d'oranger. »

Annette obéit et posa devant sa maîtresse un plateau garni d'un verre à patte et d'une carafe en cristal de Bohême magnifiquement taillé et doré.

Amine but à peine une gorgée, et, dominée par l'impatience, elle se leva, alla à la fenêtre, et appuyant son front moite à la vitre, regarda dans la rue faiblement éclairée par des réverbères qui avaient trop compté sur la lune, ou par une lune qui avait trop compté sur les réverbères. Chaque ombre qui passait la faisait tressaillir, espérer et désespérer.

Un roulement de voiture, suivi d'un temps d'arrêt et d'un grincement du bouton de la sonnette que le silence de la nuit permettait d'entendre, lui causa une telle émotion qu'elle fut obligée d'appuyer la main sur son cœur pour en comprimer les battements.

C'était une femme de la maison qui rentrait.

On s'étonnera peut-être de cette vivacité de sensations dans une femme blasée comme Amine, mais c'était une de ces natures que l'obstacle irrite. Dalberg serait venu, elle y aurait à peine fait attention, il ne venait pas, elle eût tout donné pour le voir. Amine avait la fantaisie de l'impossible. Dalberg, amoureux d'elle et libre, ne lui eût rien inspiré; amoureux d'une autre, il lui paraissait l'homme le plus séduisant. Se substituer à une chaste image, à un rêve longtemps caressé, faire tourner la tête à quelqu'un qui la détestait était une de ses plus âcres jouissances; elle voulait pour sa statue le socle d'une idole renversée et pour sol à son temple les décombres d'une passion.

Tout amour pour une jeune fille vertueuse, pour une femme du monde honnête, excitait chez elle une jalouse fureur, soit qu'elle se regardât comme dédaignée tacitement par un choix de cette espèce, soit qu'elle pressentît dans de telles amours de pures délices, de chastes voluptés, de séraphiques extases qui lui étaient à jamais interdites et qu'elle regrettait confusément.

Faire trahir Calixte par Dalberg eût été pour elle le triomphe le plus flatteur, et au trouble mal déguisé du jeune homme, lorsqu'il était venu chercher le médaillon, elle avait cru y réussir, et peut-être eût-elle accompli son projet sans l'arrivée de Florence.

Pendant qu'Amine s'impatientait, Dalberg, de son côté, était en proie à la plus vive anxiété. Le nom de Calixte, souligné avec affectation par Amine, présageait de la part de celle-ci toutes sortes de malices diaboliques; et d'abord comment avait-elle pu le savoir?

Calixte ne sortait que rarement, n'allait que fort peu au spectacle, et devait être aussi inconnue dans le monde où vivait Amine que si elle eût été ensevelie au fond d'un cloître ou d'un harem, en Portugal ou en

Turquie. Il y a souvent mille lieues d'un quartier de Paris à l'autre et l'on ne rencontre pas plus de certaines espèces hors de certains milieux qu'on ne voit de poissons nageant sur les grandes routes. Jamais Amine n'avait mis le pied à Saint-Germain des Prés ni au Luxembourg, seuls endroits fréquentés par Calixte. Jamais il n'était arrivé à l'élégante courtisane de traverser la rue de l'Abbaye, où elle aurait pu entrevoir derrière la vitre le délicat profil de la jeune fille, travaillant à quelque ouvrage de filet.

Il fallait donc que ce nom lui eût été dit par quelqu'un. Mais par qui ?

Les cinq ou six personnes qui allaient chez M. Desprez étaient des gens de cinquante à soixante ans, d'anciens avoués retirés, des ex-notaires, hommes graves, mariés, pères de famille ou vieux garçons à gouvernante, qui ne dépassaient les ponts que dans des occasions solennelles, et n'avaient aucune accointance avec les princesses d'Opéra et de petits théâtres.

Le mystère restait donc impénétrable pour lui. Il ne pouvait avoir été trahi par aucun confident, car il s'était caché de son amour plus que d'un crime, comme d'un ridicule : ce n'est pas à Rudolph, à Demarcy, à Châteauvieux qu'il eût été se vanter de son amour platonique pour une petite fille de province ; ces messieurs, qui professaient des doctrines très positives sur cette matière, eussent poursuivi de rires inextinguibles et criblé de sarcasmes et de quolibets le malheureux cokney capable de sentiments bourgeois.

Cependant le portrait de Calixte n'en était pas moins dans les mains d'Amine, et Dalberg la connaissait assez pour s'attendre à quelque scandale au cas que l'alternative posée par la lettre resterait sans réponse.

La situation était des plus embarrassantes. Ne pas

aller chez Amine c'était s'exposer à toute la rancune de son orgueil blessé; y aller, c'était trahir Calixte, cette chaste enfant dont tout à l'heure encore il pressait la main confiante. Que faire?

Il hésita longtemps. Un véritable roué se fût décidé tout de suite, sauf à établir en cas de besoin une distinction subtile entre l'âme et le corps, entre les passions du cœur et les caprices de l'esprit.

« Allons, je reste, se dit-il en se déshabillant ; quand Rudolph saura cela, c'est pour le coup qu'il se moquera de moi, mais je penserai à Calixte, et ses plaisanteries glisseront sur moi comme la pluie sur une twine imperméable. Demain, je m'excuserai auprès d'Amine d'une façon quelconque ; j'aurai passer la nuit à jouer, je ne serai rentré que le matin, je l'amuserai quelques jours, et quand je serai marié je n'aurai plus rien à redouter d'elle. L'original me consolera d'avoir perdu la copie, et si elle veut faire quelques noirceurs, j'aurai le droit de défendre ma femme. »

Un peu rassuré par ce raisonnement, Dalberg se coucha et finit par s'endormir d'un sommeil peu profond et traversé de rêves où l'image d'Amine, l'œil languissant, les joues colorées d'une légère vapeur rose, le coude noyé dans un oreiller de dentelles, lui présentait le médaillon de Calixte.

« Comment me trouves-tu, Annette, disait, de son côté, Amine à sa femme de chambre, suis-je vieillie, ai-je quelque ride, quelque tache, quelque défaut dont je ne me sois pas aperçue? Tu peux être franche.

— Madame n'a jamais été si bien que ce soir, répondit Annette d'un ton admiratif. Je lui trouve les yeux d'un lumineux particulier.

— C'est le feu de la fièvre, l'impatience, la colère... Deux heures ! il ne viendra pas.... je n'y conçois rien. Pourtant ce matin, sa voix tremblait, il rougissait, il pâlissait. Il me trouvait belle, j'en suis sûre !... Oh !

quelle idée me traverse l'esprit ; si ce langoureux personnage à médaillon ne couchait pas chez lui ? si j'avais deux rivales au lieu d'une à combattre ? Deux, c'est trop facile, l'amour exclusif est donc une chimère ? Ce petit Dalberg me déplaît déjà beaucoup. Pauvre Calixte ! j'ai bien envie de le lui laisser pour la punir d'un tel choix. Si Rudolph ne me l'avait recommandé, je ne m'occuperais plus aujourd'hui de ce jouvenceau ridicule.... »

Au bout de ce monologue, Amine se fit mettre au lit, et tourna nonchalamment les premiers feuillets d'un roman nouveau, moyen efficace qui ne tarda pas à produire son effet.

Le volume roula bientôt sur le tapis ; en dire le titre serait une cruauté inutile.

Le lendemain, Rudolph vint voir Amine qu'il trouva d'assez mauvaise humeur : elle avait envoyé le matin Toby aux informations, et le résultat du rapport de l'intelligent émissaire était que Dalberg avait reçu la lettre et dormi vertueusement dans son domicile authentique.

« Il me dédaigne pour une petite poupée de pensionnaire. Quel Vandale ! dit Amine en coquettant devant une grande glace où elle pouvait s'admirer des pieds à la tête.

— C'est une conduite de Huron, et que tu lui feras payer cher, répondit Rudolph.

— Il m'a manqué.... gravement, il est naturel que je me venge ; mais vous, quelle raison avez-vous de lui en vouloir ? Vous lui vendez vos chevaux fourbus ; quand vous avez besoin d'argent, vous jouez une partie avec lui ; vous lui mettez sur les bras les femmes qui vous ennuient. C'est un vrai Pylade !

— Je ne lui en veux pas.... mais la vie que je mène me fatigue, et je sens le besoin de devenir un homme sérieux, et Mlle Desprez, désillusionnée sur le compte de Dalberg, pourrait faire la fortune de quelque garçon spirituel....

— Mais incapable d'être député.... de vous, par exemple.

— Pourquoi pas ? Je suis mûr pour la politique : j'engraisse.

— Et vous devenez chauve. Mais vous ne m'aviez pas dit que vous connaissiez particulièrement M. Desprez et sa fille.

— J'ai été cinq ou six fois chez M. Desprez pour affaires, mais Dalberg n'en sait rien. M. Desprez, sous des apparences modestes, est très riche. Calixte aura cinq cent mille francs de dot.

— Peste, le chiffre est gracieux ! Je ne m'étonne plus que Dalberg ne vienne pas aux rendez-vous qu'on lui assigne. Son innocence l'emporte sur votre rouerie. Une dot d'un demi-million vous a-t-elle jamais donné son portrait ?

— Hélas non ! je n'ai pas assez de poésie pour les jeunes héritières ; mon pathos est trop limpide, cela me nuit.

— Et vous êtes-vous posé comme prétendant ?

— Non pas, je me serais fait haïr subitement tout vif. J'ai salué froidement Calixte qui ne me reconnaîtrait pas, j'en suis sûr. Il fallait d'abord détruire le Dalberg.

— Homme profond, je comprends maintenant pourquoi vous m'engagiez « à l'attacher à mon char, » comme dirait un galant du Directoire : vous vouliez le déconsidérer, c'est flatteur pour moi ; merci de la préférence.

— J'aurais eu soin de préparer quelque rencontre... fortuite. M. Desprez et sa fille se trouvant nez à nez avec M. Henri Dalberg en compagnie de Mlle Amine... quel tableau enchanteur !

— Et peu conjugal.

— Le portrait nous évitera tous ces frais de mise en scène.

— Oui... je vous servirai tout en me vengeant, j'ai maintenant un vif intérêt dans l'affaire.

— Et si j'épouse Calixte Desprez, Mlle Amine recevra pour son billet de faire-part vingt-cinq chiffons de papier signés Garat. »

Amine et Rudolph étaient bien faits pour s'entendre, et le marché fut aussitôt conclu.

Ils s'étaient aimés jadis, si ce n'est pas profaner un tel mot, pendant six mois ; mais Rudolph avait compris qu'il ne pouvait être qu'un épisode dans la vie d'une femme comme Amine, et il s'était spirituellement effacé devant les notabilités financières et diplomatiques tour à tour ou simultanément honorées des bonnes grâces de la jeune actrice.

Il avait survécu aux différentes dynasties de Mondors, et ses libres entrées auprès de la divinité du lieu lui étaient toujours conservées, quel qu'en fût le pontife.

Rudolph plaçait l'argent d'Amine et sur les nouvelles qu'elle surprenait aux agents de change et aux personnages, bien situés pour tout savoir, qui papillonnaient autour d'elle, il faisait des coups de bourse et réalisait des gains dont il avait sa part. Amine ne faisait rien sans ses conseils ; il l'avertissait des déconfitures prochaines qu'il flairait avec un admirable instinct, et la rupture précédait toujours le désastre. Il opérait les raccommodements nécessaires, blâmait les caprices nuisibles ; il était, si l'on peut s'exprimer ainsi « le directeur de cette conscience ».

Il ne faudrait pas croire, d'après cela, que Rudolph fût un chevalier d'industrie ; pas le moins du monde. Son titre de baron, bien qu'il ne remontât pas aux Croisades, lui appartenait bien réellement. On n'aurait pu citer de lui une escroquerie notoire... Seulement, il vivait sans fortune comme s'il eût été riche, et gagnait son argent à ce qui le fait perdre aux autres. Le plaisir de tout le monde était son travail à lui. S'il jouait, il fallait qu'il gagnât, et il gagnait presque toujours ; non qu'il eût recours, pour corriger le sort, à ces filouteries d'escamoteur, ignoble ressource des grecs vulgaires ; il n'avait pas triché une seule fois dans sa vie ; mais il était, au whist, de la force de M. Deschappelles ; aux échecs, il eût tenu tête à M. de Labourdonnais. Tous les jeux avaient été de sa part l'objet d'études profondes, de calculs mathématiques à effrayer un astronome cherchant l'ellipse d'une comète. En outre, comme vous l'avez vu, sous prétexte de gastrite, il restait sobre et conservait son sang-froid dans les soupers les plus turbulents. En fait de chevaux, il était si bon écuyer et si fin connaisseur, qu'il aurait pu en remontrer aux jockeys et aux maquignons les plus retors ; aussi pariait-il à coup sûr. En fait de courage, il dessinait un six, un sept ou un huit dans une carte blanche, cassait la petite boule qui danse en équilibre au bout du jet d'eau, mouchait une bougie sans l'éteindre, et coupait une balle sur une lame de couteau à vingt-cinq pas. Pour l'épée, Grisier, Pons et Gatechair avaient déclaré n'avoir plus rien à lui apprendre. Son tailleur le consultait en tremblant, et loin de lui demander de l'argent, lui en eût offert, s'il eût osé, pour porter les habits qu'il lui faisait. Ses galanteries ne lui coûtaient que des bouquets, des loges de spectacle, des recommandations aux journalistes de sa connaissance, et autres bagatelles de ce genre. Le petit détail suivant peindra l'homme : dans son budget, il comptait son jeu pour cinquante mille francs de revenu... Et ainsi du reste.

Un des plus grands plaisirs de Rudolph était de couler des jeunes gens. Faire estropier en duel, ou par une chute de cheval, quelque débutant dans la carrière de la vie élégante ; lui suggérer des idées inexécutables ou fatales, tout en ayant l'air de s'intéresser paternellement à lui, semblait à ce Méphistophélès du boulevard des Italiens une jouissance délicate et raffinée digne d'un esprit supérieur. Il fallait voir les condoléances ironiques, les serrements de mains affectueux qu'il prodiguait aux victimes après la catastrophe ou la ruine.

Une douzaine de jeunes gens beaux, nobles et riches, avaient déjà sombré autour de lui. Cependant les conseils qu'il leur donnait étaient excellents : mais pourquoi jouer quand on ne connaît pas les cartes, spéculer si l'on n'y entend rien, faire le *gentleman rider*, sans savoir l'équitation, et le raffiné, en n'ayant jamais touché une épée ou un pistolet ? — Il fallait, selon Rudolph, qui avait raison en cela, pour être ce qu'on appelle un lion, des dons naturels cultivés avec soin ; un grand viveur étant aussi rare qu'un grand poète.

Rudolph, en traversant le salon pour sortir, rencontra le monsieur météorologique qui attendait, selon son habitude, qu'Amine voulût bien le recevoir ; il avait l'air plus rêveur qu'à l'ordinaire.

« Qu'avez-vous donc, mon cher ? lui dit Rudolph en lui prenant le bras et en l'emmenant pour en délivrer Amine, je vous trouve le nez mélancolique, aujourd'hui.

— Vous ne savez donc pas que le grand Arago a prédit un été froid et un hiver chaud. — Décidément, comme le disent les fouriéristes, les climatures sont détraquées... »

Amine sonna et se fit habiller pour aller rendre à Florence sa visite, ainsi qu'elle le devait, car dans la Bohème la parodie des usages du monde se fait avec beaucoup d'exactitude et de rigueur.

Florence habitait, rue Saint-Lazare, un vaste appartement, d'un luxe sévère et d'un goût qui sentait sa grande dame. Point de futilités ruineuses, point d'étagères surchargées de petits dunkerques encombrants; d'épais tapis, de riches tentures, des bronzes antiques ou florentins, — voilà tout.

Quand Amine entra, Florence repoussa vivement le tiroir d'un cabinet de laque qui renfermait quelques papiers maculés et noircis, et se leva avec un mouvement plein de grâce et de dignité pour aller au-devant de la visiteuse.

Après l'échange de demandes et de réponses banales par où débute toute conversation, Florence dit d'un ton détaché :

« A propos, que faites-vous de M. Dalberg?

— Moi, rien, répondit négligemment Amine.

— Je croyais que c'était un de vos adorateurs....

— La blonde du médaillon, Mlle Calixte, occupe son cœur tout entier. »

A ce nom, Florence tressaillit et pâlit si visiblement qu'Amine s'en aperçut.

« Qu'avez-vous donc, chère belle? vous changez de couleur.

— Ce n'est rien.... une émotion dont je n'ai pu me défendre. Ah! elle s'appelle Calixte.

— Calixte Desprez. — Mais quel intérêt tout cela peut-il avoir pour vous?

— C'est vrai, je suis folle.... Aucun.

— J'avais écrit à Dalberg de venir chercher le portrait à des conditions qui n'étaient pas trop féroces. Il n'a pas paru.

— Il l'aime donc bien? dit Florence avec un soupir.

— Comme vous dites cela; est-ce que, par hasard, vous auriez pour Henri.... un caprice.... une passion?

— Eh bien! oui.... » répondit Florence avec une effusion qui, si elle n'était pas sincère, eût fait honneur à une comédienne consommée.

Elle couvrit sa belle figure de ses deux mains comme pour cacher sa rougeur.

« Oui, je l'aime.... c'est plus fort que moi. C'est la jalousie qui me conduisait hier chez vous.

— Ah ! froide Florence, vous voilà donc atteinte par la flamme. Il n'y a pas de salamandre qui ne finisse par se brûler.

— Hélas ! que pourrais-je sur un cœur disputé par Amine et Calixte ?

— Par le vice et la vertu, dit Amine, vous voilà bien tombée, pour une fois que vous êtes amoureuse.

— Oh ! si je possédais comme vous ce médaillon, je le briserais, je le foulerais aux pieds !

— Ce sont là vos façons ! peste, je suis plus calme, moi, je le garde précieusement pour apprendre à vivre à Dalberg ; ce n'est pas que je tienne le moins du monde à ce bellâtre de province.

— Je vous croyais du goût pour Dalberg. Je me trompais donc ?

— Moi, j'aime l'amour qu'il a pour une autre, — quant à lui il me déplaît.

— Cette Calixte est donc bien jolie ?...

— Entre nous.... oui.... mais il ne faut jamais convenir en public de la beauté d'une fille sage et d'une femme honnête. Qu'est-ce qui nous resterait donc alors ?

— Laissez-moi voir ce portrait.... vous l'avez sur vous !

— Il ne me quitte pas ; après les sentiments doux que vous venez de manisfester, je vous le montrerai... de loin. »

Florence étendit vaguement la main, puis la laissa retomber, voyant Amine sur ses gardes...

« Quelle sérénité d'azur dans ce regard et quelle candeur virginale sur ce beau front ! dit-elle avec une expression plaintivement admirative.

— Elle ne sera pas si calme tout à l'heure, je vous en réponds, et je vais lui faire joliment rougir les yeux; avant une heure, Mlle Calixte Desprez haïra mortellement M. Henri Dalberg. — *Notre* rivale écartée, il ne restera plus que nous deux sur le champ de bataille, et vous n'aurez pas de peine à remporter la victoire... car je le sens, je suis un adversaire indigne de vous. »

Ayant débité cette tirade d'un air de malice triomphante, elle salua Florence et sortit.

Florence la regarda s'en aller et parut réfléchir profondément. — « Ce n'est pas ce que je croyais. Je sens Rudolph derrière cette intrigue... Amine est son âme damnée... »

Mlle Desprez, comme si elle eût eu le pressentiment de ce qui allait arriver, était triste et soucieuse...

Le matin, elle avait été à Saint-Germain des Prés. Son eucologe renfermait une lettre qui fut lue et brûlée avec le même soin que les autres. Cette mystérieuse correspondance semblait n'apporter à Calixte que de mauvaises nouvelles et d'amères pensées, car toutes les fois que la boîte de la chaise avait reçu un de ces billets énigmatiques, la jeune fille restait absorbée des heures entières dans une méditation douloureuse. Mais jamais elle n'avait été plus abattue que ce jour-là. — Ses yeux marbrés, bien qu'elle les eût lavés plusieurs fois avec de l'eau fraîche, témoignaient qu'elle avait pleuré longtemps.

A peine si l'arrivée de Dalberg, que M. Desprez avait invité à dîner la veille, put ramener un pâle sourire sur les lèvres dont le rose vif avait disparu. — Henri lui-même était loin d'être tranquille, et, bien qu'il affectât la gaieté, il dissimulait mal une préoccupation rebelle. Sans la jovialité insouciante de M. Desprez, le dîner eût été morne comme un repas suprême. Le brave homme jetait seul un peu de vie et d'animation dans cette mélancolie. Il attribuait, d'ailleurs, ce silence aux contemplations de l'amour heureux et aux pensées graves inspirées par un mariage prochain; car Henri lui avait formellement demandé la main de Calixte.

Après le dîner, l'on fit le boston sacramentel. La soirée s'avançait. Henri semblait reprendre son sang-froid, et Calixte respirait plus librement.

« Peut-être, murmura-t-elle pendant que la pendule sonnait dix heures, le danger est-il passé. »

Au même instant les portes du salon s'ouvrirent avec fracas, et un grand laquais, vêtu d'une livrée que Dalberg reconnut aussitôt, s'avança vers le père de Calixte tenant une boîte et une lettre, et dit d'une voix retentissante :

« Pour remettre à M. Desprez en main propre de la part de M{ᵐᵉ} Amine de Beauvilliers.

— Le mauvais ange l'emporte, » soupira Calixte en renversant sur le bord de son fauteuil sa tête décolorée.

V

Le laquais, impassible au milieu de la stupeur générale, se dirigea, avec une perpendicularité roide et maintenue par des efforts héroïques, vers M. Desprez, qui s'était détaché du groupe.

Son front moite de sueur, ses yeux troubles et sa face cramoisie attestaient de nombreuses et récentes libations; mais il ne fléchissait pas, et son attitude respectueusement insolente n'avait rien perdu de sa correction.

« M¹¹ᵉ Amine de Beauvilliers, dit M. Desprez en ayant l'air de chercher à rassembler ses souvenirs, que peut-elle me vouloir ? C'est la première fois que j'entends prononcer ce nom.

— Mademoiselle est cependant très connue dans Paris, » répondit le laquais avec un aplomb ironique.

Pendant ce court intervalle, Dalberg avait plusieurs fois changé de couleur, et ses traits exprimaient l'anxiété la plus profonde.

Calixte, immobile et froide comme une statue, semblait ne plus appartenir à ce monde.

Incertain entre la boîte et la lettre, M. Desprez se décida à rompre d'abord le cachet de cette dernière.

A peine eut-il lu quelques mots qu'à sa surprise succéda la plus grande indignation ; il lança à sa fille un regard irrité, qu'il reporta ensuite sur Dalberg, chargé du mépris le plus écrasant.

La lettre, écrite d'un style qui, pour ne pas valoir celui de Mᵐᵉ de Sévigné, n'en produisait pas moins son effet, contenait ce qui suit :

« Monsieur,

« Vous avez une fille charmante, mais qui a le défaut d'être prodigue de son effigie. Vous trouverez dans ce petit coffre une miniature qui devrait être au col de M. Dalberg. Rendez-la de ma part à M¹¹ᵉ Calixte, pour qu'elle la remette où je l'ai prise ; ce léger incident ne désunira pas, je l'espère, un couple si bien fait pour s'entendre.

« Agréez, monsieur, les compliments de votre servante.

« AMINE DE BEAUVILLIERS, *coryphée et rentière.* »

Ne pouvant croire à tant d'audace et supposant quelque odieuse mystification, M. Desprez fit convulsivement jouer le ressort de la boîte, et put se convaincre de la vérité des assertions contenues dans la lettre d'Amine.

Le portrait de sa fille souriait bien dans sa fraîcheur virginale, sur le velours rouge qui doublait la boîte.

« Messieurs, s'écria l'ex-notaire d'une voix brève et saccadée, vous êtes mes anciens amis... j'ai confiance en vous... je vous dirai tout plus tard ; mais il faut que tout ceci s'explique sans témoins... revenez demain, je serai plus calme... aujourd'hui je ne répondrais pas de la portée de mes expressions. Vous Dalberg, et Calixte, restez. »

Les amis de M. Desprez se retirèrent tous inquiets et tout émus. Que pouvait donc contenir cette lettre et cette boîte pour troubler à ce point et mettre dans une si véhémente colère un homme ordinairement d'une tranquillité et d'une douceur peut-être excessives ?

Le laquais les regarda sortir processionnellement, et quand ils eurent tous disparu, il s'approcha de M. Desprez, et lui dit :

« Monsieur, y a-t-il une réponse ?... »

L'ex-notaire lui montra la porte d'un geste si impérieux et si violent, que le laquais, malgré son audace et sa grande taille, fit un brusque demi-tour et s'esquiva, craignant d'être jeté par la fenêtre, s'il tardait une minute.

M. Desprez se promena de long en large, comme s'il eût voulu laisser aux vagues folles de son indignation le temps de tomber ; puis, devenu plus calme, il tendit silencieusement la boîte à sa fille et la lettre à Dalberg.

« Ma fille, dit-il après une pause, je ne vous ferai pas de reproches, bien qu'une jeune fille ne doive pas donner, même à un fiancé, un gage dont vous voyez maintenant tout le danger. Votre faute est en quelque sorte excusable et vient d'une âme noble... Vous avez cru à la foi jurée, à la sainteté de l'amour. . Remontez dans votre chambre, je ne vous en veux pas... je vous plains. Quant à vous, Dalberg, qui n'avez pas craint de laisser profaner ce chaste portrait par des mains impures, et de livrer l'honneur et le nom de ma fille à des rancunes de courtisane, vous sentez que tous les rapports doivent être brisés désormais entre nous, et j'espère qu'à dater de ce soir vous nous épargnerez vos visites. »

C'est en vain que Dalberg essaya de balbutier quelques explications, M. Desprez l'arrêta dès les premières paroles et lui dit :

« Ne vous déshonorez pas par des mensonges inutiles. Ayez au moins le courage de votre conduite. Ah! je n'aurais pas cru cela de vous! »

Et il laissa Dalberg seul dans le salon.

Le pauvre jeune homme sortit morne et désespéré de cette maison où il était entré plein de projets de bonheur.

Avant de s'éloigner, comme Calixte était entrée dans sa chambre, il se retourna vers la fenêtre éclairée, plus triste qu'Adam chassé du paradis terrestre, et, après quelques minutes de muette contemplation, il se dirigea vers l'autre rive de la Seine, méditant toutes sortes de vengeances contre Amine et celui qui lui avait dévoilé le nom et l'adresse de Calixte, vouant aux dieux infernaux M. Desprez, qui ne voulait pas reconnaître son innocence, et, dans un état d'exaspération facile à s'imaginer, car au fond de l'âme il adorait sa cousine et avait un cœur d'or, malgré ses rodomontades de lionnerie.

Le grand laquais, dont le cerveau s'obscurcissait de plus en plus sous les fumées du vin, faisait des efforts incroyables pour rejoindre la rue Joubert et aller rendre compte à sa maîtresse du succès de sa mission.

Certes, Georges était prodigieusement ivrogne, il faut l'avouer; mais il avait une telle habitude de la boisson, qu'il ne s'enivrait pas, visiblement du moins, mais ce soir-là, il trébuchait et battait les murs.

En sortant de la maison, chargé de la boîte et de la lettre, il avait rencontré le cocher et le palefrenier de Florence, événement qui parut mériter d'être célébré par quelques libations. Les bouteilles avaient succédé aux bouteilles, le vin blanc au vin rouge, le cachet vert au cachet noir, le rhum à l'eau-de-vie, et les trois gredins buvaient toujours. Les deux domestiques de Florence ne se lassaient pas d'offrir, de verser et de payer. Georges les déclarait des amis incomparables, et quand il se levait pour s'en aller, l'apparition d'une nouvelle liqueur le forçait de se rasseoir.... Cette violence était douce au cœur de Georges; cependant on le régalait avec un tel acharnement qu'il conçut quelque vague soupçon qu'on voulait le griser; cette idée lui sembla puérile et saugrenue, et venant de gens qui ne l'appréciaient pas à sa juste valeur. Néanmoins, il se tint sur ses gardes, et obligea ses compagnons à lui rendre exactement ses rasades; et, de peur de quelque mauvais tour, il boutonna son habit, après avoir serré la boîte et la lettre dans sa poche de côté.

Au bout de deux heures, le cocher et le palefrenier dormaient l'un sur la table, l'autre dessous.

Georges, grâce à l'épaisseur de son crâne et à la vigueur de son estomac, avait pu s'acquitter de sa commission et faire dans le salon de M. Desprez cette triomphante apparition que vous savez.

« Eh bien! Georges, dit Amine à son laquais, qui, moyennant une séance d'un quart d'heure sous le robinet de la pompe, avait retrouvé tout son sang-froid, rends-moi compte de ton expédition.

— Mademoiselle, ils étaient là une demi-douzaine de vieux, les uns décorés, les autres décorés, tous décorés, quoi! linge blanc, habit noir; des gens respectables enfin, et qui ouvraient des yeux comme des portes cochères; mon physique les émotionnait, ces bourgeois! Quand j'ai donné la boîte et la lettre, et dit que je venais de votre part, M. Dalberg est devenu rouge comme un homard, la demoiselle a pâli, et le père m'a voulu jeter par la fenêtre, mais je me serais mis en travers. Un laquais, genre heiduque au service de Mme Amine, ça ne se casse pas comme ça. »

Et Georges fit un dandinement plein de fatuité.

« Tu es la brute la plus intelligente qu'on puisse voir, dit Amine en jetant un double louis à Georges, voilà pour boire un coup à ma santé, après-demain, car tu me parais suffisamment gris comme cela, rentre dans ton chenil. »

Le cocher et le palefrenier de Florence furent ramenés ivres-morts à l'hôtel ; mais cette escapade ne leur valut aucune réprimande de la part de leur maîtresse, ordinairement très sévère sur les délits de ce genre, bien qu'elle eût été obligée, ayant à sortir, d'envoyer chercher une voiture de place.

Pour que rien ne manque à la relation des événements de cette soirée, nous dirons que le joueur d'orgue vint donner sa sérénade habituelle sous la fenêtre de Calixte, et qu'un gros sou enveloppé de papier roula devant lui sur le pavé comme à l'ordinaire.

A qui pouvaient s'adresser ces lettres blanches? et quel était donc l'intérêt de cette correspondance que les préoccupations les plus tristes, les chagrins les plus vifs n'interrompaient même pas ? Comment s'était-elle établie et continuée? Ce n'était pas à Dalberg que Calixte écrivait, et des lettres de parentes ou d'amies n'eussent pas exigé ces précautions mystérieuses. La supposition d'un autre amant ne pouvait s'admettre. Il suffisait d'avoir vu une fois Calixte près de Henri pour la rejeter.

Les existences les plus claires ont leurs coins ténébreux ; les poèmes les plus intelligibles leur passage indéchiffrable !

« Quelle mine de déterré vous avez ! dit Rudolph à Dalberg qu'il rencontra sous un bec de gaz du boulevard des Italiens, fumant un cigare éteint depuis longtemps.... Vous voilà bien tous, vous autres jeunes gens : il faut s'amuser, mais non pas se tuer.... Vous buvez sans méthode, vous mangez sans philosophie, vous mélangez des excès qui ne s'accordent pas. D'où sortez-vous ?

— Mon cher Rudolph, je n'ai manqué en rien à l'hygiène, quoique j'aie la figure toute bouleversée et que je sois de fort mauvaise humeur.

— Vous avez perdu.... dit Rudolph, vous n'êtes pas assez froid devant les cartes.

— Je n'ai pas perdu.... au jeu du moins.

— Quelque spéculation qui n'a pas tourné comme vous l'espériez ?

— Non.... je n'ai pas de capitaux engagés.

— Alors c'est donc quelque peine morale.... quelque désespoir amoureux.... une jolie tigresse s'amuse à se repasser les griffes sur votre cœur ?

— Voyons, Rudolph, ne plaisantez pas.... je suis sérieusement affecté. J'ai des idées noires, je me sens un découragement mortel ; la vie m'est à charge.

— Diable ! n'allez pas devenir un poète romantique. Vos doléances puent l'élégie de beaucoup de kilomètres à la ronde.

— Vous êtes cruel, Rudolph. Laissez votre ricanement pour quelques minutes.

— Me voilà aussi grave que possible ; et, puisque vous avez un véritable chagrin, j'y compatis de tout mon cœur. De quoi s'agit-il ?

— Vous ne raillerez pas ?... reprit Dalberg avec un air de doute.

— Pas le moins du monde.... Commencez votre complainte.

— Amine m'a joué un tour abominable....

— Je la croyais très bien disposée à votre endroit.

— Vous savez le portrait qu'elle m'a dérobé au souper, pendant que je dormais, elle l'a envoyé, accompagné de la lettre la plus scélérate du monde, au père du modèle.

— Lequel a dû prendre une idée déplorable de vos mœurs... et vous mettre très proprement à la porte de son domicile patriarcal.

— Qui a pu dire à cette enragée créature le nom de Calixte... et l'adresse de M. Desprez?

— C'est bien difficile! et vous êtes d'une ingénuité rare... Depuis le jour du steeple-chase, Amine a pour vous un caprice marqué ; elle vous a fait à table des œillades terribles, malgré la présence réfrigérante de M. Demarcy. Vous ne lui répondez que mollement. Le médaillon vous révélait amoureux ; il n'a fallu que vous faire suivre deux ou trois jours par un simple mouchard pour savoir que vous alliez très souvent rue de l'Abbaye. Et dans cette rue, sans la vouloir calomnier, il doit bien y avoir un portier bavard et même deux. C'est limpide comme du kirsch, personne ne vous a trahi que vous-même. »

Ce que disait Rudolph était tellement vraisemblable, que les vagues soupçons qui avaient pu traverser l'esprit de Dalberg s'évanouirent tout à fait.

« Amine a sans doute posé au rachat du portrait des conditions exorbitantes?

— Pas trop... en vérité. Mais j'étais ensorcelé, j'aurais cru commettre un crime...

— Vous avez fait la bégueule... et joué en paletot la scène de Joseph.

— A peu près.

— Amine est dans son droit, elle se venge de vos

dédains. Ce dépit prouve de l'amour. Si vous m'aviez consulté, je ne vous aurais pas laissé faire cette sottise-là. L'orgueil des femmes est implacable.

— Me voilà renvoyé par M. Desprez, haï par Calixte...

— Tout cela pour avoir dormi sur une causeuse, au lieu de danser, comme c'était votre devoir.

— Riez; mais je suis très malheureux...

— Par votre faute... Fallait-il mettre tant de mystère à la chose la plus naturelle du monde, à faire la cour à une jeune fille « pour le bon motif », comme disent les cuisinières? Pourquoi diable, lorsque vous faites le mal à la clarté du soleil, vous cachez-vous pour commettre une action vertueuse? Si vous aviez dit que vous étiez un jeune fiancé, l'on aurait respecté votre candeur; les femmes auraient gardé leurs doux regards et leurs frais sourires pour des mortels libres de tout engagement. Amine aurait porté sa bienveillance ailleurs, et rien de tout cela ne serait arrivé. On ne vient pas faire le garçon quand on est un homme presque marié. »

Dalberg, qui sentait la vérité de ce raisonnement, baissa la tête.

« Allons, il n'y a pas tant de quoi se désoler. Vous vous marierez plus tard avec une autre... Il faut vous garder cette ressource pour le jour où vous serez ruiné.

— Calixte ne peut être remplacée.

— Je ne veux pas vous contrarier là-dessus; mais, permettez-moi de vous le dire, Amine est aussi jolie pour le moins que Calixte, à la vertu près, et Florence est plus belle. Celle-là encore vous regarde de trois lieues d'ici, comme disait le marquis Turlupin de Molière : vous avez de quoi vous consoler.

— Je ne me consolerai jamais.

— Le beau malheur après tout! Eh bien! vous ne serez pas obligé de rentrer tous les soirs à neuf heures et de rendre compte de vos feuilles de papier à lettre. Vous n'aurez pas à quarante ans de grands gaillards moustachus et barbus qui vous diront : papa, et vous feront paraître sexagénaire ; l'obésité ne vous viendra que dix ans plus tard ; vous pourrez voltiger de la brune à la blonde et lorgner les femmes au spectacle sans vous faire pincer le bras jusqu'au sang. »

Dans un autre moment, ces consolations sarcastiques eussent éveillé chez Dalberg ce sentiment de vanité et cette crainte du ridicule, si puissants sur lui ; il eût fait un effort pour rire du tableau grotesque esquissé par Rudolph, et il eût voulu y ajouter lui-même quelques traits ; mais dans ce moment sa douleur réelle et profonde avait fait disparaître toute son affectation de rouerie. Cette idée *bourgeoise* de voir rompre son mariage avec une jeune fille pure et charmante, qu'il aimait depuis l'enfance, lui navrait le cœur. Rudolph vit qu'il fallait changer de ton, et se fit donner, par le trop naïf Dalberg, tous les détails possibles sur le caractère de Calixte et sur celui de M. Desprez.

Henri, mis en confiance, raconta de point en point l'histoire de ses amours, à laquelle Rudolph eut l'air de s'intéresser vivement. — Il déroula devant ce roué le chaste et mystérieux poëme du premier amour. Rudolph fut surpris de ces trésors inconnus, de ces richesses immenses qu'il ne soupçonnait même pas. Dalberg le dominait complétement par cette éloquence vraie, naturelle et jaillissant du cœur comme une source vive. Jamais Rudolph n'avait entrevu même en rêve ces paradis d'azur, ces campagnes féeriques, ces éblouissantes perspectives de l'amour pur.

Cet homme ébloui, fasciné, comprit que lui, le roué, l'usé, le blasé, n'avait jamais vécu. De la femme il ne connaissait que le spectre, de l'amour que l'ombre, et il se sentit pris d'une amère tristesse en écoutant les strophes désordonnées de cet hymne de passion.

Il devint envieux de Dalberg comme l'eunuque l'est du sultan, le critique du poète, la vieille femme de la jeune fille et le pauvre du riche.

« Comment se fait-il, se disait Rudolph, que les plus charmants visages et les plus divins corps passant devant mes yeux à travers un ruissellement de pierreries, d'or et de fleurs, ne m'aient jamais produit une impression pareille ? »

« Puisqu'il en est ainsi, et que vous ne pouvez vivre séparé de Calixte, j'irai voir le papa Desprez, qui ne m'a pas l'air, d'après ce que vous me dites, d'un gaillard de trop farouche approche, et je lui raconterai l'affaire comme elle s'est passée. Je jetterai une gaze sur les détails, pour ne pas faire rougir ses cheveux gris, et peut-être les choses s'arrangeront-elles mieux que vous ne le pensez. — Maintenant il est près de deux heures du matin, et nous avons parcouru deux cents fois l'espace qui sépare le café de Paris de la rue du Mont-Blanc ; je ne suis pas amoureux comme vous, et quelques heures d'horizontalité ne me feraient pas de mal. »

Peu après la scène que nous avons esquissée au commencement de ce chapitre, M. Desprez, inquiet de la santé de sa fille, entra dans la chambre de Calixte, qu'il trouva calme et pâle, les yeux fixés sur le bouquet de pavots et de bluets, signé du nom caché par le cadre, dont il a été parlé au début de cette histoire.

Il lui prit la main et lui dit d'une voix affectueuse :

« Ne te chagrine pas trop, ma pauvre petite, et tâche de l'oublier.

— Jamais je n'oublierai Henri, et jamais je n'aurai d'autre époux, répondit Calixte en fixant sur son père son regard ferme et bleu, plein d'une décision inébranlable.

— Mon enfant, je ne suis pas un père de mélodrame, je ne te ferai pas enfermer dans un couvent et je n'ai nulle envie d'employer envers toi des moyens violents,

mais la conduite de Dalberg est celle d'un misérable.
— Il est indigne de toi.

— Non, mon père, — Henri n'a pas cessé d'être digne de votre fille ; — je crois en son amour comme en Dieu. — S'il ne m'aimait plus, mon âme le sentirait ; quelque chose se briserait en moi : — je n'ai été avertie par rien. »

La figure de la jeune fille rayonnait de la plus pure confiance, et avait une expression sublime.

« Et ce médaillon, renvoyé par la plus vile créature à qui Dalberg l'avait sacrifiée...

— Il a été perdu ou volé.

— Quel aveuglement ! le trouble de Henri l'accusait assez, comment se refuser à une telle évidence ?

— Mon père, je ne vous désobéirai en rien... Vous m'avez défendu tout à l'heure de voir Henri, je me conformerai à vos ordres ; vous me dites qu'il est coupable, je suis sûre du contraire ; vous l'avez trouvé pendant dix ans honnête, pur et loyal, il est toujours ainsi, et vous reviendrez bientôt à votre premier jugement. — Je ne sais rien de la vie, hors l'amour, je n'ai pas l'expérience, mais à son défaut la foi m'éclaire.

— Chère enfant, je voudrais bien partager ton illusion ; mais vous autres qui vivez à l'écart dans de petites chambres blanches, et ne voyez le fiancé qu'un bouquet à la main, un genou en terre et fraîchement frisé, vous vous faites d'étranges chimères sur les choses du monde ; — vous croyez que tout est rose et bleu de ciel, qu'il n'y a point de loups dans les bergeries. Hélas, chère enfant, l'idéal est souvent menteur ; et si tu savais tout ce que Dalberg fait à Paris ; si tu pouvais le suivre, ayant au doigt l'anneau qui rend invisible, tu changerais peut-être de langage. »

Un sourire presque imperceptible voltigea sur les lèvres de Calixte à ces paroles de M. Desprez, mais ce ne fut qu'un éclair.

« Tu sens bien, dit l'ex-notaire en mettant un baiser sur le front de sa fille, que je pardonnerais tout à un jeune homme, duels, dettes, folies de toute sorte, excepté d'avoir profané le portrait de mon enfant. »

En disant ces mots, il prit sur la table le bougeoir d'argent qu'il y avait laissé, et se retira chez lui, maudissant Henri, et surtout Mlle Amine de Beauvilliers.

VI

La douleur de Henri, quelque grande qu'elle fût au moment de la catastrophe, s'était encore augmentée au bout de quelques jours par la privation de voir Calixte. Le retranchement de cette heure passée chaque soir près du métier à broder d'une jeune fille avec laquelle il n'échangeait pas vingt paroles, faisait dans sa journée un vide immense qu'il ne pouvait remplir : sa vie n'avait plus de but. Attendre le moment de sa visite chez Calixte, y rêver lorsqu'elle était terminée, tel avait été jusqu'alors l'emploi de son temps; il se sentit misérablement désœuvré. Il lui sembla qu'une vaste solitude s'était faite autour de lui; que le soleil était noir et le monde frappé de mort. Tout cela parce qu'il n'allait plus rue de l'Abbaye, dans une maison triste et froide, chez un notaire ennuyeux.

Faisant taire son orgueil, car l'amour sincère est humble, il avait employé tous les moyens possibles pour s'excuser et rentrer en grâce auprès de M. Desprez, mais ses lettres étaient restées sans réponses; elles contenaient pourtant les justifications les plus convaincantes et les plus explicites; des personnes tierces, députées dans des idées conciliatrices, n'avaient pas obtenu plus de succès. M. Desprez ne voulait rien entendre. C'était un de ces hommes très doux et très opiniâtres qui, lorsqu'ils ont pris une fois une résolution, y tiennent excessivement, sans doute à cause de la rareté du fait. D'ailleurs, il avait été blessé par Dalberg à son endroit le plus sensible.. dans son amour pour sa fille. Plus il s'était confié aveuglement à son honneur, plus il était indigné de sa trahison. En outre, comme tous les gens faibles, la peur de paraître manquer de caractère le rendait entêté.

Il faut dire aussi qu'il avait pris sous main des informations dont le résultat ne pouvait qu'être défavorable à Dalberg ; il savait maintenant qu'il fréquentait les coulisses, jouait, s'enivrait et vivait dans une société d'hommes de plaisir et de femmes d'une moralité au moins légère ; tout cela n'était pas trop propre à bien poser un jeune homme dans l'esprit d'un ex-notaire, et M. Desprez s'estimait heureux que l'esclandre causée par Amine fût arrivée à temps pour empêcher le mariage.

« Qui aurait dit cela, disait M. Desprez, à voir cette physionomie honnête, ces manières timides, ce ton doux et mesuré, cet air de jeune fille déguisée en garçon ; ce Dalberg est un drôle compliqué ; à la débauche, il joint l'hypocrisie. Il reluquait la dot pour payer des parures à ces demoiselles. — Joli calcul ! — S'il remettait les pieds ici, je le recevrais de la belle manière. »

Rudolph, faisant semblant de compatir au désespoir de Dalberg, s'était rendu chez M. Desprez pour plaider la cause de son ami ; il l'avait plaidée en effet, mais de manière à corroborer M. Desprez dans son opinion.

Henri, selon Rudolph, n'avait rien de grave à se reprocher ; c'était un garçon aimable, beau joueur, convive joyeux, aimant les chevaux et les femmes, chose bien naturelle à son âge. Quant à l'affaire du médaillon, il y voyait, lui Rudolph, plus d'étourderie que de noirceur : c'était à un souper, au cabaret avec des lorettes et des figurantes — l'abandon du portrait pouvait se mettre sur le compte du vin, car Henri se grisait quelquefois, et il était ivre ce soir-là comme un membre du Parlement — il avait sans doute craint d'exciter la jalousie ou la colère d'Amine, personne très violente, qui croyait avoir des droits sur son cœur. Dans tout cela, il n'y avait pas de quoi fouetter un hanneton, et M. Desprez se montrait un père vraiment rébarbatif !

De pareilles excuses ne persuadaient nullement le brave M. Desprez, qui persistait à regarder Dalberg comme un drôle indigne de pitié et de pardon.

Aussi Rudolph, lorsqu'il vint rendre compte de sa mission à Dalberg, sans lui enlever tout espoir, lui fit comprendre que M. Desprez serait long et difficile à ramener, et qu'il faudrait de nombreux entretiens pour obtenir la rentrée en grâce d'un coupable contre lequel s'élevaient de si fortes préventions.

Il se ménageait ainsi les moyens d'aller souvent chez M. Desprez, sans exciter les soupçons de Dalberg.

Si vous eussiez vu Rudolph se rendant rue de l'Abbaye, vous ne l'eussiez pas reconnu. — Il se faisait, pour ces occasions, une figure de circonstance. Le raffiné disparaissait complètement ; ses moustaches aiguës perdaient leur férocité ; son œil de faucon s'éteignait ; une tranquillité pleine de bonhomie endormait sa face habituellement agitée de tics nerveux, des bottes plus larges, des gants moins justes, des vêtements d'une ampleur sans prétention, une canne toute simple, lui donnaient cet air de *respectabilité* qui fait dire aux parents : — Voilà un homme sérieux et capable de parvenir à tout !

Il causait avec M. Desprez d'économie politique et de toutes sortes de sujets graves, sans pédanterie, mais avec connaissance de cause. L'ex-notaire lui trouvait de l'instruction, des idées justes et pratiques. Il s'étonnait qu'un homme si mûr et si raisonnable pût se plaire dans la société de jeunes fous, à quoi le baron répondait qu'il était sans famille, et que, privé des joies du foyer, il lui fallait bien quelques distractions extérieures, ce dont M. Desprez tombait d'accord; Rudolph, pour achever de se mettre bien avec M. Desprez, lui indiqua quelques affaires où celui-ci réalisa des bénéfices considérables. A dater de là, Rudolph grandit singulièrement dans l'estime de l'ex-notaire; il ne jurait plus que par lui. — Aux objections qu'on pouvait lui faire, que ce personnage si posé, si froid, avait des maîtresses, soupait et jouait, il répondait que n'ayant pas d'engagement, il était libre de faire ce qui l'amusait, pourvu que les convenances fussent respectées.

Comme beaucoup d'autres gens vertueux, M. Desprez avait plus horreur de ce que coûtaient les vices que des vices eux-mêmes. Des fils de famille qui gagneraient toujours au jeu, dont les chevaux obtiendraient tous les prix et à qui leurs maîtresses apporteraient de l'argent, trouveraient beaucoup de bénignité, même chez les pères les plus rigoristes et les oncles les plus furieux.

Telle était à peu près la position de Rudolph. Il n'y avait dans sa vie aucun désordre apparent, point de dettes criardes, point de liaison affichée, pas de duels scandaleux, rien qui eût attiré l'attention; et depuis quelque temps on le voyait beaucoup moins dans les coulisses, au club et au café de Paris. Il se rangeait insensiblement, donnant pour prétexte que l'on ne devait pas se permettre certaines folies au delà de trente ans.

Pour Calixte, à dater de la conversation où elle avait nettement signifié à son père qu'elle croyait Henri innocent et n'aurait jamais d'autre époux, elle semblait ne plus se souvenir de ce qui s'était passé. Elle n'avait pas prononcé le nom de Dalberg une seule fois; bien que M. Desprez, qui aimait assez la controverse, lui en eût donné de nombreuses occasions par des allusions plus ou moins transparentes, elle s'était renfermée obstinément dans une réserve silencieuse.

Une résolution immuable donnait à sa figure une expression de majesté et de tristesse sereine dont l'œil le moins intelligent eût été frappé. De jolie elle était devenue belle, — la douleur l'avait ennoblie. Une pâleur rosée remplaçait sur ses joues ses vives couleurs de pensionnaire. Ses lèvres vermeilles autrefois comme la grenade, avaient l'air de deux feuilles de rose tombées sur du marbre : elle avait maigri et ses mains effilées et veinées d'azur témoignaient d'une souffrance morale contenue par la volonté.

Du reste, elle était d'une douceur résignée et d'une soumission mélancolique qui remuait plus le cœur de M. Desprez que n'auraient pu le faire des larmes et des plaintes; il ne pouvait s'empêcher d'en être attendri, bien qu'il appelât entêtement romanesque de petite fille la fidélité de Calixte à un vaurien tel que Dalberg. Elle n'en parlait jamais, parce qu'elle y pensait toujours.

Le soir, surtout à l'heure où Dalberg venait autrefois faire sa visite quotidienne, un abattement profond s'emparait de Calixte; ces moments, si heureux alors, avaient une amertume double. Elle ne pleurait pas, mais une lueur humidement brillante lustrait le globe d'argent de ses yeux.

Une remarque, peut-être singulière après ce que nous venons de dire, c'est que Calixte ne paraissait pas chercher à éviter la présence de Rudolph; quand il arrivait et qu'elle se trouvait au salon, elle ne se retirait pas dans sa chambre comme elle faisait d'ordinaire s'il survenait quelque visite. Elle semblait écouter avec intérêt les entretiens du baron et de M. Desprez. Voyait-elle en Rudolph un ami de Dalberg ? espérait-elle qu'il parlerait en sa faveur à M. Desprez, et le ferait revenir de ses préventions ? ou bien la conversation brillante de Rudolph apportait-elle une distraction passagère à ses ennuis ? C'est ce que nous ne saurions décider.

Lorsqu'elle était là, le baron, abandonnant les sujets un peu lourds qu'il traitait habituellement avec l'ex-notaire, déployait toutes les ressources de son esprit, et il en avait beaucoup, de naturel et d'acquis, et, sans galanterie trop marquée, trouvait toujours moyen d'envoyer à l'adresse de Calixte quelque phrase flatteuse et quelque compliment de bon goût.

Quelquefois, lorsque la jeune fille avait la tête tournée et que M. Desprez développait compendieusement quelque problème d'économie rurale, le baron lançait sur elle un regard furtif et plein de flamme qui contrastait étrangement avec la blancheur morte de sa figure.

Ce regard n'était pas étudié, puisque personne ne devait le voir. Il exprimait donc les véritables sentiments qui agitaient l'âme de Rudolph. Or, jamais œil d'écolier de vingt ans ne décocha un rayon plus chargé de flamme magnétique, plus fulgurant de passion que celui du complice d'Amine ; le plus ardent amour y scintillait en traits phosphorescents. Certes, l'idée d'une dot de cinq cent mille francs n'entrait pour rien dans ce regard désintéressé comme l'amour vrai.

Il s'était fait dans Rudolph un changement complet depuis sa promenade nocturne avec Henri sur le boulevard de Gand ; les confidences de Dalberg lui avaient révélé tout un monde nouveau, un paradis où il n'était jamais entré. Dans sa vie consacrée à la recherche du bonheur, il n'avait rencontré que le plaisir, et bien rarement encore. Dalberg était plus fort que lui; du premier coup, il avait obtenu cette émotion profonde et poignante qui est le rêve de tous les don Juan, et que les empereurs romains poursuivaient de toute l'impuissante fureur de leurs fantaisies monstrueuses.

Il examina plus attentivement Calixte, que jusqu'alors il n'avait considérée que comme représentant un certain nombre de billets de banque, et il se convainquit de cette vérité, que le pli droit de la plus simple robe, tombant sur un corps chaste, a une force de séduction et une puissance irritante que n'ont pas les plus folles toilettes de courtisanes. Le moindre froissement de cette jupe, qui laissait à peine voir le bout du pied, lui faisait affluer tout le sang au cœur; ce corsage, recouvert d'une guimpe de religieuse, le brûlait, le rendait fou, lui qui naguère, tout en fumant son cigare et en parlant de chevaux, caressait de la main, avec un sang-froid parfait, les épaules les plus satinées de Paris. Lui, qui se croyait bronzé, invulnérable, à l'abri désormais de toute surprise, fut vaincu sans même combattre; en général habile, il sentit sa défaite avant d'engager la bataille, et reconnut vis-à-vis de lui-même l'inutilité de la lutte. Ce désir d'innocence dont sont prises, à une certaine période de la vie, les âmes qui connaissent tout, s'était emparé de Rudolph. Il avait soif de candeur, de pureté; la vertu était le seul raffinement qu'il n'eût pas encore pratiqué. Quoique peu âgé encore, il fut atteint de ce terrible amour qui pousse les vieillards vers toutes les jeunes filles. Comme il n'avait ni foi, ni croyance, ni illusions, ni fraîcheur d'âme, ni beauté de corps, ni richesse de cœur, il voulut posséder tout cela dans Calixte. — Il n'oubliait qu'une chose, c'est l'amour de la jeune fille pour Dalberg, amour qu'il se flattait de détruire peu à peu, se fiant à son adresse. Il se trompait en cela; cette faute est celle de tous les gens habiles trop portés à mépriser les adversaires naïfs, comme si la gaucherie n'était pas quelquefois la suprême rouerie, surtout en amour. L'homme le plus fin de la terre et le plus expert en intrigues sera battu par un adolescent bête, mais aimé.

Rudolph, entré dans la maison de M. Desprez en coureur de dot, n'y songeait plus. Calixte eût-elle été ruinée de fond en comble, il ne s'en serait pas inquiété un instant.

Pendant tout cela, que faisait Amine? — Elle avait prudemment jugé qu'il fallait laisser à la première fureur de Dalberg le temps de s'abattre; elle s'était tenue à l'écart, mais elle n'avait pas abandonné ses projets.

Quand elle pensa que Dalberg s'était suffisamment désespéré, elle résolut de tenter un coup hardi.

Un jour Henri, en rentrant chez lui, aperçut une femme installée dans un fauteuil, et lisant des brochures avec le plus grand sang-froid du monde. Il ne la reconnut pas d'abord, car la voilette de son chapeau baignait d'ombre le haut de sa figure, et son menton était caché par le cahier ouvert qu'elle tenait à la main; mais la petitesse du brodequin, la fraîcheur du gant et le souple abandon de la taille, annonçait une jeune et jolie femme.

Une pensée folle traversa un instant la tête de Dalberg : il s'imagina que sa bien-aimée Calixte, ayant reçu une des épîtres passionnées où il lui proposait de l'enlever et de fuir dans un autre hémisphère les rigueurs d'un père barbare, s'était décidée à le rejoindre; il allait s'écrier : « Vous ici, Calixte, » lorsque l'inconnue, relevant son voile et jetant de côté son journal qui lui servait de masque, découvrit aux yeux stupéfaits de Dalberg un minois chiffonné qui, pour ne pas valoir la beauté virginale de Calixte, avait cependant bien son prix.

« Amine ! chez moi ! s'écria-t-il en reculant de trois pas, atterré de tant d'audace.

— Eh bien, oui ! Qu'y a-t-il là de si étonnant ? répondit-elle en s'appuyant sur le dos du fauteuil avec un geste plein de résolution.

— Après le tour abominable que vous m'avez joué ?

— Vous n'êtes pas mal ici, reprit Amine. — Tiens ! voilà un Diaz ravissant ; voulez-vous le changer contre mon Delacroix ? un amour contre un tigre.

— Il faut que vous comptiez beaucoup sur votre sexe ?

— Certainement j'y compte, » dit Amine en se débarrassant de son châle et en jetant sur un canapé son chapeau, frais chef-d'œuvre sorti le matin des mains-fées de Mme Baudrant, avec autant de négligence qu'une faneuse lance son chapeau de paille sur une meule de foin.

Et elle s'avança vers Dalberg, forte de toutes les pièces de son armure qu'elle avait déposées.

Un rayon de soleil, filtrant à travers les rideaux, l'illuminait de la tête aux pieds et faisait pétiller mille fils d'or dans ses cheveux d'un châtain opulent. — C'eût été, pour une femme moins fraîche et moins jeune qu'Amine, un secours perfide ; mais elle avait une tête à défier toute clarté.

A la vue de cette jolie créature toute dorée de lumière, ondulant comme une vipère sur le bout de sa queue et le provoquant de son insolente beauté, Dalberg s'arrêta incertain et déjà fasciné.

Son indignation contre la noire action d'Amine n'était pas moins vive, mais malgré lui il cédait à l'ascendant de ce charme fatal dont les cœurs les plus froids n'étaient pas à l'abri.

« Commencez donc votre harangue, » dit Amine en lui frappant les lèvres du bout de son gant, qu'elle avait retiré. « Allons, faut-il que je vous souffle ? —

Amine la perverse, la scélérate, l'infâme, la femme sans cœur, ce doit être dans cette veine probablement que vous aurez choisi les épithètes de ma litanie.

— Vous avez fait le malheur de ma vie.

— Ceci n'est pas prouvé, peut-être me remercierez-vous plus tard.

— ... Brisé le cœur d'une pauvre enfant.

— Elle se consolera, si ce n'est déjà fait.

— Pourquoi avez-vous envoyé ce portrait ?

— Pourquoi n'êtes-vous pas venu le reprendre ?

— Méchante ! Le pouvais-je !

— Ingrat ! Je vous inspirais donc une horreur bien insurmontable.

— En toute autre circonstance, votre billet m'aurait rendu le plus heureux des hommes.

— Jugez de ma colère : — Je me suis cru dédaignée ; j'ai pensé que vous me trouveriez laide ; j'ai douté de mon pouvoir : c'était ma première défaite !

— L'amour le plus violent, le plus pur, occupait mon cœur !

— C'est ce qui me rendait si malheureuse. Oh ! que j'enviais cet amour qui vous était inspiré par une autre. Comme j'étais misérablement jalouse de cette Calixte ; comme j'aurais voulu pouvoir l'étudier sans qu'elle me vît et lui prendre ce qui vous charme en elle. Que j'ai regretté la gracieuse gaucherie de l'innocence. Si vous saviez quels efforts j'ai faits pour donner à mes bandeaux cette ondulation virginale, à mes regards cette lueur intime que j'ai remarquée dans le médaillon. Que de robes blanches j'ai essayées avec des ceintures tout unies, pour avoir l'air, moi aussi, d'une pensionnaire ! »

Amine parlait-elle sérieusement ou voulait-elle se jouer de la crédulité de Dalberg ; c'eût été une question difficile à résoudre. Sa voix, son regard, son geste, tout avait pourtant l'accent de la vérité.

« La jalousie qui m'a fait envoyer le portrait de Calixte à M. Desprez m'a bien mal inspirée puisqu'elle me vaut votre haine, reprit Amine avec un sourire savamment modulé ; si je vous avais cru amoureux à ce point, je n'aurais pas essayé de surprendre un cœur trop bien gardé, hélas ! »

Nous devons avouer que Dalberg, à qui depuis six semaines Calixte n'avait donné aucun signe de vie, et qui ne s'était pas même laissé apercevoir derrière son rideau, ne trouvait pas en cet instant Amine si monstrueusement perfide qu'elle lui avait semblé d'abord, tant l'homme pardonne aisément les actions les plus coupables quand elles flattent son amour-propre par quelque côté.

« Ce qui est fait est fait, et vous devez avoir perdu tout espoir de rentrer dans les bonnes grâces de Calixte et de M. Desprez. — D'ailleurs, Calixte ne vous aimait pas ; a-t-elle fait le moindre effort pour vous revoir ? Vous a-t-elle écrit un mot seulement ? A-t-elle eu la moindre pitié de votre douleur ? Ces petites dévotes ont des rancunes diaboliques ; jamais elle ne vous pardonnera. »

Déjà Dalberg s'était dit plusieurs fois tout bas ce qu'Amine lui disait tout haut. Calixte lui paraissait, même en faisant la part de sa colère légitime, obéir bien ponctuellement aux injonctions paternelles.

« Combien de temps continuerez-vous à promener par la ville l'élégie de votre figure et de votre personne. Votre moustache est mal taillée, vos cheveux ne frisent pas, vous avez un gilet de deux mois. — Signe de prostration morale. Vous abusez du droit qu'ont les amoureux expulsés d'être mal en point dans leurs habits. — D'ici à huit jours, vous serez ridicule, je vous en avertis. »

Dalberg jeta un coup d'œil sur une glace qui se trouvait près de là, et s'aperçut, en effet, de plusieurs infractions à l'élégance dans sa toilette.

« Calixte prend mieux son parti que vous. Elle est déjà toute consolée.

— C'est impossible! s'écria Dalberg.

— Avez-vous l'amour-propre naïf! Et l'on peut même déjà prévoir quel sera votre successeur auprès de cette chaste et vindicative personne. M. Desprez n'a pas envie, comme vous le pensez bien, de faire coiffer sainte Catherine à Mlle Calixte. Vous n'êtes pas le seul gendre de la création. Puisqu'on vous oublie, oubliez. Vous allez encore dire que je suis méchante, mais si vous vouliez venir avec moi à l'Opéra, outre le ballet nouveau, je vous ferais voir un spectacle qui vous guérirait de votre passion malheureuse, et vous délierait des serments de fidélité que vous avez pu faire jadis ou récemment à votre belle.

— Que voulez-vous dire? — vous m'alarmez.

— Eh quoi! vous n'avez pas plus de confiance que cela dans l'amour d'une jeune fille honnête, élevée au couvent, avec laquelle vous échangez des médaillons et des boucles de cheveux? Vous tremblez au premier mot qu'on vous dit, vous reculez devant l'épreuve, vous n'osez soumettre cet or si pur à la coupelle, de peur de le trouver faux. — Viendrez-vous avec moi à l'Opéra?

— Oui, j'irai, répondit Dalberg.

— Allons, je vais passer une robe et me mettre quelque chose dans les cheveux. Je viendrai vous prendre tout à l'heure, soyez prêt. »

Au bout d'une heure, Toby monta dire que Mlle Amine était en bas dans la voiture qui attendait.

Amine avait une toilette d'une légèreté féerique, un brouillard de tarlatane enveloppait son corps svelte et souple. Une couronne de volubilis, aux feuilles diamantées, aux calices d'un rose idéal ceignait ses tempes transparentes ; elle était adorable, et Dalberg lui-même ne comprit plus qu'il eût tenu rigueur à tant de grâces. Les femmes, quand il s'agit d'en désespérer une autre, trouvent des beautés inconnues, et qui ne servent que pour ces jours-là.

A peine Dalberg s'était-il assis derrière Amine dans la baignoire qu'elle occupait à l'année, que la porte d'une loge de première galerie située en face s'ouvrit avec fracas. — Dalberg vit entrer deux hommes, et une jeune fille vêtue de blanc avec un gros bouquet de violettes au corsage et des fleurs pareilles dans les cheveux. Le plus âgé des hommes était M. Desprez, l'autre Rudolph, et la jeune fille, Calixte.

VII

C'était bien elle! Sa robe, un peu moins montante qu'à l'ordinaire, laissait voir un commencement d'épaules d'une blancheur éblouissante. Sans cesser d'être virginale, sa toilette avait fait aux exigences du monde les sacrifices indispensables. Ainsi dégagées des voiles dont les surchargeait une pudeur peut-être trop susceptible, les formes gracieuses de son buste ressortaient dans toute leur harmonie. Sa tête jouait plus librement sur un col dont rien n'interrompait les lignes antiques, excepté une imperceptible chaîne de Venise, mince comme un cheveu, qui soutenait une petite croix de diamant.

Elle occupait, avec M. Desprez, le devant de la loge. Rudolph se tenait debout dans le fond.

Toutes les lorgnettes étaient braquées sur Calixte. Chacun se demandait : « Quelle est donc cette charmante personne, si jolie, d'une grâce si naturelle, d'une

dignité si modeste, qui écoute sans étonnement et sans
indifférence, et n'a pas l'air de se douter qu'elle est le
point de mire de cette foule.

— Comment se fait-il que Rudolph soit dans sa loge?
ajoutaient ceux qui connaissaient ce dernier. S'il sort
dans les entr'actes, nous saurons de lui le nom de cette
naissante étoile de beauté. »

Leur attente fut trompée, car le baron tint fidèle compagnie à Calixte et à M. Desprez.

Jamais Dalberg n'avait vu sa bien-aimée si belle. Il
ne la connaissait pas sous cet aspect de grâce sérieuse
et de mélancolie sereine. Jusqu'alors chez Calixte le
côté pensionnaire et jeune fille avait prédominé ; Dalberg, au lieu d'une enfant, retrouvait une femme ! Ses
regrets, un instant assoupis, se réveillèrent avec une
vivacité extraordinaire, un immense désespoir s'empara de lui, mêlé d'un tel accès de rage contre Amine
que, s'il eût eu un couteau dans la main, il l'aurait
certainement poignardée.

Amine s'étant retournée, vit la figure de Dalberg
tellement décomposée et d'une pâleur si verdâtre,
que la frayeur s'empara d'elle, et qu'elle se recula
jusqu'à l'autre angle de la baignoire, en ayant soin de
se mettre en vue, de peur de quelque violence de la
part de son compagnon.

Faute de mieux, Dalberg déchiquetait un de ses
gants. Jusqu'à présent, il n'avait éprouvé que les tristesses de l'amant exilé, maintenant les dents de rat de
la jalousie lui mordaient le cœur.

Amine aussi avait changé de couleur. D'après le
portrait, elle ne s'était pas figuré une semblable perfection : car les femmes de sa sorte ne croient pas ordinairement à la beauté des filles vertueuses, qu'elles
se représentent volontiers comme gauches, disgracieuses, bossues ou mal habillées. Elle s'expliqua la conduite d'Henri, qui jusque-là lui avait paru incompré-

hensible, et un soupir de dépit qu'elle étouffa dans son bouquet sortit de sa poitrine oppressée.

« Allons, se dit-elle tout bas, c'est le moment d'être belle ou de mourir. »

Et, par un appel désespéré à la réserve de ses charmes, elle réunit une telle somme de beauté, qu'elle en devint phosphorescente.

Elle trouva une pose incomparable, un regard qu'elle n'eut que cette fois, une expression qu'on ne reverra plus. Ce poème sublime ne fut pas écrit malheureusement, car ni M. Ingres, ni Pradier n'étaient là. Que faisiez-vous en ce moment, artistes souverains ?

« Qu'a donc Amine aujourd'hui ? elle éclate comme un bouquet de feu d'artifice, se demandèrent plusieurs lions étonnés.

— Courage, Henri, disait Amine à Dalberg, ne leur donnez pas la satisfaction de vous voir pâle et défait comme un condamné à mort ; Calixte est regrettable, c'est vrai, je sais quand il faut convenir de la beauté d'une autre ; mais suis-je à dédaigner ? Regardez comme tout le monde m'admire ; il suffit d'une étincelle tombée de mes yeux, au hasard, pour allumer une flamme qui ne s'éteint pas. Les plus beaux, les plus illustres, les plus riches se précipiteraient pour ramasser mon mouchoir. Voyez comme toutes ces duchesses, toutes ces femmes de banquiers tâchent de détourner l'attention de leurs amants ; elles savent bien que si je les voulais à mes pieds, avant une heure ils y seraient. Cette place près de moi, où vous paraissez à la torture, et où vous vous tordez comme un Inca sur le gril, vous rend l'objet de l'envie générale. Chaque homme se dit : Heureux Dalberg ! Chaque femme me cherche une tache, un défaut à travers le grossissement de la lorgnette, et, ne trouvant rien, se retourne furieuse pour quereller son mari. »

Dalberg fit un effort sur lui-même, remit à peu près

en place les muscles de sa figure, et prit des apparences plus tendres et plus intimes avec Amine, dans l'espérance de rendre ainsi à Calixte le chagrin qu'elle lui causait.

Pendant l'entr'acte, Calixte promena ses yeux vaguement autour de la salle.

Quand son regard tomba sur Amine, il y eut comme un choc électrique, mais la courtisane se sentit intérieurement vaincue. Elle fut anéantie par ce regard lumineux, froid, presque distrait, écrasant d'indifférence, et s'affaissa sous lui comme le démon sous le pied de l'archange.

Pourtant Dalberg, penché vers elle, semblait lui tenir quelque tendre propos; la bouche du jeune homme effleurait presque sa joue.

Rien n'avait tressailli sur la figure de Calixte; ni pâleur ni rougeur; sa prunelle avait tranquillement achevé son tour, et, son inspection terminée, la jeune fille s'était retournée vers Rudolph pour lui demander le programme.

« Elle fait si peu cas de moi, se dit Amine, qu'elle épouserait Dalberg demain quoiqu'elle l'aie vu avec moi ce soir, en loge grillée, à l'Opéra. Je ne suis pour elle qu'une levrette, un colibri, un poisson rouge, un être de race inférieure et différente. »

Rudolph, tout fin qu'il était, ne jugea pas le calme de Calixte aussi sainement qu'Amine; il l'attribua à d'autres causes : au refroidissement de la jeune fille pour Dalberg, et peut-être même aussi à une bienveillance naissante pour lui. Rudolph, amoureux, n'était plus clairvoyant, le bandeau lui descendait sur les yeux comme aux autres...

« C'est sans doute cette coquine de Mlle Beauvilliers qui est là en face dans cette baignoire avec ce gredin d'Henri Dalberg? dit très bas M. Desprez au baron...

— Oui, répondit Rudolph ; ils ne se quittent plus maintenant.

— Prêtez-moi donc votre lorgnette que je regarde... un peu en détail... » continua le notaire.

Si jamais surprise se manifesta clairement sur une face humaine, ce fut sur celle de M. Desprez après qu'il eut contemplé quelque temps Amine au bout des deux énormes tubes d'ivoire. Le brave notaire n'avait aucune idée de l'élégance parfaite et du comme il faut extérieur où arrive la corruption dans un certain monde. Amine lui fit l'effet d'une marquise en bonne fortune avec son cousin. Elle lui parut ce qu'elle était, ravissante... Sa mise, d'une simplicité si gracieuse, et où la modestie de Calixte n'eût rien trouvé à reprendre, renversait toutes les idées du bonhomme.

Selon lui, une espèce de ce genre devait porter des plumes de toutes les couleurs, des robes ponceau ou jonquille, brodées de clinquant et de paillon, des chaînes d'or à trois tours et des pendeloques de strass. Son érudition sur cette matière remontait à des souvenirs de jeunesse. Lorsqu'il n'était encore que petit clerc, il avait admiré en attirail de ce goût ce qu'il appelait des *créatures*, dans les galeries de bois du Palais-Royal, et il croyait qu'il en était toujours ainsi. La date éloignée de ces renseignements faisait l'éloge de la moralité de l'ex-notaire.

La toile se releva, et le ballet continua, accompagné d'applaudissements et de chœurs de cannes : Carlotta dansait. De temps à autre, Calixte se retournait à demi vers Rudolph pour lui demander l'explication de quelque chose qu'elle ne comprenait pas ; Rudolph, habitué de l'Opéra depuis maintes années, traduisait couramment la pantomime ; la chorégraphie n'avait pas de mystères pour lui. Dans cette position, la jeune fille représentait un de ces délicieux profils perdus, si chers aux grands peintres, et où les dessinateurs mettent toutes leurs finesses.

La fureur de Dalberg, à la vue de ces familiarités insignifiantes en tout autre cas, ne doit pas étonner quiconque a été jaloux; il lui prenait des envies de monter à la loge de M. Desprez et d'insulter Rudolph.

Calixte lui paraissait un monstre de perfidie, une misérable, une infâme. A côté d'elle Amine, qui au moins ne trompait personne, était l'innocence même. Il ne comprenait pas comment on pouvait cacher un cœur aussi faux sous de tels dehors de sincérité.

« Qui eût jamais pensé cela! Elle se laisse faire la cour par ce Rudolph pour me rendre fou de rage! Les femmes, honnêtes ou non, ne connaissent donc pas d'autre moyen de vengeance que de se déshonorer ou se compromettre.

— Pensez-vous maintenant que Mlle Desprez mourra de chagrin de votre perte? dit Amine de sa voix flûtée et railleuse au pauvre Dalberg qui se déchirait la poitrine sous son gilet. Voilà votre conscience déchargée d'un grand poids, et, désormais, vous pourrez sans remords accorder quelque attention à votre humble esclave. »

A la sortie du spectacle, les deux groupes se rencontrèrent sur l'escalier où l'on attend les voitures. Calixte, qui donnait le bras à son père, effleura de son manteau de cachemire le burnous blanc d'Amine; Rudolph, en avant de quelques pas, cherchait à reconnaître son valet de pied parmi les livrées de toutes couleurs qui encombraient le vestibule.

La foule était compacte, et pendant quelques secondes Amine et Dalberg, M. Desprez et sa fille furent obligés de stationner sur la même marche. Cette minute parut un siècle à Dalberg. Pour Amine, elle prit sa revanche du regard de Calixte; elle se composa une physionomie si rayonnante d'amour, s'appuya au bras d'Henri avec une câlinerie si voluptueusement pudique, se serra contre lui d'un air si confiant dans sa protection, car le flot de la descente faisait chanceler les groupes stationnaires, elle l'enveloppa si bien de caresses invisibles et en prit si complètement possession, que Calixte, qui vit ce manège à son adresse, bien qu'elle eût la tête tournée de l'autre côté, eut l'âme traversée par un doute, le premier, le seul ! ce ne fut qu'un éclair ; mais la douleur avait été si atroce que Calixte se sentit subitement baignée de sueur dans son corsage.

Heureusement Rudolph revint, Dalberg lui jeta un coup d'œil si plein de mépris, de haine et de fureur, que Calixte, au milieu de l'épouvante que lui causait l'imminence d'une provocation publique, car de tels regards équivalent à des soufflets, éprouva un sentiment de bien-être délicieux. Henri l'aimait toujours.

Comprenant ce qu'une pareille scène, en pareil lieu, aurait d'odieux et de ridicule, Dalberg se contint, recouvra son sang-froid, et couvrit sa colère d'un masque de dédain glacial. La foule s'écoula. Rudolph, Desprez et Calixte montèrent en voiture, et Dalberg reconduisit Amine chez elle.

A peine montée dans sa chambre, Calixte, sans se déshabiller, sans même prendre la peine de fermer sa porte, prit une feuille de papier, écrivit rapidement quelques mots dessus, en piquant la plume dans la pulpe du citron qu'on mettait chaque soir près du verre d'eau qu'elle avait l'habitude de boire, et courut à la pendule.

« Dieu soit loué ! il est encore temps. »

En effet le ballet, précédé d'un acte du *Serment*, s'était terminé peu avant dans la soirée. Les chevaux de Rudolph allaient vite, et la vieille horloge de Saint-Germain-des-Prés tinta onze coups avec une lenteur solennelle.

« Le joueur d'orgue va passer ! »

En effet, un air de polka, entremêlé d'assez de fausses notes pour faire hurler tous les chiens du quartier, détonnait déjà à l'autre extrémité de la rue et se rapprochait rapidement.

Il s'arrêta sous la fenêtre, et Calixte, sans s'inquiéter de ses bras nus et de sa poitrine découverte, pencha son corps dans la noire fraîcheur qui régnait au dehors, et lança au joueur d'orgue sa bourse enveloppée d'un papier stigmatisé de signes mystérieux.

Le pauvre Dalberg passa une nuit affreuse. La pensée d'avoir été vu par Calixte, qui devait le croire perdu de douleurs et de regrets, en compagnie de celle qui avait trahi le chaste secret de leurs amours, et livré l'image adorée aux ricanements d'une troupe de courtisanes et d'imbéciles, lui donnait des transports de rage.

« Maintenant, se disait-il, elle aura raison d'écouter Rudolph ; ne l'ai-je pas justifiée d'avance par ma conduite ? Et moi, qui confiais à ce traître le soin de mes intérêts, et le chargeais de parler pour moi à M. Desprez ! triple sot que je suis ! Comme il doit se moquer de moi, comme il doit rire de ma crédulité stupide !

« Je saurai bien trouver les moyens de le rendre sérieux ; je le provoquerai en duel ; il faudra qu'il rétracte ses infâmes calomnies devant Calixte et M. Desprez, ou je le tuerai. »

Le lendemain, dès l'aurore, Dalberg qui n'avait pas dormi et qui ne pouvait tenir en place, tirait de toutes ses forces le pied de biche ferré d'argent suspendu à la porte de Rudolph.

Un valet à moitié endormi et recouvert à peine de vêtements les plus indispensables vint ouvrir au bout d'une demi-heure, et dit à Dalberg d'un air fort grognon et fort bourru :

« Que diable ; on ne vient pas chez les gens une heure après qu'ils sont couchés ; repassez tantôt.

— Il faut absolument que je parle à votre maître pour une affaire qui ne souffre pas de retard.

— Si c'est pour de l'argent que vous venez, vous avez tort de vous déranger si matin.... M. le baron ne paye que le soir.

— Allez porter cette carte à votre maître.

— Je n'ose.... il dort de toute la force d'un premier somme. Mon maître a le réveil brutal.

— Trêve de réflexions. Marchez devant moi, je vous suis. »

Le ton de Henri était si impérieux que le domestique ne fit point d'objections.

« C'est vous, Henri, dit le baron, enveloppé à la hâte d'une robe de chambre algérienne, en étendant les bras à se faire craquer les jointures et en bâillant à se décrocher la mâchoire. Du diable si je vous attendais. Il est bien matin pour me parler de vos amours. La soirée d'hier n'a pas arrangé vos affaires. Vous n'avez pas de chance, vraiment, et moi qui me tuais à vanter votre belle conduite à M. Desprez ! Calixte vous en voudra six mois de cette rencontre sur l'escalier.

— Assez de mensonges, de trahisons, de perfidies comme cela, monsieur, faites-moi l'honneur et le plaisir de ne plus me prendre pour un sot.

— Sur quelle herbe avez-vous marché aujourd'hui, mon cher Henri ? Je passe à votre désespoir amoureux des libertés qui seraient fort mal venues de la part de tout autre.

— Je vous remercie de votre magnanimité, baron ; fâchez-vous, cela me fera plaisir. Prenez mes paroles dans le sens qu'il vous déplaira.

— C'est un duel que vous voulez ?

— Oui ; un de nous est de trop sur terre.

— Vous parlez comme un cinquième acte de mélodrame, mon cher. Tout cela n'a pas le sens commun, il n'y a pas entre nous le plus léger motif de querelle; on vous chasse d'une maison pour une histoire de portrait qui fait prendre la mouche au père et à la fille. Suis-je pour quelque chose là-dedans? Vous m'envoyez plaider votre cause; j'explique comment tout s'est passé, je fais votre éloge. M. Desprez ne veut plus entendre parler de vous sous aucun prétexte; il prétend que vous êtes un joueur, un débauché, un chenapan. Mlle Calixte conserve le plus vif ressentiment contre vous; elle vous croit l'amant de la Beauvilliers et ne vous reparlera de sa vie. Qu'y puis-je faire?

— Je veux que vous ne remettiez plus les pieds chez M. Desprez, et je vous défends de vous occuper de Calixte.

— Mon cher, vous délirez. Avez-vous la prétention que Mlle Calixte passe le reste de sa vie à regretter dans la solitude l'amant heureux d'Amine, et comptez-vous pourfendre tous les gens qui lui feront la cour.

— Ce ne sera pas du moins vous qui la lui ferez!

— Pourquoi pas? Dès que vous êtes hors de cause, le champ est libre, même pour moi. Si vous étiez encore reçu dans la maison, bien vu de la jeune fille, et que j'eusse essayé de vous supplanter, je concevrais votre colère qui m'étonne beaucoup dans les conditions où vous êtes.

— Je saurai bien vous forcer à vous battre avec moi....

— J'espère que non.... à moins d'une insulte publique et grossière.... Mais vous pensez peut-être que ma bénignité vient d'un manque de cœur : j'ai fait mes preuves, et je vais vous montrer qu'un duel ne peut avoir rien d'inquiétant pour moi. — John, apportez les pistolets à capsules et placez la plaque de tôle contre le mur. »

John obéit avec un sang-froid parfait.

« Le pistolet est-il chargé ? demanda Rudolph.

— Oui, monsieur le baron, répondit le domestique.

— Je vais me faire un but, » dit Rudolph en collant un imperceptible pain à cacheter sur la plaque.

Il tira sans presque ajuster. Le pain à cacheter avait disparu.

Cette épreuve fut renouvelée douze fois de suite avec le même succès. — Toujours la balle s'aplatissait sur le point blanc.

Il se fit ensuite suspendre un plomb au bout d'un fil, et à chaque coup le plomb tombait.

Henri regardait en silence.

« Je suis plus fort à l'épée, dit Rudolph.

— Eh bien! vous me tuerez, voilà tout, mais je saurai bien vous forcer à vous battre, » répliqua Henri, et il se retira après un salut cérémonieux.

En effet, le baron Rudolph, qui dînait au café de Paris reçut, le soir même, un plein verre de vin à travers la figure de la main de Dalberg, assis à une table voisine.

L'adresse de Rudolph à l'escrime et au tir était si connue, qu'après cet affront, Dalberg fut regardé comme mort, et qu'on en parlait déjà à l'aoriste.

— Depuis longtemps Rudolph ne se battait plus, par suite d'un scrupule analogue à celui qui empêche les prévôts de la salle d'avoir des duels avec les bourgeois.

L'insulte était si publique que l'affaire n'était pas arrangeable. Chacun des deux adversaires avait là des amis qui ne purent refuser leur assistance comme témoins, et le rendez-vous fut pris pour le matin suivant à dix heures, au bois de Vincennes, dans l'allée des Minimes.

« Le temps me semble incertain, objecta le personnage barométrique que nos lecteurs n'ont sans doute pas oublié, et qui était l'un des témoins de Rudolph, il pourrait bien tomber de l'eau demain.

— Eh bien ! répondit Rudolph, nous nous battrons le

parapluie d'une main et le pistolet de l'autre.... ce sera un duel à la Robinson Crusoé. »

On se sépara après s'être donné rendez-vous à la barrière du Trône. Dalberg se retira chez lui, fit quelques dispositions testamentaires, écrivit deux ou trois lettres, et alla rue de l'Abbaye jeter un regard, peut-être le dernier, sur la fenêtre de Calixte.

Était-ce une illusion ou une réalité? il lui sembla que le pli du rideau si soigneusement fermé depuis la soirée qui avait vu la ruine de ses espérances, avait bougé un peu, et s'était écarté un instant.

Se croyant presque pardonné, il s'était retiré le cœur plein de joie et de désespoir, sans plus songer à son duel que s'il n'en avait jamais été question. Il était sûr de ne pas mourir.

Pour Rudolph, il était assis dans son cabinet sur une dormeuse, et tenait à la main un papier qu'il examinait et retournait en tous sens, comme pour y trouver un indice. Ce papier ne contenait sans doute rien d'agréable pour celui qui le lisait, car Rudolph fronçait les sourcils et se mordait les lèvres jusqu'au sang. Une pâleur livide couvrait sa face, et il paraissait en proie à la plus horrible anxiété....

« Allons, dit-il, après une longue pause, il faut se soumettre. On ne résiste pas à des conditions posées ainsi.... mais d'où cette lettre diabolique peut-elle venir.... l'écriture est évidemment contrefaite...... John, avez-vous vu la personne qui a remis ce billet?

— Non, Monsieur, on n'a pas apporté de lettres depuis hier.

— C'est étrange, » dit le baron en retombant dans sa rêverie.

Le lendemain, à l'heure marquée, les champions, assistés de leurs témoins, se trouvaient en présence dans l'allée des Minimes.

« Messieurs, dit le baron, si M. Henri Dalberg veut

me faire des excuses, j'oublierai l'insulte qu'il m'a faite hier, quelque grossière qu'elle soit. Ma supériorité bien connue au pistolet et à l'épée, les nombreux duels dont je suis sorti vainqueur, me permettent cette modération qui ne peut faire suspecter mon courage. »

Un murmure d'approbation accueillit ces paroles, qui furent trouvées de bon goût.

Henri se refusa à toute concession.

L'on mesura le terrain, l'on plaça les adversaires en face l'un de l'autre, à trente pas.

« Que vais-je faire, disait Rudolph. Si je tirais en l'air; — mais cet enragé, tout maladroit qu'il est, pourrait m'attraper.... Allons, une blessure légère.... c'est ce qu'il y a de plus sûr.... » Il abaissa le canon de son pistolet. A titre d'insulté, il avait le droit de faire feu le premier, et il tira si vite, que le deuxième coup du signal n'était pas encore frappé lorsque la détonation de son arme se fit entendre....

Dalberg était atteint au bras droit.

Il tira à son tour, mais d'une main mal assurée et sa balle passa à trois pieds au-dessus de la tête de Rudolph.

L'os n'était pas fracturé, et quoiqu'elle le fit souffrir beaucoup, sa blessure n'était pas dangereuse; cependant le combat ne pouvait être poursuivi.

Il essaya de se tenir debout et de marcher, mais il ne put y parvenir ; les forces lui manquèrent, et on le porta évanoui dans la voiture.

Quand il revint à lui, il était dans sa chambre, et sur son lit se penchait une charmante tête de femme qui épiait son retour à la vie.

VIII

« Florence ! murmura Dalberg d'une voix que la faiblesse et l'émotion rendaient tremblante, et en tournant vers la jeune femme un œil plein de reconnaissance... vous ici !

— Oui, moi; je vous expliquerai tout plus tard; maintenant, tâchez d'être calme. Le médecin m'a donné sur vous de pleins pouvoirs de garde-malade. Dormez, je vais lire. »

Et la jeune femme, posant sur ses lèvres vermeilles un doigt effilé où brillait un ongle d'agate, fit signe au blessé de ne pas parler davantage.

Henri, malgré les souffrances qu'il éprouvait et l'injonction qui lui avait été faite de dormir, examinait avec admiration, à travers les cils de ses paupières demi fermées, le profil idéal du jeune ange gardien assis au chevet de son lit.

Un rayon de lumière découpait le contour extérieur de cette belle figure par une mince ligne d'or. La joue et le col baignés d'une ombre transparente recevaient des feuillets du livre et des draperies blanches du lit des reflets de nacre et d'argent à ravir un coloriste. Il était impossible de rêver rien de plus pur comme forme, de plus suave comme couleur, de plus chaste comme expression. On eût dit une sœur près de son frère malade. Cette jeune femme, seule dans cet intérieur de garçon, avait une réserve si virginale, une tenue si parfaite, que nul n'aurait osé mal interpréter sa présence.

Dalberg, qui avait toujours eu pour Florence une

admiration mêlée de respect, tant elle était visiblement supérieure à la sphère qu'elle occupait, se demandait à quel titre il avait pu inspirer un tel intérêt à cette belle et noble créature : des rapports peu fréquents, décousus, sans intimité, n'expliquaient pas suffisamment cette marque d'affection qu'on aurait pu, tout au plus, attendre d'une maîtresse ou d'une amie ancienne ; en cherchant bien, Dalberg se rappela, qu'à plusieurs reprises, il avait surpris les yeux de Florence attachés sur lui avec une sorte de fixité ; mais Dalberg n'était pas fat ; il ne tira pas de cette induction la conséquence que Florence fût amoureuse de lui, et il attribua à une simple bonté de cœur cette démarche, que tout autre eût trouvé significative.

Quelle qu'en fût la raison, il accepta son bonheur sans plus chercher à l'expliquer, et ses souffrances s'apaisant un peu, ses paupières alourdies finirent par se fermer tout à fait.

Il fit toutes sortes de rêves incohérents et bizarres parmi lesquels un le frappa vivement : il lui semblait que Calixte, par un caprice de jeune fille curieuse, avait voulu visiter sa chambre, et saisi pour satisfaire cette fantaisie un jour qu'il était absent. — Bien que, dans son rêve, il fût hors de son logis, il n'en voyait pas moins la jeune fille qui sautillait çà et là, regardant les aquarelles, touchant à tout, aux armes, aux narguilhés, aux houkas, prenant les unes après les autres les cannes de Verdier et de Thomassin, remuant les bijoux et les cachets dans le baguier, ouvrant les tiroirs et furetant partout avec une pétulance joyeuse. Son apparition soudaine avait fait fuir la jeune fille...

A cet endroit de son rêve il se réveilla en sursaut.

Une forme blanche et svelte, — celle de Calixte, à ce que crut Dalberg, — disparut rapidement, et la porte se ferma sans bruit sur un pli de robe.

« Qu'avez-vous, Henri ? dit Florence en s'inclinant

sur l'oreiller du malade. Est-ce que votre blessure vous fait beaucoup souffrir? Voulez-vous que je vous donne à boire? »

Le malade parut surpris de ne voir que Florence dans la chambre.

« Bah! se dit-il à part lui, je rêvais encore! Calixte ici! est-ce vraisemblable? La fièvre me trouble la cervelle et me donne des hallucinations. »

Le médecin vint, leva l'appareil, et déclara qu'une quinzaine de jours suffiraient à cicatriser la plaie.

Le soir même du combat, Amine qui, après avoir attendu Dalberg toute la journée, s'était informée de lui ne le voyant pas paraître, et avait appris le duel à son insu, vint rendre visite au blessé.

En entrant, elle aperçut le cachemire jeté sur le dos d'un fauteuil, et la capote suspendue à la patère du rideau avec ce coup d'œil perçant de la femme qui surpasse, pour la rapidité, celui de l'huissier ou du commissaire-priseur.

Sa figure prit une expression de dépit, ses petites narines roses se gonflèrent.

« Je suis distancée, dit-elle en empruntant une phrase au style hippique, dont ses relations léonines lui avait donné l'habitude. — Est-ce que, par hasard, cette petite bégueule qui laissait tomber sur moi l'autre soir, comme une douche à la glace, son regard froid, serait ici aujourd'hui? — Vertu, ce sont là de tes tours! »

Florence, qui était allée chercher quelque chose dans la chambre voisine, fit cesser ce doute en reparaissant.

Les deux femmes se toisèrent un instant en silence de l'air le plus dédaigneux du monde.

Amine rompit l'arrêt la première, et, s'approchant du lit de Dalberg, elle lui dit :

« Je venais, mon bon ami, vous offrir mes services de

garde-malade, mais je vois que Florence m'a devancée.
— C'est d'une belle âme. — Je relèverai madame quand
elle sera fatiguée. — Êtes-vous né sous une heureuse
étoile ! — Vous vous battez avec Rudolph ; vous n'êtes
pas tué, ce qui ne s'est jamais vu ; vous en êtes quitte
pour une blessure d'agrément, qui vous fera porter un
mois le bras en écharpe et vous rendra intéressant aux
yeux des femmes. Amine et Florence se disputent le
plaisir de passer la nuit à votre chevet : je ne vous
conseille pas de vous plaindre ! »

Ayant débité sa tirade, Amine s'installa carrément
dans un fauteuil, comme quelqu'un qui veut faire une
longue séance.

Florence avait repris sa place au chevet du lit et
continuait sa lecture.

Henri regardait ces deux femmes si charmantes l'une
et l'autre, et si dissemblantes pourtant. La beauté de
l'une avait quelque chose de perfide, de cruel, de dangereux : grâce de chatte, charme de sirène, attrait de
fleur vénéneuse ; — on s'alarmait de l'aimer. — La
beauté de l'autre était franche, sympathique, pleine de
noblesse et de générosité ; on sentait qu'on pouvait sans
crainte lui confier son amour et son honneur. — Telle
eût été la femme que Dalberg eût choisie s'il n'avait
pas aimé Calixte.

Amine, qui sentait la fausseté de cette situation, prit
la parole, résolue à en sortir violemment.

« Allons-nous rester encore longtemps à nous faire
les yeux en dessous et les griffes allongées comme des
sphinx en arrêt ?.... Je trouve que nous avons assez
posé, madame et moi.

— Que voulez-vous dire, Amine ? répondit Dalberg ;
je ne vous comprends pas.

— C'est pourtant bien simple.

— Expliquez-vous, de grâce !

— Je vais dessiner notre situation en trois mots :

Calixte vous hait; nous vous aimons toutes deux. — Choisissez.

— Florence m'aime, est-il possible ! s'écria Dalberg, et, dans l'étonnement de sa joie, il tourna vers la jeune femme, interdite et rougissante, des yeux pleins d'interrogation et de flamme.

— Ce n'est pas moi qui ai la pomme, dit Amine en se levant. Je vous laisse, heureux couple, vous avez besoin de solitude et je vais chanter votre épithalame dans tout Paris. Adieu, Dalberg, vous ne serez jamais qu'un sot; adieu, Florence, c'était bien la peine de faire la prude si longtemps ! »

Quand la complice de Rudolph fut partie, Florence, suppliée par Dalberg, avoua que depuis longtemps elle éprouvait pour lui une tendresse qu'elle avait tâché de combattre, le voyant occupé d'autres soins; que c'était cet amour qui l'avait fait aller chez Amine le jour de la promenade au bois de Boulogne, se désespérer à la vue du médaillon, et courir éperdue sur le lieu du combat. — Mais, ajouta-t-elle, je sais que votre cœur est à une autre, et, malgré l'aveu que je viens de vous faire, vous ne trouverez en moi qu'une amie. Ce n'est pas Amine que je redoute, je vous prie de le croire, » dit-elle en relevant la tête avec une fierté charmante.

Toute la semaine, Florence vint passer l'après-midi près du chevet de Dalberg.

Dalberg n'oubliait pas Calixte; mais il y pensait avec une amertume moins âcre, et les charmes de la consolatrice allégeaient beaucoup sa douleur.

Lorsqu'il put sortir, sa première visite, comme vous le pensez bien, fut pour Florence, qui le reçut avec cette familiarité noble, cet empressement affectueux et cette prévenance gracieuse dont elle avait le secret.

Dalberg revint le jour suivant, et resta plus longtemps que la veille. Hors les moments qu'il passait avec Florence, la vie lui semblait d'une tristesse affreuse. L'image de Calixte le repoussant, le regret de sa félicité perdue le jetaient alors dans les plus noires mélancolies. Près de Florence, il croyait à la possibilité de l'oubli, à l'épanouissement d'un nouvel amour ; il faisait des paradis en Espagne, et, sur les ruines de son bonheur, il voyait déjà s'élever un édifice doré par le soleil. La beauté si parfaite de la jeune femme le fascinait malgré lui, par ses enivrantes promesses ; sculpteur, il l'eût divinisée ; poète, il l'eût chantée ; sultan, il l'eût payée de tout son trésor ; son esprit délicat et fin le ravissait, et les heures s'envolaient comme des minutes, lorsque, assis à ses pieds, il avait avec elle une de ces conversations ailées qui font le tour du monde et de l'âme.

Rudolph, pendant ce temps-là, avançait de plus en plus dans les bonnes grâces de M. Desprez ; sa modération dans son duel avec Dalberg lui avait fait beaucoup d'honneur. Calixte ne témoignait pas de répugnance formelle à son endroit, soit que la passion vraie et profonde du baron, plus amoureux que jamais, l'eût réellement touchée, soit qu'elle voulût se venger ainsi de la conduite de Dalberg ; on parlait même d'un projet de mariage entre Rudolph et Mlle Desprez.

Henri, voyant qu'il lui fallait renoncer définitivement à la chère espérance de fléchir un jour le cœur vindicatif de Calixte, avait pris une résolution violente, et s'était démontré qu'il devait adorer Florence ; jamais fureur de désespoir ne ressembla plus à la passion, Dalberg s'y trompa, et crut aimer.... comme si on aimait deux fois.

Il ne quittait presque plus Florence, qui pourtant lui opposait une résistance invincible et singulière après l'aveu qu'elle lui avait fait. Son *amour* était devenu une fièvre, un délire qui semblait quelquefois gagner Florence ; mais au moment où Dalberg croyait qu'elle allait tomber dans ses bras, elle se sauvait à l'autre bout de la chambre, et là, droite et fière, elle lui criait, en tendant les mains pour l'empêcher d'approcher :

« Laissez-moi, laissez-moi, vous aimez toujours Calixte ! »

Le pauvre Henri avait beau se jeter à ses pieds, la supplier, lui faire les protestations les plus véhémentes, répandre son âme en dithyrambes enthousiastes, l'entourer des brûlantes effluves du désir et de la volonté, Florence répétait avec force et d'une voix entrecoupée :

« Non, non, je ne sens pas que vous soyez à moi, rien de ce que vous dites ne me persuade..... faites-moi croire que vous m'aimez..... et je serai à vous. »

Ces scènes se renouvelaient souvent et avaient toujours le même résultat.

Un soir, Dalberg trouva Florence plus triste que de coutume, et il lui en demanda la raison.

« Cet appartement me déplaît, interrompit-elle. J'y ai vécu, il y a deux ans, avec M. de Turqheim, mon *seul* amant. N'est-ce pas une chose horrible de recevoir quelqu'un, d'écouter des paroles d'amour entre des murailles qui gardent l'écho d'une autre voix, sur des meubles où s'est reposé celui qu'il remplace ? Ne faisons-nous pas là tous deux un métier répugnant ? Qui m'eût dit que moi, Florence, j'admettrais l'amant de Calixte dans l'appartement de M. de Turqheim ! »

Cette phrase de Florence fut comme une révélation pour Dalberg. Il s'étonna de ne pas avoir eu plus tôt cette délicatesse ; et, sans en rien dire, il acheta dans une des rues qui avoisinent les Champs-Élysées, un délicieux petit hôtel enfoui dans des massifs de fleurs et de feuillage.

Cet hôtel avait été bâti pour servir de pied à terre à un grand seigneur étranger qui en avait un semblable dans toutes les capitales de l'Europe. Lord W*** était mort et ses héritiers n'avaient pas jugé à propos de conserver cette maison, qui fut payée cent mille francs par Dalberg.

Une jolie façade sculptée et couverte d'ornements dans le goût de la Renaissance souriait gaiement au soleil du midi, et détachait sa blancheur étincelante sur un fond de fraîche verdure. La cour était petite, mais deux portes symétriquement percées donnaient aux voitures la facilité d'y tourner. Le jardin, de peu d'étendue, s'agrandissait des ombrages voisins et gagnait en perspective ce qui lui manquait en espace...

La distribution de l'hôtel était confortable au possible et ménagée avec une entente supérieure de la vie. Deux amants ou deux jeunes époux n'auraient pu choisir un nid plus charmant pour leur bonheur.

Dalberg, aidé du plus habile tapissier de Paris, meubla son acquisition avec la plus ingénieuse recherche; il fit de chaque pièce un chef-d'œuvre d'élégance et d'appropriation. Sans tomber dans ces surcharges et ces empâtements de luxe, qu'il savait déplaire à Florence, il éleva la richesse jusqu'à la poésie.

La chambre à coucher, surtout, était admirable de simplicité chaste et de quiétude rêveuse. Aucun ton dur, aucun or criard, rien qui attirât l'œil. C'était frais et suave comme l'intérieur d'un lis, et Titania n'aurait pas dédaigné d'y dormir.

Tout cela fut payé cinquante mille francs : ce n'était pas cher.

Un jour, Dalberg remit à Florence une petite clef, et lui dit :

« Cette petite clef est celle d'une maison qui vous appartient. »

Dans les armoires de l'hôtel devenu le sien, Florence trouva un trousseau digne d'une jeune princesse qu'on va marier.

Sur la cheminée de sa chambre, une délégation de Dalberg sur son banquier pour prendre tout l'argent dont elle aurait besoin.

Lorsque Amine apprit ces magnificences, elle émit cette réflexion profonde :

« Décidément, il me manque un vice, l'hypocrisie ! »

Mais elle n'en fut pas moins navrée au cœur. Elle crut Dalberg éperdûment épris, la somme d'amour se calculant, dans un certain monde, sur la somme d'argent dépensé. Et sa haine instinctive pour Florence s'accrut d'autant.

Une chose qui aurait beaucoup surpris Amine et lui eût semblé le plus haut raffinement de rouerie possible, c'est que, malgré toutes ces profusions, Dalberg n'en était guère plus avancé avec Florence qu'au premier jour. Un baiser sur la main ou au front était tout ce qu'il avait pu obtenir d'elle, et, cependant, à voir les regards brûlants et profonds que Florence attachait quelquefois sur Henri, on aurait juré qu'elle l'aimait, ou il ne faut plus croire à la lueur qui jaillit des yeux et à l'expression du visage humain.

« Ah ! comme vous l'aimez, répondit-elle à Henri lorsqu'il lui avait dit quelque chose de tendre et de passionné ; vous pensiez à elle dans ce moment-là, et voilà pourquoi votre œil avait de la flamme, votre voix de l'émotion et votre phrase de la poésie. Vous disiez Florence et vous pensiez Calixte. »

Dalberg avait beau se confondre en protestations, Florence demeurait inflexible.

En lui-même, il sentait qu'elle avait raison. Au moindre signe de Mlle Desprez, il serait accouru, tremblant, éperdu, plus amoureux que jamais, et ne se serait pas souvenu que Florence existât. C'était pourtant la personne qu'il aimait le plus au monde, — après Calixte, — mais en amour, il n'y a pas de seconde place.

9.

Ne pouvant la convaincre, il tâchait de l'éblouir, de flatter sa vanité par de riches présents; tous les jours c'était quelque bracelet, quelque bague, quelque parure nouvelle ou bizarre, des fleurs rares, une voiture à la mode ou une paire de chevaux neufs. Depuis qu'il avait commencé à mordre à même son capital, il y puisait à pleines mains, comme s'il eût eu le trésor d'Aboulkasem. Florence ne faisait aucune observation sur ces dépenses folles, soit que, habituée à un luxe princier, elle ne le remarquât pas, soit qu'elle crût Dalberg beaucoup plus riche qu'il ne l'était réellement. L'idée que Florence fût avare ou rapace ne pouvait venir à personne. D'ailleurs, ces parures qui eussent fait délirer de joie presque toutes les femmes, elle les mettait à peine une fois et plutôt par attention pour Henri que par coquetterie.... Le collier, admiré un instant, rentrait dans l'écrin et n'en sortait plus.

Il n'y avait plus chez Florence une épingle qui ne datât de sa liaison avec Dalberg. Mais il est plus aisé de détruire des témoignages matériels, de tirer une existence de son milieu, de faire disparaître toute trace d'antériorité, que de vaincre un doute dans une âme jalouse, et Dalberg ne pouvait parvenir à rassurer Florence. Aussi, gagné par une espèce de vertige, fou de désirs, exalté par cette contradiction irritante, en était-il venu à maudire Calixte, qui trouvait le moyen de le rendre deux fois malheureux.

Un matin, Florence, de l'air le plus naturel et le plus détaché du monde, dit à Dalberg qu'ayant envoyé chercher de l'argent chez son banquier, celui-ci lui avait répondu qu'il n'avait plus de fonds.

Le banquier ne possédait plus de capitaux de Dalberg. Il ne restait plus à notre héros que des terres heureusement inaliénables et la perspective d'un héritage d'oncle très bien portant.

Il se procura de l'argent à des taux usuraires, et s'il

ne reçut pas de chameaux vivants, de crocodiles empaillés et de garnitures de lit en serge d'Aumale, comme les fils de famille du temps de Molière, on lui fit accepter des lettres de change à des échéances assez courtes, et qui furent protestées faute de payement.

De ces embarras, Dalberg ne dit pas un mot à Florence qui les ignora, ou ne voulut pas les deviner, et continua ses dépenses, si bien qu'un beau matin, le soleil étant incontestablement levé et brillant dans un ciel du plus limpide azur, Henri Dalberg fut délicatement saisi par quatre individus à mines hétéroclites, à vêtements sordides, à griffes crochues et transporté avec tous les égards possibles dans la prison pour dettes.

Dalberg, bien qu'à regret, se décida à faire connaître sa position à Florence, ne doutant pas qu'elle ne vînt aussitôt le secourir. Il lui écrivit une lettre où il lui racontait les motifs de son arrestation, et lui indiquait la somme nécessaire pour le délivrer.

Au bout de quatre ou cinq heures, le geôlier vint dire à Dalberg qu'une dame demandait à le voir.

L'idée que ce pût être une autre que Florence ne vint pas au prisonnier, et sa surprise fut au comble quand, au lieu de celle qu'il attendait, il vit entrer dans sa cellule, devinez qui? Amine.

Ses yeux pétillaient d'une joie maligne ; ses petites narines palpitaient ; toute sa figure rayonnait de méchanceté satisfaite ; elle était jolie et scintillante comme une vipère en belle humeur.

Elle s'avança vers Dalberg avec des ondulations serpentines, et lui dit d'un ton de câlinerie perfide :

« Eh bien! mon pauvre Dalberg, vous voilà donc chambré et mis à l'ombre pour quelque temps ; je viens vous tenir compagnie et vous consoler. C'est dans l'infortune que les vrais amis se connaissent, et vous savez que mon affection vous est acquise.

— Ne raillez pas, Amine, ce n'est ni le moment ni le lieu.

— Je suis parfaitement sérieuse. Il ne vous manquait, pour être tout à fait du bel air, que d'aller en villégiature à Clichy; un mauvais sujet comme vous se devait cela. Vous avez marché rondement, grâce à Florence, une fine mouche que j'admire.... J'espère que vous serez guéri désormais d'aimer des *vertus;* c'est trop cher. Avec moi, vous auriez duré trois ans, et je vous aurais appris une foule de calembours et de plaisanteries toutes plus drôles les unes que les autres, qui vous auraient rendu agréable en société pour le reste de vos jours. »

Dalberg fit un geste d'impatience.

« Ne froncez pas les sourcils; cela vous fera venir des rides entre les yeux, et recevez gentiment une bonne fille sans rancune qui vient vous apporter des cigares, du vin de Champagne et des feuilletons pour vous distraire. A propos, vous savez sans doute que Calixte se marie avec Rudolph? »

Dalberg bondit sur sa chaise et cria d'une voix rauque, étranglée par la colère :

« Tu mens.

— Je dis la vérité... Les bans vont être publiés... s'ils ne le sont déjà. Vous pâlissez, vous y tenez donc toujours, à cette Calixte? elle aime Rudolph... »

Dalberg couvrit sa figure de ses deux mains et ne répondit pas, mais bientôt des larmes jaillirent par l'interstice de ses doigts.

« Et Rudolph le lui rend bien, ce sera un ménage de colombes. Ils seront heureux et auront beaucoup d'enfants comme dans les contes des fées. Tiens, vous pleurez; quelle bêtise ! dit Amine en écartant une des mains de Dalberg; il faudra pourtant bien vous habituer à cette idée-là. Je viendrai vous avertir du jour précis de la noce, car il n'est pas probable qu'on vous envoie un billet de faire part à Clichy. Adieu ; mes amitiés à Florence. »

IX

Lorsque Amino fut partie, Dalberg tâcha de se persuader qu'elle avait versé cette fause nouvelle sur sa douleur comme du vinaigre sur une blessure, et que le mariage de Rudolph et de Calixte était une pure invention.

Cette idée lui rendit un peu de calme.

Mais que devint-il lorsqu'il aperçut sur le journal, qu'un des détenus lui avait prêté, la publication de bans qu'avait annoncée Amino ?

Il n'y avait plus moyen de douter.

On peut se faire aisément une idée du désespoir mêlé de fureur qui s'empara de Dalberg. Est-il au monde une position plus propre à exciter la rage que d'être retenu prisonnier, quand celle qu'on aime va épouser un rival ? C'est à se briser la tête contre les murs, à se pendre au barreau de sa fenêtre, ou, si l'on a le génie des évasions comme Latude et le baron de Trenck, à creuser avec une épingle des couloirs souterrains de quatre-vingts pieds de long.

Il admettait, à la rigueur, que Calixte, blessée au vif par l'aventure du médaillon, compliquée de la fatale rencontre à l'Opéra, ne voulût pas lui pardonner et le punît par un exil, même éternel. Mais il ne concevait pas qu'elle poussât à ce point l'oubli des souvenirs et des serments. Il eût peut-être consenti à ne jamais la revoir pourvu qu'elle n'appartînt pas à un autre.

Cependant, il eût joui de sa liberté que le mariage

se fût également achevé; il n'y pouvait apporter aucun empêchement. Son duel précédent le privait de la ressource de provoquer Rudolph, et tout essai de ce genre n'eût abouti qu'à un esclandre inutile. Le consentement de Calixte à ce mariage rendait toute tentative pour le rompre superflue. Il ne s'agissait pas ici d'une jeune fille traînée de force à l'autel par les ordres d'un père barbare, puisque Mlle Desprez, comme l'avait dit Amine, adorait Rudolph.

Dalberg ne se rendait pas compte aussi nettement que nous le faisons de ces impossibilités; il lui semblait que, si on lui eût levé son écrou, il aurait trouvé à l'instant décisif quelque moyen suprême, qu'il lui serait venu du ciel quelque illumination subite, et que le sacrifice ne se serait pas accompli. Un de ces raisonnements de condamnés à mort qui espèrent, en allant de la prison à l'échafaud, qu'une révolution, un tremblement de terre, un cataclysme quelconque viendront les délivrer!

Maintenant l'on s'étonnera peut-être que Calixte, après la déclaration qu'elle avait faite à M. Desprez, de n'être jamais qu'à Dalberg, n'eût pas résisté plus obstinément aux volontés paternelles.

Cette foi si vive dans l'amour d'Henri s'était donc éteinte, cet entêtement sublime à croire innocent celui que tout accusait était donc enfin vaincu? La beauté d'Amine lui avait-elle donné la certitude d'une trahison... Savait-elle la liaison d'Henri avec Florence, et jugeait-elle que, rebuté par les obstacles, Dalberg avait enfin pris son parti...

C'est ce que nous ne saurions décider. M. Desprez, de plus en plus entiché de Rudolph, avait tant persécuté Calixte, qu'elle avait fini par lui répondre qu'elle consentait à ce mariage, mais qu'elle était sûre que lui, M. Desprez, la supplierait bientôt de ne pas l'accomplir.

« Alors je puis, dès aujourd'hui, l'appeler madame la baronne Rudolph, s'écria l'ex-notaire en se frottant les mains, car il n'est pas probable que je change d'avis. Ton Henri est maintenant amoureux d'une autre créature : quel gaillard, et quand je pense qu'il a failli être mon gendre ! »

Calixte ne répondit rien et retomba dans sa mélancolie sereine. Rudolph ne savait que penser de ce calme, et il s'étonnait, tout en attribuant cet effet à ses mérites, de ce que l'amour que la jeune fille avait eu pour Dalberg se fût si facilement déraciné. Parfois, il lui semblait que l'œil de Calixte prenait, en le regardant, une expression étrange, et qu'il y avait une ironie contenue dans son sourire ; de loin en loin, la lueur d'une arrière-pensée colorait d'un éclair rapide le masque pâle de résignation posé sur la figure de la jeune fille, et Rudolph se sentait, malgré lui, pris de vagues terreurs, comme à l'approche d'une catastrophe. Cependant, comme les premiers bans étaient publiés, Rudolph avait fini par se rassurer.

La journée sembla bien longue à Dalberg ; les heures lui paraissaient des éternités et les secondes des siècles : la lettre qu'il avait écrite à Florence n'avait pas encore reçu de réponse ; il s'était attendu à voir la jeune femme accourir aussitôt pour le délivrer, et il ne concevait rien à ce retard inexplicable... Les plus horribles soupçons lui traversèrent l'esprit :

« Florence, se dit-il, ne serait-elle qu'une Amine plus rouée ? ma ruine l'aurait-elle éloignée de moi ? était-ce une rapacité sordide que cachaient ces simagrées de vertu ?... Oh ! non, je ne puis le croire ; peut-être fait-elle les démarches nécessaires pour me tirer d'ici, et vais-je la voir bientôt paraître... Mais je crois entendre craquer un brodequin de femme dans le corridor ? C'est elle !... »

Un pas vif et léger, accompagné d'un frôlement de robe de soie, annonçait en effet la présence d'une visiteuse, mais ce n'était pas Florence.

Elle ne vint ni ce jour ni le suivant. Dalberg, exaspéré, se livra contre les femmes à des imprécations dignes de Juvénal. Il les maudit toutes, Calixte, Amine, Florence, sans distinction, la meilleure comme la pire. Il jura de ne plus croire ni à l'amour, ni à l'amitié, ni à rien, et récita sans le savoir toutes les tirades du *Timon d'Athènes*, de Shakespeare; le monde lui semblait une caverne de brigands et de filles perdues. Il se voyait joué, dupé, volé, ruiné; avec la dernière pièce d'or commençait l'abandon, et l'on ne venait pas même au convoi de sa richesse! Il se promit bien pour l'avenir, si jamais il se reconstruisait une fortune, d'être plus griffu, plus fauve et plus défiant que ces avares de Quentin Metsys, qui allongent leurs phalanges décharnées sur des piles de quadruples.

Il en était là de sa diatribe, lorsque Florence entra. Elle vit, à la physionomie décomposée de Dalberg, ce qui se passait dans son âme, et resta debout près de la porte comme attendant l'invitation d'avancer.

Dalberg gardait un farouche silence.

« Eh bien! dit Florence avec un sourire doux et triste, pourquoi vous retenez-vous? donnez-moi tout haut les épithètes que vous m'appliquez sans doute tout bas; appelez-moi perfide, ingrate, femme sans cœur!... Vous avez donc pu croire, ajouta-t-elle après une pause, un instant que je vous abandonnais... Ah! comment ai-je pu être à ce point méconnue! J'avais l'ambition de vous avoir inspiré une plus haute idée de moi.... Tout à l'heure, car le moment est venu, vous apprécierez mieux Florence; et d'abord, dit-elle en posant sur la table un petit cahier de billets de banque, voilà de quoi vous délivrer. »

Henri fit un geste de dénégation, et une noble rougeur couvrit son front.

« Oh! vous pouvez accepter cet argent, reprit Florence, c'est le vôtre : vous n'êtes pas ruiné. »

La plus vive surprise se peignit dans les yeux d'Henri.

« Vous êtes même plus riche que vous ne l'étiez ; les sommes que vous avez cru follement dissipées ont été placées dans d'heureuses entreprises par un vieil ami de M. Turqheim, qui m'a conservé de l'affection et en qui j'ai toute confiance; vos capitaux ont fructifié par ses soins et vous rapportent des rentes dont vous trouverez les titres à l'hôtel qui est à vous maintenant et dont voici la clef, car je n'y rentrerai pas; ma mission est accomplie, et vous ne devez plus me revoir.

— Que voulez-vous dire, chère Florence? s'écria Dalberg, qui ne comprenait rien à ce revirement soudain de situation et à cette résolution étrange.

— Calixte vous aime encore... Adieu, Henri, adieu pour toujours. »

Et Florence posa ses lèvres sur le front du jeune homme ; puis elle disparut en tirant la porte sur elle si brusquement que Dalberg ne put la rejoindre.

Quand il arriva à la porte extérieure, il entendit le roulement de la voiture de Florence qui s'éloignait; pour sortir, il fallait qu'il remontât chercher ses billets de banque. Tout espoir de la rattraper était donc perdu.

Le premier usage qu'il fit de sa liberté, ce fut de courir à l'hôtel redevenu le sien, espérant y trouver quelque indice. Les gens de Florence ne savaient rien, leur maîtresse était sortie le matin et n'avait pas reparu. Il alla rue Saint-Lazare, à l'ancien appartement qu'elle occupait, tout était fermé. Les précautions de Florence étaient bien prises, et les recherches furent inutiles.

A présent, il faut que nous expliquions nous-même au lecteur cette énigme, dont Henri n'eut le mot que longtemps après.

Florence avait été élevée dans la même pension que Calixte; les deux enfants avaient contracté l'une pour l'autre une de ces amitiés si vives et si pures qui ne sont possibles qu'à cet âge heureux : le temps seul des classes les séparait; car Florence, âgée de deux ans de plus que son amie, était naturellement plus avancée dans ses études. Mais aux récréations, on était sûr de les trouver se promenant côte à côte sous l'allée de tilleuls au fond du jardin, épanchant leur âme et faisant sur toute chose des conversations infinies. Calixte, pour rester parfaitement avec son amie était parvenue à sauter deux classes à force de travail et d'application.

— Florence était fille d'un officier de marine mort de la fièvre jaune à Saint-Domingue, et d'une créole accoutumée à la vie splendide des colonies et au faste des grandes habitations, qui dissipa vite le peu de fortune laissé par l'officier, de façon qu'au sortir de la pension où elle avait reçu l'éducation la plus brillante, Florence, revenue à Paris, trouva chez elle la misère du luxe, la plus triste de toutes les pauvretés. Bientôt après, elle perdit sa mère et resta sans ressources ; aucune des humbles industries qui peuvent faire vivre une femme ne fut dédaignée de Florence; mais elle était trop souverainement belle pour que l'on pût croire de sa part à un travail sérieux; de si blanches mains ne devaient pas toucher l'aiguille, elles étaient modelées pour s'étaler, sous le scintillement des joyaux, aux rebords de velours rouge d'une loge d'avant-scène; son outrageuse beauté la fit renvoyer de partout; aucune maîtresse ne voulait d'elle, de peur d'être sa servante. Elle tenta d'aborder le théâtre, car elle avait une voix magnifique, mais à l'Opéra, comme aux scènes de vaudeville, on la repoussa pour crime de perfection sans circonstance atténuante. La nombreuse armée des laiderons était contre elle. Enfin, M. de Turqheim, attaché à la légation de Prusse, la rencontra et sut l'apprécier; comme c'était un homme d'infiniment d'esprit, il ne se laissa pas effrayer et contracta avec elle une liaison qui dura jusqu'à la mort du diplomate, arrivée depuis un an à l'époque où se passe notre action. Aucune mauvaise langue n'aurait pu nommer le successeur de M. de Turqheim.

Telle était la façon dont avait tourné l'amie de Mlle Calixte. Celle-ci avait toujours conservé pour son amie déchue la même affection qu'auparavant. — Bien que M. Desprez lui eût enjoint de ne plus conserver aucun rapport avec elle, de ne pas la saluer si par hasard elle la rencontrait, et de ne jamais prononcer son nom, car Florence était une de ces femmes qu'une jeune personne ne doit pas connaître, il est douteux que Calixte eût suivi dans toute leur rigueur les ordres de son père.

Peut-être, dans sa naïveté virginale, Calixte ne comprenait-elle pas bien toute l'étendue de la faute de Florence, ou bien avait-elle l'indulgence de la vertu heureuse pour une belle âme tombée, mais non souillée.

Le bouquet de bluets et de pavots peint par Florence occupait toujours sa place au-dessus du piano, et si quelques lettres manquaient au nom de la proscrite, à demi caché par la bordure, on eût pu le lire tout entier dans le cœur de son amie Calixte.

Sous une apparence de légèreté enfantine, elle avait un caractère ferme, et ne cédait pas aisément à des idées qu'elle trouvait injustes. Ainsi Florence, condamnée par tout le monde, était absoute par elle.

Elle connaissait trop tous les trésors de cette âme généreuse, elle avait trop échangé de confidences avec ce pur et noble esprit pour croire jamais à sa dégradation.

Elle plaignit un malheur inévitable, et se dit que nulle autre, dans une situation pareille, n'eût lutté plus longtemps.

Les deux amies s'étaient sans doute rencontrées par hasard, depuis la venue de Calixte à Paris, et, ne pouvant se voir, étaient convenues entre elles du moyen de correspondance que nous avons raconté au commencement de ce récit. Car Mlle Desprez ne recevait pas de lettres. — Florence mettait ses billets dans le dossier de la chaise de Calixte, à Saint-Germain-des-Prés, et Calixte lui répondait par l'entremise du joueur d'orgue, qui remettait à Florence le papier écrit en encre sympathique.

Depuis quelque temps cette correspondance avait été plus active qu'à l'ordinaire. Calixte, avertie par Florence, savait qu'Henri s'était laissé entraîner dans une société dangereuse pour lui, elle ne doutait pas de son amant, car le caractère de Calixte était d'avoir une confiance inaltérable dans l'âme qu'elle avait une fois jugée digne de la sienne; mais elle craignait qu'on abusât de sa noble nature et qu'un orgueil mal entendu ne fît gauchir ses belles qualités naturelles. Elle pria donc son amie, à qui sa position permettait de suivre Dalberg dans le monde d'actrices, de roués et de viveurs où Rudolph le poussait, de le surveiller, non dans un but de jalousie mesquine, mais par une sorte de sollicitude maternelle.

Florence accepta la charge de servir de mentor à ce Télémaque, avec recommandation secrète de le précipiter la tête dans l'onde amère s'il s'accoquinait trop longtemps dans quelque île de Calypso.

Chaque semaine, la boîte de Saint-Germain-des-Prés contenait un bulletin sommaire, mais exact, de la conduite de Dalberg, qui était à mille lieues de soupçonner que, du fond de la rue de l'Abbaye, une jeune fille ne sortant jamais, excepté pour aller à l'église, sût tous les détails de son existence de lion.

Si l'on trouve cette curiosité blâmable de la part d'une jeune personne, nous répondrons qu'Henri devait être l'époux de Calixte et que la légitimité du but sanctifiait les moyens. C'était du bonheur de leur vie qu'il s'agissait. — N'est-ce pas aussi une position bien atroce que celle de jeunes filles prisonnières dans une maison ouverte et qui ne peuvent rien savoir de ce que fait au dehors celui dont leur existence entière dépend. Nous allons citer ici trois ou quatre de ces billets qu'on a pu trouver dans le tiroir de Florence, tout maculés de poudre noire destinée à en faire ressortir les caractères.

CALIXTE A FLORENCE

« On lui a pris mon portrait, dis-tu, — une mauvaise femme bien effrontée..... Il dormait, car il n'est pas accoutumé à veiller si tard, ce pauvre Henri..... Tu crains que je n'aie été reconnue. Par qui? Ce n'est pas possible. Je ne connais personne à Paris, et surtout parmi ces gens-là. Comme il doit être contrarié, il y tenait tant à ce portrait..... c'était cependant pour toi que je l'avais peint. — On le lui rendra sans doute bientôt, car on n'en peut rien faire. — Il voit donc beaucoup toujours ce M. Rudolph, que je déteste et que je me représente comme le Méphistophélès des illustrations de Faust. Tâche de l'en empêcher, si tu peux. — Quel plaisir les hommes peuvent-ils donc trouver à fumer, à boire et à jouer toute la nuit? Je suis sûre de Dalberg, mais je serai bien contente le jour où nous retournerons à C***. »

DE LA MÊME A LA MÊME

« Ce que tu avais prévu est arrivé : la mauvaise femme, voyant qu'Henri la dédaignait, a renvoyé le portrait avec une lettre infâme. Si tu avais vu la colère de M. Desprez, il t'aurait fait peur. Dalberg, lui qui est si brave, tremblait comme la feuille; mon père lui a dit de ne jamais se représenter chez lui; — quel malheur, au moment où nous allions nous marier, car tout était convenu; — il faudra bien longtemps pour faire revenir mon père à des sentiments plus doux. Dans ma douleur, j'ai éprouvé un plaisir : c'est de penser qu'Henri m'aime toujours; autrement, cette demoiselle ne m'aurait pas joué ce tour indigne.

« Maintenant, qu'il ne pourra plus venir à la maison, il va bien s'ennuyer. Rudolph le fera jouer, et l'emmènera à ces vilains soupers, d'où l'on ne sort que quand les honnêtes gens déjeunent; tu dis que cette Amine est jolie, est-ce possible, avec une âme si laide? Veille bien sur Henri. Fais en sorte de te trouver souvent avec lui, ce sera un peu comme s'il était avec moi, car nous avons été trop unies pour qu'il ne reste pas beaucoup de l'une à l'autre.

« J'ai dit nettement à mon père que je n'aurais jamais d'autre mari que Dalberg. Il m'a répondu que je parlais comme une petite sotte qui ne savait rien des choses du monde. Car il ne me croit pas, à beaucoup près, si bien renseignée. »

AUTRE

« Je suis allée hier à l'Opéra avec mon père et M. Rudolph qui vient très souvent chez nous maintenant, car il me fait la cour et veut m'épouser. C'est lui qui aura dit mon nom à cette méchante Amine et a machiné avec elle toute cette odieuse intrigue. Je me suis souvenue, en le voyant, qu'il avait eu autrefois quelques rapports avec mon père. Dalberg était en face de nous dans une baignoire avec cette fille; j'aurais voulu la trouver laide. Mais tu as raison, elle est jolie..... très jolie, — et doit être dangereuse. Il faut empêcher Dalberg de la voir..... Si tu savais quels yeux Henri a faits à Rudolph sur l'escalier..... Ils vont se battre, bien sûr. Pourvu qu'Henri ne soit pas blessé ou tué. Trouve quelque moyen d'arranger cela, ma bonne Florence..... préviens la police, effraye Rudolph; mais surtout détourne Henri d'Amine, dusses-tu pour cela faire un peu la coquette; je te donne carte blanche et je me fie à toi complètement. »

Comme vous l'avez pu voir, Florence s'était conformée aux intentions de son amie avec un dévouement et une abnégation rares. — C'était elle qui avait essayé de faire griser par ses domestiques le laquais d'Amine, pour lui reprendre le médaillon, qui avait envoyé à Rudolph la lettre mystérieuse à laquelle Dalberg devait la vie ; pour servir son amie, elle s'était faite la rivale d'Amine, et Dalberg, retiré par elle des désordres vulgaires où son désespoir l'eût poussé, arrivait au dénoûment pur de toute faute.

Quand le premier étonnement causé à Dalberg par la disparition de Florence fut passé, l'idée du mariage de Calixte avec Rudolph se représenta à son esprit avec plus de force que jamais..... et à la poignante douleur qu'elle lui causait il sentit qu'il serait incapable de survivre à une telle catastrophe.

Il courut comme un fou chez M. Desprez pour le supplier de lui pardonner et de revenir sur cette résolution fatale, décidé à se traîner à genoux, à descendre aux plus lâches prières; M. Desprez était sorti, on ne voulut pas le recevoir. Henri erra plus d'une heure devant la porte espérant que l'ex-notaire rentrerait ou sortirait. Il passa plus de deux cents fois sous la fenêtre de Calixte, tâchant de la deviner sous la transparence du rideau ; rien ne bougeait.

Il n'y avait pourtant plus de temps à perdre pour

obtenir cette explication suprême, car le contrat devait se signer le lendemain.

Harassé de fatigue morale et physique, il prit une voiture, s'en retourna à la maison des Champs-Élysées, et se jeta sur un divan, dans un état de prostration complète.

Il était plus malheureux que jamais ; Calixte allait être irrévocablement perdue pour lui, et il n'avait plus Florence.

Des deux anges de sa vie, il ne lui en restait pas un. Le démon triomphait.

Il resta ainsi bien longtemps, la tête entre ses deux mains, étourdi par les mille projets extravagants qui bourdonnaient confusément dans son cerveau.

La nuit était venue, et quand on apporta les bougies, il aperçut un paquet assez volumineux déposé sur la table, et que, dans sa préoccupation, il n'avait pas d'abord remarqué.

Il déchira l'enveloppe et trouva d'abord un billet qu'il reconnut aussitôt pour être de l'écriture de Florence, puis une lettre chargée. Le billet contenait ces lignes :

« Mon cher Henri,

« Vous n'aurez qu'à vous présenter demain chez M. Desprez, à l'heure de la signature du contrat, habillé de noir, ganté de blanc, en tenue de marié. Calixte sait que vous devez venir ; elle vous attend ; elle vous aime et vous pardonne..... des fautes que vous n'avez pas commises d'ailleurs... Rudolph ne viendra pas... j'en ai la certitude. Vous donnerez à M. Desprez le pli ci-joint et vous le verrez immédiatement changer d'avis sur ce précieux baron dont il était tellement engoué. Faites ce que je dis, vous pouvez vous fier à moi. Dans le cabinet de laque rouge vous trouverez les diamants, les parures et les bijoux dont vous m'avez fait présent. La corbeille de mariage est toute prête. »

Henri croyait rêver et il regardait d'un air machinal cette enveloppe au milieu de laquelle s'épatait dans un énorme disque de cire le blason compliqué d'une chancellerie étrangère.

Son sort était enfermé dans ce carré de papier gris.

X

M. Desprez était radieux ; il avait mis dès l'aurore une énorme cravate blanche très empesée sur laquelle la chair de sa figure, un peu amollie par l'âge, débordait en plis rougeâtres ; son habit, d'un très beau drap et d'un noir magnifique, avait une ampleur cossue qui sentait son homme éligible, une grosse chaîne allait de l'ouverture de son gilet à sa poche, et dans ses doigts badinait une tabatière d'or. M. Desprez ainsi fait était l'idéal du beau-père, et le gendre le plus difficile n'eût pu en rêver un plus convenable.

Il allait et venait, repoussant du pied les fauteuils qui n'étaient pas bien symétriquement à leur place, regardant par la croisée à chaque minute, quoiqu'il ne fût pas encore l'heure marquée pour la signature du contrat, et tambourinant sur les vitres des marches triomphales.

Le contentement lui rayonnait de tous les pores, car il faut bien ici dévoiler cette faiblesse de l'honnête M. Desprez : — il était singulièrement flatté de voir sa fille épouser un baron.... L'idée que les panneaux de la voiture de Calixte pourraient désormais porter le cercle entouré de tortil de perles lui causait une satisfaction intime. Cependant, M. Desprez faisait profession de sentiments libéraux, et se prétendait libre de préjugés gothiques; à la Chambre, il eût siégé sur les bancs extrêmes du centre gauche; explique qui voudra cette contradiction. Le blason a du charme, même pour les républicains, et dans presque tous les romans à tendances démocratiques, l'héroïne est une duchesse aimée par un homme du peuple.

Calixte n'était pas, à beaucoup près, aussi rayonnante que son père, et la perspective d'être appelée bientôt madame la baronne ne semblait pas exciter une joie bien vive dans son âme.

Elle avait peu dormi, et sa figure, anoblie par une pâleur délicate, trahissait, sous son voile d'indifférence, une certaine anxiété et comme l'attente d'un événement.

Certes, elle avait toute confiance dans le dévouement et l'adresse de son amie. — Sur sa promesse de la délivrer de Rudolph lorsqu'il en serait temps, elle s'était extérieurement résignée aux volontés de son père. — Mais ne pouvait-il pas se faire que Florence se fût abusée sur l'infaillibilité de son moyen, ou que Rudolph parvînt à parer le coup qu'on lui montait; il avait tant de ressources dans l'esprit, tant de ruses et de rouerics à sa disposition, il était si expert à sortir des situations difficiles, si fin, si délié; — M. Desprez avait en lui une confiance si aveugle! — On conviendra qu'il y avait là bien des sujets de crainte, et que les tressaillements nerveux de Calixte étaient parfaitement justifiés.

Si ce moyen suprême manquait, elle se trouvait engagée par sa parole même, et forcée d'épouser un homme pour qui elle n'avait que du mépris. — De cet instant dépendait le malheur ou le bonheur de sa vie !

Le rendez-vous était pris pour midi! Les deux aiguilles s'étaient rejointes et formaient une seule ligne perpendiculaire, les témoins étaient là : il ne manquait plus que Rudolph.

Mlle Desprez se tenait à droite au bord de son fauteuil, pâle, immobile, les yeux fixés sur le cadran, l'oreille tendue et buvant chaque son, chaque roulement de voiture, chaque bruit de pas qui se produisaient dans la rue.

L'aiguille marquait midi un quart. — Calixte respira, et une légère teinte rosée reparut sur ses joues.

« Est-ce que la pendule avance ? » dit M. Desprez en consultant sa montre... Non... Rudolph devrait être arrivé ; mais il y a toujours le quart d'heure de grâce.

Interrompu un instant par l'observation de M. Desprez, le léger chuchotement de conversations à demi-voix qui bourdonnait dans le salon reprit son cours. — M. Desprez se mit à se promener de long en large, non sans quelque impatience, car il trouvait que Rudolph ne montrait pas un empressement suffisant.

« Bah ! dit-il, il se sera oublié à sa toilette. Un jour de contrat l'on ne saurait être trop beau. »

Pendant cette promenade, le balancier, mêlant son tic tac au craquement des souliers neufs de M. Desprez, avait accompli assez d'oscillations pour amener la sonnerie à frapper l'heure.

Le baron Rudolph, si exact, si poli, si minutieux observateur des convenances, était en retard de soixante minutes à toutes les horloges et à toutes les montres possibles.

Les témoins, visiblement décontenancés, ne savaient que faire de leurs personnes ; — la face, naguère si resplendissante, de M. Desprez s'était considérablement rembrunie, les nuages s'amassaient sur son front. Celui de Calixte, au contraire, se rasérénait de plus en plus et se détachait lumineusement sur le fond sombre de la contrariété générale.

« C'est inconcevable, marmottait entre ses dents l'ex-notaire, lui qui paraissait si amoureux de Calixte, si ravi de son consentement, être en retard de plus d'une heure... Ces nobles se croient tout permis vis-à-vis des bourgeois, ils sont toujours les mêmes, continua-t-il blessé dans l'orgueil de sa roture. Non, ce n'est pas possible, il faut qu'il lui soit arrivé quelque chose... une indisposition... un duel... que sais-je ?... Mais au moins l'on écrit, l'on s'excuse, on envoie quelqu'un, — l'on ne fait pas à une jeune fiancée l'affront de la laisser bayer aux corneilles devant dix personnes qui lui mangent le blanc des yeux. — Ne pas venir signer un contrat si bien fait, un chef-d'œuvre ! que mon confrère M. Desclions a bien voulu me laisser rédiger, et qui serait admiré de tous les notaires de Paris... C'est affreux ! c'est indigne !... »

M. Desprez en était là de son monologue, lorsqu'un coup violent retentit à la porte de la rue.

« Ah ! enfin le voilà, s'écria le notaire avec une explosion de contentement.

— Mon Dieu ! lequel des deux va paraître, » dit Calixte presque étouffée par la violence de son émotion, et la jeune fille, incapable de se soutenir, s'appuya au dossier du fauteuil.

Le temps qui s'écoula entre ce coup de marteau et l'entrée dans l'appartement de la personne qui l'avait frappé ; — entrée indiquée par le tintement de la sonnette, — fit comprendre à Calixte ces hallucinations où une seconde semble durer mille ans.

La porte s'ouvrit, un brouillard s'étendit sur la vue de Calixte.

Un domestique s'approcha de M. Desprez et lui dit quelques mots à l'oreille.

M. Desprez parut fort intrigué, se gratta le derrière de l'oreille, ce qui marquait chez lui la plus haute perplexité, et suivit le domestique après avoir prié l'assistance de l'excuser.

Qui pourrait peindre l'étonnement de M. Desprez lorsque, dans la pièce voisine, il se trouva face à face avec Henri Dalberg... Il écarquilla les doigts, ouvrit la bouche sans émettre de son, et ses prunelles s'entourèrent de blanc, signe de stupeur, s'il faut en croire les cahiers d'expressions dessinés par Charles Lebrun.

« Comment! vous ici, mauvais garnement ; vous venez faire quelque scène inconvenante... troubler une cérémonie respectable.....

— Monsieur Desprez, répondit Dalberg avec la plus extrême politesse, je crois que vous vous méprenez sur mes intentions : quel que soit mon chagrin d'être banni de la présence de mademoiselle votre fille sans l'avoir mérité, je la respecte trop pour me livrer à aucune démonstration qui pourrait la compromettre; la douleur de n'être pas votre gendre ne me fera jamais oublier les devoirs d'un homme de bonne compagnie que je n'ai pas cessé d'être, malgré les préventions que vous avez conçues contre moi. Ce n'est pas pour cela que je viens. Daignez prendre connaissance de cette lettre. »

Dalberg tendit à M. Desprez une enveloppe toute chamarrée de timbres, tigrée de visas, au milieu de laquelle s'arrondissait un de ces prodigieux cachets, triomphe des chancelleries.

« Je lirai cela plus tard, dit M. Desprez en faisant mine de plonger la lettre dans une de ses poches, et je vous rendrai réponse plus tard. »

Henri fit un signe de dénégation, marquant qu'il voulait sa réponse tout de suite.

« Vous sentez, mon cher, continua M. Desprez en faisant quelques pas du côté de la porte, comme pour indiquer la sortie au jeune homme, qu'après ce qui s'est passé, une rencontre ici, entre vous et Rudolph, serait éminemment désagréable.

— N'ayez aucune crainte de ce côté, monsieur Desprez,

répondit Dalberg d'une voix ferme, Rudolph ne viendra pas, ou je me trompe fort.

— Comment! que dites-vous? s'écria l'ex-notaire; Rudolph ne pas venir! c'est de la folie!

— Nullement, prenez connaissance de la lettre que je vous apporte, et cela vous paraîtra fort raisonnable.

M. Desprez rompit le cachet d'une main tremblante et tira de l'enveloppe quelques papiers dont la lecture rapide le fit changer plusieurs fois de couleur et pousser des exclamations entrecoupées!

« Quelle horreur! quelle infamie! qui aurait jamais cru cela. Fiez-vous donc aux gens... C'est qu'il n'y a pas moyen d'en douter! Ah! fi donc! et moi qui ai donné la main à cet homme-là, dit le brave notaire en faisant le geste de s'essuyer.

— Êtes-vous toujours décidé à donner mademoiselle votre fille au baron Rudolph? dit Henri, qui avait regagné du terrain et se trouvait au milieu de la pièce.

— Moi, jamais de la vie. — Donner ma fille à ce Rudolph, un espion. J'aimerais mieux un voleur!

— Et même un honnête garçon... » dit Henri en poussant M. Desprez vers la porte du salon où se tenaient les témoins.

M. Desprez parut réfléchir.

« Qui adore Calixte, qui, au lieu d'avoir perdu les vingt-cinq mille livres de rente qu'il possédait, en a maintenant trente bien assurées. »

La méditation de M. Desprez devint plus intense, et il mit la main sur le bouton de cuivre de la porte.

« Sans compter un joli hôtel, entre cour et jardin, délicieusement meublé qui conviendrait admirablement à un jeune ménage. »

M. Desprez donna un tour au bec-de-cane et entr'ouvrit le battant.

« Vous attendiez un gendre, il ne vient pas ; voulez-vous que je le remplace... A tout hasard, bien qu'il soit de bonne heure, je me suis mis en habit noir, j'ai le costume de la circonstance.

— C'est vrai, il a une cravate blanche, » dit M. Desprez tout à fait convaincu ; et il rejeta le battant de la porte avec fracas.

Henri s'arrêta incertain sur le seuil.

« Messieurs, dit M. Desprez d'une voix éclatante, je vous présente M. Henri Dalberg, mon gendre... au contrat duquel vous allez signer.

— Je vous l'avais bien dit, mon père, murmura tout bas Calixte, que je n'aurais jamais d'autre époux que Dalberg. »

L'explication que donna M. Desprez de cette substitution inattendue d'un gendre à un autre, quoique passablement embrouillée, fut acceptée sans conteste par tout le monde, car Henri Dalberg était généralement aimé, et la société de M. Desprez n'avait pas vu avec plaisir Rudolph fréquenter cette maison.

Nous ne ferons pas à nos lecteurs l'injure de leur expliquer que Florence avait appris, pendant ses relations avec M. de Turqheim, le métier infâme que faisait Rudolph, espion de la cour étrangère dont M. de Turqheim était le représentant ; les preuves écrites de cette turpitude étaient contenues dans la lettre remise à M. Desprez par Dalberg. Rudolph, menacé de voir publier ces terribles documents, avait quitté la France.

Dans le courant de cette heureuse journée, Calixte reçut une lettre dont la suscription portait : « A madame Dalberg. » Pendant qu'elle la lisait, son sein se gonflait, des larmes d'attendrissement coulaient de ses yeux. « Bonne Florence ! » dit-elle tout bas en serrant précieusement le papier dans son corsage.

Les cérémonies nuptiales sont assez généralement connues pour qu'il ne soit pas urgent de faire une description détaillée des noces de Calixte et de Dalberg. Ils sont heureux et mariés ; nous n'avons plus le droit de nous occuper d'eux.

Disons seulement qu'au bout de quelques mois, Dalberg, en ouvrant par mégarde un tiroir dans la chambre de Calixte pour chercher quelque chose qu'il avait serré ailleurs, trouva une lettre dont l'écriture ressemblait à celle de Florence. Il n'y lut que cette phrase : « Adieu, Calixte, je pars pour l'Amérique... J'aime ton mari... Plains-moi... »

« Les Orientaux sont décidément des peuples plus sages que nous, » dit Dalberg en étouffant un soupir.

MILITONA

I

Un lundi du mois de juin de 184., *dia de toros*, comme on dit en Espagne, un jeune homme de bonne mine, mais qui paraissait d'assez mauvaise humeur, se dirigeait vers une maison de la rue San-Bernardo, dans la très noble et très héroïque cité de Madrid.

D'une des fenêtres de cette maison s'échappait un clapotis de piano qui augmenta d'une manière sensible le mécontentement peint sur les traits du jeune homme; il s'arrêta devant la porte comme hésitant à entrer; mais cependant il prit une détermination violente, et, surmontant sa répugnance, il souleva le marteau, au fracas duquel répondit dans l'escalier le bruit des pas lourds et gauchement empressés du gallego qui venait ouvrir.

On aurait pu supposer qu'une affaire désagréable, un emprunt usuraire à contracter, une dette à solder, un sermon à subir de la part de quelque vieux parent grondeur, amenait ce nuage sur la physionomie naturellement joyeuse de don André de Salcedo.

Il n'en était rien.

Don André de Salcedo, n'ayant pas de dettes, n'avait pas besoin d'emprunter, et, comme tous ses parents étaient morts, il n'attendait pas d'héritage, et ne redoutait les remontrances d'aucune tante revêche et d'aucun oncle quinteux.

Bien que la chose ne soit guère à la louange de sa galanterie, don Andrès allait tout simplement rendre à doña Feliciana Vasquez de los Rios sa visite quotidienne.

Doña Feliciana Vasquez de los Rios était une jeune personne de bonne famille, assez jolie et suffisamment riche, que don Andrès devait épouser bientôt.

Certes, il n'y avait pas là de quoi assombrir le front d'un jeune homme de vingt-quatre ans, et la perspective d'une heure ou deux passées avec une *novia* « qui ne comptait pas plus de seize avrils » ne devait présenter rien d'effrayant à l'imagination.

Comme la mauvaise humeur n'empêche pas la coquetterie, Andrès, qui avait jeté son cigare au bas de l'escalier, secoua, tout en montant les marches, les cendres blanches qui salissaient les parements de son habit, donna un tour à ses cheveux et releva la pointe de ses moustaches; il se défit aussi de son air contrarié, et le plus joli sourire de commande vint errer sur ses lèvres.

« Pourvu, dit-il en franchissant le seuil de l'appartement, que l'idée ne lui vienne pas de me faire répéter avec elle cet exécrable duo de Bellini qui n'en finit pas, et qu'il faut reprendre vingt fois! Je manquerai le commencement de la course et ne verrai pas la grimace de l'alguazil quand on ouvrira la porte au taureau. »

Telle était la crainte qui préoccupait don Andrès, et, à vrai dire, elle était bien fondée.

Feliciana, assise sur un tabouret et légèrement penchée, déchiffrait la partition formidable ouverte à l'endroit redouté; les doigts écartés, les coudes faisant angle de chaque côté de sa taille, elle frappait des accords plaqués et recommençait un passage difficile avec une persévérance digne d'un meilleur sort.

Elle était tellement occupée de son travail, qu'elle ne s'aperçut pas de l'entrée de don Andrès, que la suivante avait laissé passer sans l'annoncer, comme familier de la maison et futur de sa maîtresse.

Andrès, dont les pas étaient amortis par la natte de paille de Manille qui recouvrait les briques du plancher, parvint jusqu'au milieu de la chambre sans avoir attiré l'attention de la jeune fille.

Pendant que doña Feliciana lutte contre son piano, et que don Andrès reste debout derrière elle, ne sachant s'il doit franchement interrompre ce vacarme intime ou révéler sa présence par une toux discrète, il ne sera peut-être pas hors de propos de jeter un coup d'œil sur l'endroit où la scène se passe.

Une teinte plate à la détrempe couvrait les murs; de fausses moulures, de feints encadrements à la grisaille entouraient les fenêtres et les portes. Quelques gravures à la manière noire, venues de Paris, Souvenirs et Regrets, les Petits Braconniers, Don Juan et Haydée, Mina et Brenda, étaient suspendues, dans la plus parfaite symétrie, à des cordons de soie verte. Des canapés de crin noir, des chaises assorties au dos épanoui en lyre, une commode et une table d'acajou ornées de sphinx en cadenettes, souvenir de la conquête d'Égypte, une pendule représentant la Esméralda faisant écrire à sa chèvre le nom de Phébus, et flanquée de deux chandeliers sous globe, complétaient cet ameublement de bon goût.

Des rideaux de mousseline suisse à ramages prétentieusement drapés et rehaussés de toutes sortes d'estampages garnissaient les croisées et reproduisaient d'une façon désastreusement exacte les dessins que les tapisseries de Paris font paraître dans les journaux de modes ou par cahiers lithographiés.

Ces rideaux, il faut le dire, excitaient l'admiration et l'envie générales.

Il serait injuste de passer sous silence une foule de petits chiens en verre filé, de groupes en porcelaine moderne, de paniers en filigrane entremêlés de fleurs d'émail, de serre-papiers d'albâtre et de boîtes de Spa relevées de coloriages qui encombraient les étagères, brillantes superfluités destinées à trahir la passion de Feliciana pour les arts.

Car Feliciana Vasquez avait été élevée à la française et dans le respect le plus profond de la mode du jour; aussi, sur ses instances, tous les meubles anciens avaient-ils été relégués au grenier, au grand regret du don Geronimo Vasquez, son père, homme de bon sens, mais faible.

Les lustres à dix bras, les lampes à quatre mèches, les fauteuils couverts de cuir de Russie, les draperies de damas, les tapis de Perse, les paravents de la Chine, les horloges à gaine, les meubles de velours rouge, les cabinets de marqueterie, les tableaux noirâtres d'Orrente et de Menendez, les lits immenses, les tables massives de noyer, les buffets à quatre battants, les armoires à douze tiroirs, les énormes vases à fleurs, tout le vieux luxe espagnol, avaient dû céder la place à cette moderne élégance de troisième ordre qui ravit les naïves populations éprises d'idées civilisatrices et dont une femme de chambre anglaise ne voudrait pas.

Doña Feliciana était habillée à la mode d'il y a deux ans; il va sans dire que sa toilette n'avait rien d'espagnol : elle possédait à un haut degré cette suprême horreur de tout ce qui est pittoresque et caractéristique, qui distingue les femmes comme il faut; sa robe, d'une couleur indécise, était semée de petits bouquets presque invisibles; l'étoffe en avait été apportée d'Angleterre et passée en fraude par les hardis contrebandiers de Gibraltar; la plus couperosée et la plus revêche bourgeoise n'en eût pas choisi une autre pour sa fille. Une pèlerine garnie de valenciennes ombrait modestement les charmes timides que l'échancrure du corsage, commandée par la gravure de modes, eût pu laisser à découvert. Un brodequin étroit moulait un pied qui, pour la petitesse et la cambrure, ne démentait point son origine.

C'était, du reste, le seul indice de sa race qu'eût conservé doña Feliciana ; on l'eût prise d'ailleurs pour une Allemande ou une Française des provinces du Nord ; ses yeux bleus, ses cheveux blonds, son teint uniformément rosé, répondaient aussi peu que possible à l'idée que l'on se fait généralement d'une Espagnole d'après les romances et les keepsakes. Elle ne portait jamais de mantille et n'avait pas le moindre stylet à sa jarretière. Le fandango et la cachucha lui étaient inconnus ; mais elle excellait dans la contredanse, le rigodon et la valse à deux temps ; elle n'allait jamais aux courses de taureaux, trouvant ce divertissement « barbare » ; en revanche, elle ne manquait pas d'assister aux premières représentations des vaudevilles traduits de Scribe, au théâtre del Principe, et de suivre les représentations des chanteurs italiens au théâtre del Circo. Le soir, elle allait faire au Prado un tour en calèche, coiffée d'un chapeau venant directement de Paris.

Vous voyez que doña Feliciana Vasquez de los Rios était, sur tous points, une jeune personne parfaitement convenable.

C'était ce que disait don Andrès ; seulement il n'osait pas formuler vis-à-vis de lui-même le complément de cette opinion : parfaitement convenable, mais parfaitement ennuyeuse !

On demandera pourquoi don Andrès faisait la cour dans des vues conjugales à une femme qui lui plaisait médiocrement. Était-ce par avidité ? Non ; la dot de

Feliciana, quoique d'un chiffre assez rond, n'avait rien qui pût tenter Andrès de Salcedo, dont la fortune était pour le moins aussi considérable : ce mariage avait été arrangé par les parents des deux jeunes gens, qui s'étaient laissé faire sans objection; la fortune, la naissance, l'âge, les rapports d'intimité, l'amitié contractée dès l'enfance, tout s'y trouvait réuni. Andrès s'était habitué à considérer Feliciana comme sa femme. Aussi lui semblait-il rentrer chez lui en allant chez elle; et que peut faire un mari chez lui, si ce n'est de sortir? Il trouvait d'ailleurs à doña Feliciana toutes les qualités essentielles; elle était jolie, mince et blonde; elle parlait français et anglais, faisait bien le thé. Il est vrai que don Andrès ne pouvait souffrir cette horrible mixture. Elle dansait et jouait du piano, hélas! et lavait assez proprement l'aquarelle. Certes, l'homme le plus difficile n'aurait pu exiger davantage.

« Ah! c'est vous, Andrès, » dit sans se retourner Feliciana, qui avait reconnu la présence de son futur au craquement de ses chaussures.

Que l'on ne s'étonne pas de voir une demoiselle aussi bien élevée que Feliciana interpeller un jeune homme par son petit nom; c'est l'usage en Espagne au bout de quelque temps d'intimité, et l'emploi du nom de baptême n'a pas la même portée amoureuse et compromettante que chez nous.

« Vous arrivez tout à propos; j'étais en train de repasser ce duo, que nous devons chanter ce soir à la tertulia de la marquise de Benavidès.

— Il me semble que je suis un peu enrhumé, » répondit Andrès.

Et, comme pour justifier son assertion, il essaya de tousser; mais sa toux n'avait rien de convaincant, et doña Feliciana, peu touchée de son excuse, lui dit d'un ton assez inhumain :

« Cela ne sera rien; nous devrions bien le chanter

ensemble encore une fois pour être plus sûrs de notre effet. Voulez-vous prendre ma place au piano et avoir la complaisance d'accompagner? »

Le pauvre garçon jeta un regard mélancolique sur la pendule; il était déjà quatre heures; il ne put réprimer un soupir et laissa tomber ses mains désespérées sur l'ivoire du clavier.

Le duo achevé sans trop d'encombre, Andrès lança encore vers la pendule, où la Esméralda continuait d'instruire sa chèvre, un coup d'œil furtif qui fut surpris au passage par Feliciana.

« L'heure paraît vous intéresser beaucoup aujourd'hui, dit Feliciana; vos yeux ne quittent pas le cadran.

— C'est un regard vague et machinal... Que m'importe l'heure quand je suis près de vous? »

Et il s'inclina galamment sur la main de Feliciana pour y poser un baiser respectueux.

« Les autres jours de la semaine, je suis persuadée que la marche des aiguilles vous est fort indifférente; mais le lundi, c'est tout autre chose...

— Et pourquoi cela, âme de ma vie? Le temps ne coule-t-il pas toujours aussi rapide, surtout quand on a le bonheur de faire de la musique avec vous?

— Le lundi, c'est le jour des taureaux, et mon cher don Andrès! n'essayez pas de le nier, il vous serait plus agréable d'être en ce moment-ci à la porte d'Alcala qu'assis devant mon piano. Votre passion pour cet affreux plaisir est donc incorrigible? Oh! quand nous serons mariés, je saurai bien vous ramener à des sentiments plus civilisés et plus humains.

— Je n'avais pas l'intention formelle d'y assister... cependant j'avoue que, si cela ne vous contrariait pas..... je suis allé hier à l'Arroyo d'Abrunigal, et il y avait entre autres quatre taureaux de Gaviria... des bêtes magnifiques, un fanon énorme, des jambes sèches et menues, des cornes comme des croissants! et si farouches, si sauvages qu'ils avaient blessé l'un des bœufs conducteurs! Oh! quels beaux coups il va se faire tout à l'heure dans la place, si les toreros ont le cœur et le poignet fermes! » s'écria impétueusement Andrès, emporté par son enthousiasme d'aficionado.

Feliciana, pendant cette tirade, avait pris un air suprêmement dédaigneux, et dit à don Andrès.

« Vous ne serez jamais qu'un barbare verni; vous allez me donner mal aux nerfs avec vos descriptions de bêtes féroces et vos histoires d'éventrements..... et vous dites ces horreurs avec un air de jubilation, comme si c'étaient les plus belles choses du monde.

Le pauvre Andrès baissa la tête; car il avait lu, comme les autres Espagnols, les stupides tirades philanthropiques que les poltrons et les âmes sans énergie ont débitées contre les courses des taureaux, un des plus nobles divertissements qu'il soit donné à l'homme de contempler; et il se trouvait un peu Romain de la décadence, un peu boucher, un peu belluaire, un peu cannibale; mais cependant il eût volontiers donné ce que sa bourse contenait de douros à celui qui lui eût fourni les moyens de faire une retraite honnête et d'arriver à temps pour l'ouverture de la course.

« Allons, mon cher Andrès, dit Feliciana avec un sourire demi-ironique, je n'ai pas la prétention de lutter contre ces terribles taureaux de Gaviria; je ne veux pas vous priver d'un plaisir si grand pour vous ; votre corps est ici, mais votre âme est au cirque. Partez; je suis clémente et vous rends votre liberté, à condition que vous viendrez de bonne heure chez la marquise de Benavidès. »

Par une délicatesse de cœur qui prouvait sa bonté, Andrès ne voulut pas profiter sur-le-champ de la permission octroyée par Feliciana; il causa encore quelques minutes et sortit avec lenteur, comme retenu malgré lui par le charme de la conversation.

Il marcha d'un pas mesuré jusqu'à ce qu'il eût tourné l'angle de la calle ancha de San-Bernardo pour prendre la calle de la Luna : alors, sûr d'être hors de vue du balcon de sa fiancée, il prit une allure qui l'eut bientôt amené dans la rue du Desengaño.

Un étranger eût remarqué avec surprise que les passants se dirigeaient du même côté : tous allaient, aucun ne venait. Ce phénomène dans la circulation de la ville a lieu tous les lundis, de quatre à cinq heures.

En quelques minutes, Andrès se trouva près de la fontaine qui marque le carrefour où se rencontrent la red de San-Luiz, la rue Fuencarral et la rue Ortaleza.

Il approchait.

La calle del Caballero de Gracia franchie, il déboucha dans cette magnifique rue d'Alcala, qui s'élargit en descendant vers la porte de la ville, ainsi qu'un fleuve approchant de la mer, comme si elle se grossissait des affluents qui s'y dégorgent.

Malgré son immense largeur, cette belle rue, que Paris et Londres envieraient à Madrid, et dont la pente, bordée d'édifices étincelants de blancheur, se termine sur une percée d'azur, était pleine, jusqu'au bord, d'une foule compacte, bariolée, fourmillante et de plus en plus épaisse.

Les piétons, les cavaliers, les voitures se croisaient, se heurtaient, s'enchevêtraient au milieu d'un nuage de poussière, de cris joyeux et de vociférations; les caleseros juraient comme des possédés ; les bâtons résonnaient sur l'échine des rosses rétives ; les grelots, suspendus par grappes aux têtières des mules, faisaient un tintamarre assourdissant; les deux mots sacramentels de la langue espagnole étaient renvoyés d'un groupe à l'autre comme des volants par des raquettes.

Dans cet océan humain apparaissaient de loin en

loin, pareils à des cachalots, des carrosses du temps de Philippe IV, aux dorures éteintes, aux couleurs passées, traînés par quatre bêtes antédiluviennes ; des berlingots, qui avaient été fort élégants du temps de Manuel Godoï, s'affaissaient sur leurs ressorts énervés, plus honteusement délabrés que les coucous des environs de Paris, réduits à l'inaction par la concurrence des chemins de fer.

En revanche, comme pour représenter l'époque moderne, des omnibus, attelés de six à huit mules maintenues au triple galop par une mousqueterie de coups de fouet, fendaient la foule, qui se rejetait, effarée, sous les arbres écimés et trapus dont est bordée la rue d'Alcala, à partir de la fontaine de Cybèle jusqu'à la porte triomphale élevée en l'honneur de Charles III.

Jamais chaise de poste à cinq francs de guide, au temps où la poste marchait, n'a volé d'un pareil train. Les omnibus madrilènes, ce qui explique cette vélocité phénoménale, ne vont que deux heures par semaine, l'heure qui précède la course et celle qui la suit : la nécessité de faire plusieurs voyages en peu de temps force les conducteurs à extraire à coups de trique de leurs mules toute la vitesse possible ; et, il faut le dire, cette nécessité s'accorde assez bien avec leur penchant.

Andrès s'avançait de ce pas alerte et vif particulier aux Espagnols, les premiers marcheurs du monde, faisant sauter joyeusement dans sa poche, parmi quelques douros et quelques piécettes, son billet de *sombra* (place à l'ombre), tout près de la barrière ; car, dédaignant l'élégance des loges, il préférait s'appuyer aux cordes qui sont censées devoir empêcher le taureau de sauter parmi les spectateurs, au risque de sentir à son coude le coude bariolé d'une veste de paysan, et dans ses cheveux la fumée de cigarette poussée par un manolo; car, de cette place, l'on ne perd pas un seul détail du combat, et l'on peut apprécier les coups à leur juste valeur.

Malgré son futur mariage, don Andrès ne se privait nullement de la distraction de regarder les jolis visages plus ou moins voilés par les mantilles de dentelles, de velours ou de taffetas. Même si quelque beauté passait, l'éventail ouvert sur le coin de la joue, en manière de parasol, pour préserver des âcres baisers du hâle la fraîche pâleur d'un teint délicat, il allongeait le pas, et, se retournant ensuite sans affectation, contemplait à loisir les traits qu'on lui avait dérobés.

Ce jour-là, don Andrès faisait sa revue avec plus de soin qu'à l'ordinaire; il ne laissait passer aucun minois vraisemblable sans lui jeter son coup d'œil inquisiteur. On eût dit qu'il cherchait quelqu'un à travers cette foule.

Un fiancé ne devrait pas, en bonne morale, s'apercevoir qu'il existe d'autres femmes au monde que sa novia; mais cette fidélité scrupuleuse est rare ailleurs que dans les romans, et don Andrès, bien qu'il ne descendit ni de don Juan Tenorio ni de don Juan de Marana, n'était pas attiré à la place des Taureaux par le seul attrait des belles estocades des Luca Blanco et du neveu de Montès.

Le lundi précédent il avait entrevu à la course, sur les bancs du tendido, une tête de jeune fille d'une rare beauté et d'une expression étrange. Les traits de ce visage s'étaient dessinés dans sa mémoire avec une netteté extraordinaire pour le peu de temps qu'il avait pu mettre à les contempler. Ce n'était qu'une rencontre fortuite qui ne devait pas laisser plus de trace que le souvenir d'une peinture regardée en passant, puisque aucune parole, aucun signe d'intelligence n'avaient pu être échangés entre Andrès et la jeune manola (elle paraissait appartenir à cette classe), séparés qu'ils étaient l'un de l'autre par l'intervalle de plusieurs bancs. Andrès n'avait d'ailleurs aucune raison de croire que la jeune fille l'eût aperçu et eût remarqué son admiration. Ses yeux, fixés sur l'arène, ne s'étaient pas détournés un instant du spectacle, auquel elle paraissait prendre un intérêt exclusif.

C'était donc un incident qu'il eût dû oublier sur le seuil du lieu qui l'avait vu naître. Cependant, à plusieurs reprises, l'image de la jeune fille s'était retracée dans l'esprit d'Andrès avec plus de vivacité et de persistance qu'il ne l'aurait fallu.

Le soir, sans en avoir la conscience, sans doute, il prolongeait sa promenade, ordinairement bornée au salon du Prado, où s'étale sur des rangs de chaises la fashion de Madrid, au delà de la fontaine d'Alcachofa, sous les allées plus ombreuses fréquentées par les manolas de la place Lavapiès. Un vague espoir de retrouver son inconnue le faisait déroger à ses habitudes élégantes.

De plus, il s'était aperçu, symptôme significatif, que les cheveux blonds de Feliciana prenaient, à contre-jour, des teintes hasardeuses, atténuées à grand'peine par les cosmétiques (jamais, jusqu'à ce jour, il n'avait fait cette remarque), et que ses yeux, bordés de cils pâles, n'avaient aucune expression, si ce n'est celle de l'ennui modeste qui sied à une jeune personne bien élevée ; et il bâillait involontairement en pensant aux douceurs que lui réservait l'hymen.

Au moment où Andrès passait sous une des trois arcades de la porte d'Alcala, un calesin fendait la foule au milieu d'un concert de malédictions et de sifflets, car c'est ainsi que le peuple accueille en Espagne tout ce qui le dérange au milieu de ses plaisirs et semble porter atteinte à la souveraineté du piéton.

Ce calesin était de l'extravagance la plus réjouissante ; sa caisse, portée par deux énormes roues écarlales, disparaissait sous une foule d'amours et d'attributs anacréontiques, tels que lyres, tambourins, musettes, cœurs percés de flèches, colombes se becquetant, exécutés à des époques reculées par un pinceau plus hardi que correct.

La mule, rasée à mi-corps, secouait de sa tête empanachée tout un carillon de grelots et de sonnettes. Le bourrelier qui avait confectionné son harnais s'était livré à une débauche incroyable de passementeries, de piqûres, de pompons, de houppes et de fanfreluches de toutes couleurs. De loin, sans les longues oreilles qui sortaient de ce brillant fouillis, on eût pu prendre cette tête de mule ainsi attelée pour un bouquet de fleurs ambulant.

Un calesero de mine farouche, en manches de chemise et la chamarre de peau d'Astracan au coin de l'épaule, assis de côté sur le brancard, bâtonnait à coups de manche de fouet la croupe osseuse de sa bête, qui s'écrasait sur ses jarrets et se jetait en avant avec une nouvelle furie.

Un calesin, le lundi, à la porte d'Alcala, n'a rien en soi qui mérite une description particulière et doive attirer l'attention, et si celui-là est honoré d'une mention spéciale, c'est qu'à sa vue la plus agréable surprise avait éclaté sur la figure de don Andrès.

Il n'est guère dans l'usage qu'une voiture se rende vide à la place des Taureaux ; aussi le calesin contenait-il deux personnes.

La première était une vieille, petite et grosse, vêtue de noir, à l'ancienne mode, et dont la robe, trop courte d'un doigt, laissait paraître un ourlet de jupon en drap jaune, comme en portent les paysannes en Castille; cette vénérable créature appartenait à cette espèce de femmes qu'on appelle en Espagne la tia Pelona, la tia Blasia, selon leur nom, comme on dit ici la mère Michel, la mère Godichon, dans le monde si bien décrit par

Paul de Kock. Sa face large, épatée, livide, aurait été des plus communes, si deux yeux charbonnés et entourés d'une large auréole de bistre, et deux pinceaux de moustaches obombrant les commissures des lèvres n'eussent relevé cette trivialité par un certain air sauvage et féroce digne des duègnes du bon temps. Goya, l'inimitable auteur des *Caprices*, vous eût en deux coups de pointe gravé cette physionomie. Bien que l'âge des amours fût envolé depuis longtemps pour elle, si jamais il avait existé, elle n'en arrangeait pas moins ses coudes dans sa mantille de serge, bordée de velours, avec une certaine coquetterie, et manégeait prétentieusement un grand éventail de papier vert.

Il n'est pas probable que ce fut l'aspect de cette aimable compagnonne qui amenât un éclair de satisfaction sur le visage de don Andrès.

La seconde personne était une jeune fille de seize à dix-huit ans, plutôt seize que dix-huit ; une légère mantille de taffetas, posée sur la galerie d'un haut peigne d'écaille qu'entourait une large natte de cheveux tressés en corbeille, encadrait sa charmante figure d'une pâleur imperceptiblement olivâtre. Son pied, allongé sur le devant du calesin et d'une petitesse presque chinoise, montrait un mignon soulier de satin à quartier de ruban et le commencement d'un bas de soie à coins de couleur bien tiré. Une de ses mains délicates et fines, bien qu'un peu basanées, jouait avec les deux pointes de la mantille, et l'autre, repliée sur un mouchoir de batiste, faisait briller quelques bagues d'argent, le plus riche trésor de son écrin de manola ; des boutons de jais miroitaient à sa manche et complétaient ce costume rigoureusement espagnol.

Andrès avait reconnu la délicieuse tête dont le souvenir le poursuivait depuis huit jours.

Il doubla le pas et arriva en même temps que le

calesin à l'entrée de la place des Taureaux ; le calesero avait mis le genou en terre comme pour servir de marchepied à la belle manola, qui descendit en lui appuyant légèrement le bout des doigts sur l'épaule : l'extraction de la vieille fut autrement laborieuse ; mais enfin elle s'opéra heureusement, et les deux femmes, suivies d'Andrès, s'engagèrent dans l'escalier de bois qui conduit aux gradins.

Le hasard, par une galanterie de bon goût, avait distribué les numéros des stalles, de façon que don Andrès se trouvât assis précisément à côté de la jeune manola.

II

Pendant que le public envahissait tumultueusement la place, et que le vaste entonnoir des gradins se noircissait d'une foule de plus en plus compacte, les toreros arrivaient les uns après les autres par une porte de derrière dans l'endroit qui leur sert de foyer, et où ils attendent l'heure de la *funcion*.

C'est une grande salle blanchie à la chaux, d'un aspect triste et nu. Quelques petites bougies y font trembloter leurs étoiles d'un jaune fade devant une image enfumée de Notre-Dame, suspendue à la muraille ; car, ainsi que tous les gens exposés par état à des périls de mort, les toreros sont dévots, ou tout au moins superstitieux ; chacun possède une amulette, à laquelle il a pleine confiance ; certains présages les abattent ou les enhardissent ; ils savent, disent-ils, les courses qui leur seront funestes. Un cierge offert et brûlé à propos peut cependant corriger le sort et prévenir le péril. Il y en avait bien, ce jour-là, une douzaine d'allumés, ce qui prouvait la justesse de la remarque de don Andrès sur la force et la férocité des taureaux de Gaviria qu'il avait vus la veille à l'Arroyo, et dont il décrivait avec tant d'enthousiasme les qualités à sa fiancée Feliciana, médiocre appréciatrice de semblables mérites.

Il vint à peu près une douzaine de toreros, chulos banderillos, espadas, embossés dans leurs capes de percaline glacée. Tous, en passant devant la madone, firent une inclinaison de tête plus ou moins accentuée. Ce devoir accompli, ils allèrent prendre sur une table *la copa de fuego*, petite coupe à manche de bois et remplie de charbon, posée là pour la plus grande commodité des fumeurs de cigarettes et de puros, et se mirent à pousser des bouffées en se promenant ou campés sur les bancs de bois le long du mur.

Un seul passa devant le tableau révéré sans lui accorder cette marque de respect, et s'assit à l'écart en croisant l'une sur l'autre des jambes nerveuses que le luisant du bas de soie aurait pu faire croire de marbre. Son pouce et son index, jaunes comme de l'or, sortaient par l'hiatus de son manteau, tenant serré un reste de papelito aux trois quarts consumé. Le feu s'approchait de l'épiderme de manière à brûler des doigts plus délicats ; mais le torero n'y faisait pas attention, occupé qu'il paraissait d'une pensée absorbante.

C'était un homme de vingt-cinq à vingt-huit ans. Son teint basané, ses yeux de jais, ses cheveux crépus démontraient son origine andalouse. Il devait être de Séville, cette prunelle noire de la terre, cette patrie naturelle des vaillants garçons, des bien plantés, des bien campés, des gratteurs de guitare, des dompteurs de chevaux, des piqueurs de taureaux, des joueurs de navaja, de ceux du bras de fer et de la main irritée.

Il eût été difficile de voir un corps plus robuste et des membres mieux découplés. Sa force s'arrêtait juste au point où elle serait devenue de la pesanteur. Il était aussi bien taillé pour la lutte que pour la course, et, si l'on pouvait supposer à la nature l'intention expresse de faire des toreros, elle n'avait jamais aussi bien réussi qu'en modelant cet Hercule aux proportions déliées.

Par son manteau entrebâillé, on voyait pétiller dans l'ombre quelques paillettes de sa veste incarnat et argent, et le chaton de la *sortija* qui retenait les bouts de sa cravate; la pierre de cet anneau était d'une assez grande valeur, et montrait, comme tout le reste du costume, que le possesseur appartenait à l'aristocratie de sa profession. Son *moño* de rubans neufs, lié à la partie mèche des cheveux réservée exprès, s'épanouissait derrière sa nuque en touffe opulente; sa *montera*, du plus beau noir, disparaissait sous des agréments de soie de même couleur, et se nouait sous son menton par des jugulaires qui n'avaient jamais servi; ses escarpins, d'une petitesse extraordinaire, auraient fait honneur au plus habile cordonnier de Paris, et eussent pu servir de chaussons à une danseuse de l'Opéra.

Cependant Juancho, tel était son nom, n'avait pas l'air ouvert et franc qui convient à un beau garçon bien habillé et qui va tout à l'heure se faire applaudir par les femmes : l'appréhension de la lutte prochaine troublait-elle sa sérénité? Les périls que courent les combattants dans l'arène, et qui sont beaucoup moins grands qu'on ne pense, ne devaient avoir rien de bien inquiétant pour un gaillard découplé comme Juancho. Avait-il vu en rêve un taureau infernal portant sur des cornes d'acier rougi un matador embroché?

Rien de tout cela! Telle était l'attitude habituelle de Juancho, surtout depuis un an; et, sans qu'il fût précisément en état d'hostilité avec ses camarades, il n'existait pas entre eux et lui cette familiarité insouciante et joviale de gens qui courent ensemble les mêmes chances; il ne repoussait pas les avances, mais il n'en faisait aucune, et, quoique Andalous, il était volontiers taciturne. Cependant, quelquefois il semblait vouloir se dérober à sa mélancolie, et se livrait aux élans désordonnés d'une joie factice. Il buvait outre mesure, lui si sobre ordinairement, faisait du vacarme dans les cabarets, dansait des cachuchas endiablées, et finissait par des querelles absurdes où le couteau ne tardait pas à briller; puis, l'accès passé, il retombait dans sa taciturnité et dans sa rêverie.

Diverses conversations se tenaient simultanément parmi les groupes : on parlait d'amour, de politique et surtout de taureaux.

« Que pense Votre Grâce, disait, avec ces belles formules cérémonieuses de la langue espagnole, un torero à un autre, du taureau noir de Mazpule? A-t-il la vue basse, comme le prétend Arjona.

— Il est myope d'un œil et presbyte de l'autre; il ne faut pas s'y fier.

— Et le taureau de Lizaso, vous savez, celui de couleur pie, de quel côté pensez-vous qu'il donne le coup de corne?

— Je ne saurais le dire, je ne l'ai pas vu à l'œuvre; quel est votre avis, Juancho?

— Du côté droit, répondit celui-ci comme réveillé d'un rêve et sans jeter les yeux sur le jeune homme arrêté devant lui.

— Pourquoi ?

— Parce qu'il remue incessamment l'oreille droite, ce qui est un signe presque infaillible. »

Cela dit, Juancho porta à ses lèvres le reste de son *papelito*, qui s'évanouit en une pincée de cendres blanches.

L'heure fixée pour l'ouverture de la course approchait ; tous les toreros, à l'exception de Juancho, s'étaient levés ; la conversation languissait, et l'on entendait des coups sourds de la lance des picadores s'exerçant contre le mur dans une cour intérieure, pour se faire la main et étudier leurs chevaux. Ceux qui n'avaient pas fini leurs cigarettes les jetèrent ; les chulos arrangèrent avec coquetterie sur leur avant-bras les plis de leurs capes de couleurs éclatantes et se mirent en rang. Le silence régnait, car c'est un moment toujours un peu solennel que celui de l'entrée dans la place, et qui rend les plus rieurs pensifs.

Juancho se leva enfin, jeta son manteau, qui s'affaissa sur le banc, prit son épée et sa muleta, et alla se mêler au groupe bigarré.

Tout nuage s'était envolé de son front. Ses yeux brillaient, sa narine dilatée aspirait l'air fortement. Une singulière expression d'audace animait ses traits ennoblis. Il se carrait et cambrait comme pour se préparer à la lutte. Son talon s'appuyait énergiquement à terre, et, sous les mailles de soie, les nerfs de son cou-de-pied tressaillaient comme les cordes au manche d'une guitare. Il faisait jouer ses ressorts, et s'en assurait au moment de s'en servir, ainsi qu'un soldat fait jouer avant la bataille son épée dans le fourreau.

C'était vraiment un admirable garçon que Juancho, et son costume faisait merveilleusement ressortir ses avantages : une large *faja* de soie rouge sanglait sa taille fine ; les broderies d'argent qui ruisselaient le long de sa veste formaient au collet, aux manches, aux poches, aux parements, comme des endroits stagnants où l'arabesque redoublait ses complications et s'épaississait de façon à faire disparaître l'étoffe. Ce n'était plus une veste incarnadine brodée d'argent, mais une veste d'argent brodée d'incarnadin. Aux épaules papillotaient tant de torsades, de globules, de filigranes, de nœuds et d'ornements de toute sorte, que les bras semblaient jaillir de deux couronnes défoncées. La culotte de satin, enjolivée de soutaches et de paillons sur les coutures, pressait, sans les gêner, les muscles de fer et des formes d'une élégance robuste. Ce costume était le chef-d'œuvre de Zapata, de Grenade, Zapata, ce Cardillac des habits de majo, qui pleure toutes les fois qu'il vous rapporte un habit, et vous offre pour le ravoir plus d'argent qu'il ne vous en a demandé pour le faire. Les connaisseurs ne croyaient pas l'estimer trop cher au prix de dix mille réaux. Porté par Juancho, il en valait vingt mille !

La dernière fanfare avait résonné ; l'arène était vide de chiens et de muchachos. C'était le moment. Les picadores, rabaissant sur l'œil droit de leur monture le mouchoir qui doit les empêcher de voir arriver le taureau, se joignaient au cortège, et la troupe déboucha en bon ordre dans la place.

Un murmure d'admiration accueillit Juancho quand il vint s'agenouiller devant la loge de la reine ; il plia le genou de si bonne grâce, d'un air à la fois si humble et si fier, et se releva si moelleusement, sans effort ni saccade, que les vieux aficionados eux-mêmes dirent : « Ni Pépé Illo, ni Romero, ni José Candido, ne s'en fussent mieux acquittés. »

L'alguazil à cheval, en costume noir de familier de la Sainte-Hermandad, alla, selon la coutume, au milieu des huées générales, porter la clef du toril au garçon de service, et, cette formalité accomplie, se sauva au plus grand galop qu'il put, chancelant sur sa selle, perdant les étriers, embrassant le col de sa monture, et donnant à la populace cette comédie de l'effroi, toujours si amusante pour les spectateurs à l'abri de tout danger.

Andrès, tout heureux de la rencontre qu'il avait faite, n'accordait pas grande attention aux préliminaires de la course, et le taureau avait déjà éventré un cheval sans qu'il eût jeté un seul regard au cirque.

Il contemplait la jeune fille placée à côté de lui avec une fixité qui l'eût gênée sans doute si elle s'en fût aperçue. Elle lui sembla plus charmante encore que la première fois. Le travail d'idéalisation, qui se mêle toujours au souvenir et fait souvent éprouver des déceptions quand on se retrouve en présence de l'objet rêvé, n'avait rien pu ajouter à la beauté de l'inconnue ; il faut avouer aussi que jamais type plus parfait que la femme espagnole ne s'était assis sur les gradins de granit bleu du cirque de Madrid.

Le jeune homme, en extase, admirait ce profil si nettement découpé, ce nez mince et fier aux narines roses comme l'intérieur d'un coquillage, ces tempes pleines où, sous un léger ton d'ambre, se croisait un imperceptible lacis de veines bleues ; cette bouche fraîche comme une fleur, savoureuse comme un fruit, entr'ouverte par un demi-sourire et illuminée par un éclair de nacre, et surtout ces yeux d'où le regard, pressé par deux épaisses franges de cils noirs jaillissait, en irrésistibles effluves.

C'était toute la pureté du type grec, mais affinée par le caractère arabe, la même perfection avec un accent plus sauvage, la même grâce, mais plus cruelle ; les sourcils dessinaient leur arc d'ébène sur le marbre doré d'un coup de pinceau si hardi, les prunelles étaient d'un noir si âprement noir, une pourpre si riche éclatait dans la pulpe des lèvres, qu'une pareille beauté eût eu quelque chose d'alarmant dans un salon de Paris ou de Londres ; mais elle était parfaitement à sa place à la course de taureaux, sous le ciel ardent de l'Espagne.

La vieille, qui ne donnait pas aux péripéties de l'arène la même attention que la jeune, observait le manège d'Andrès avec un regard oblique et un air de dogue flairant un voleur. Joyeuse, cette physionomie était laide; refrognée, elle était repoussante; ses rides semblaient plus creuses, et l'auréole brune qui cernait ses yeux s'agrandissait et rappelait vaguement les cercles de plume qui entourent les prunelles des chouettes; sa dent de sanglier s'appuyait plus fortement sur sa lèvre calleuse, et des tics nerveux contractaient sa face grimaçante.

Comme Andrès persistait dans sa contemplation, la colère sourde de la vieille augmentait d'instant en instant; elle se tracassait sur son banc, faisait siffler son éventail, donnait de fréquents coups de coude à sa belle voisine, et lui adressait toutes sortes de questions pour l'obliger à tourner la tête de son côté; mais, soit que celle-ci ne comprît pas ou qu'elle ne voulût pas comprendre, elle répondait en deux ou trois mots et reprenait son attitude attentive et sérieuse.

« La peste soit de l'atroce sorcière! se disait tout bas Andrès, et quel dommage qu'on ait aboli l'inquisition! Avec une figure pareille, on vous l'eût promenée, sans enquête, à califourchon sur un âne, coiffée de san-benito et vêtue de la chemise soufrée; car elle sort évidemment du séminaire de Barahona, et doit laver les jeunes filles pour le sabbat. »

Juancho, dont le tour de tuer n'était pas arrivé, se tenait dédaigneusement au milieu de la place, sans prendre plus souci des taureaux que s'ils eussent été des moutons; à peine faisait-il un léger mouvement de corps et se dérangeait-il de deux ou trois semelles lorsque la bête furieuse, se préoccupant de cet homme, faisait mine de fondre sur lui.

Son bel œil noir lustré faisait le tour des loges, des galeries et des gradins, où palpitaient, comme des ailes de papillons, des essaims d'éventails de toutes nuances; on eût dit qu'il cherchait à reconnaître quelqu'un parmi ces spectateurs. Lorsque son regard, promené circulairement, arriva au gradin où la jeune fille et la vieille femme étaient assises, un éclair de joie illumina sa brune figure, et il fit un imperceptible mouvement de tête, espèce de salut d'intelligence comme s'en permettent quelquefois les acteurs en scène.

« Militona, dit la vieille à voix basse, Juancho nous a vues; prends garde à te bien tenir; ce jeune homme te fait les doux yeux, et Juancho est jaloux.

— Qu'est-ce que cela me fait? répondit Militona sur le même ton.

— Tu sais qu'il est homme à faire avaler une langue de bœuf à quiconque lui déplaît.

— Je ne l'ai pas regardé, ce monsieur, et d'ailleurs, ne suis-je pas ma maîtresse? »

En disant qu'elle n'avait pas regardé Andrès, Militona faisait un petit mensonge. Elle ne l'avait pas regardé, les femmes n'ont pas besoin de cela pour voir, mais elle aurait pu faire de sa personne la description la plus minutieuse.

En historien véridique, nous devons dire qu'elle trouvait don Andrès de Salcedo ce qu'il était en effet, un fort joli cavalier.

Andrès, pour avoir un moyen de lier conversation, fit signe à l'un de ces marchands d'oranges, de fruits confits, de pastilles et autres douceurs, qui se promènent dans le corridor de la place, et offrent au bout d'une perche leurs sucreries et leurs dragées aux spectateurs qu'ils soupçonnent de galanterie. La voisine d'Andrès était si jolie, qu'un marchand se tenait aux environs, comptant sur une vente forcée.

« Señorita, voulez-vous de ces pastilles? » dit Andrès avec un sourire engageant à sa belle voisine, en lui présentant la boîte ouverte.

La jeune fille se retourna vivement et regarda Andrès d'un air de surprise inquiète.

« Elles sont au citron et à la menthe, » ajouta Andrès, comme pour la décider.

Militona, prenant tout à coup sa résolution, plongea ses doigts menus dans la boîte et en retira quelques pincées de pastilles.

« Heureusement Juancho a le dos tourné, grommela un homme du peuple qui se trouvait là ; autrement il y aurait du rouge de répandu ce soir.

— Et madame, en désire-t-elle? » continua Andrès du ton le plus exquisement poli, en tendant la boîte à l'horrible vieille, que ce trait d'audace déconcerta au point qu'elle prit, dans son trouble, toutes les pastilles sans en laisser une.

Toutefois, en vidant la bonbonnière dans le creux de sa main noire comme celle d'une momie, elle jeta un coup d'œil furtif et effaré sur le cirque et poussa un énorme soupir.

En ce moment, l'orchestre sonna la mort : c'était le tour à Juancho de tuer. Il se dirigea vers la loge de l'ayuntamiento, fit le salut et la demande de rigueur, puis jeta en l'air sa montera avec la crânerie la plus coquette. Le silence se fit tout à coup parmi l'assemblée, ordinairement si tumultueuse; l'attente oppressait toutes les poitrines.

Le taureau que devait tuer Juancho était des plus redoutables ; pardonnez-nous si, occupé d'Andrès et de Militona, nous ne vous avons pas conté ses prouesses en détail : sept chevaux étendus, vides d'entrailles et découpant sur le sable, aux différents endroits où l'agonie les avait fait tomber, la mince silhouette de leur cadavre, témoignaient de sa force et de sa furie. Les deux picadores s'étaient retirés moulus de chutes, presque écloppés, et le *sobre-saliente* (doublure) attendait dans la coulisse, en selle et la lance au poing, prêt à remplacer ses chefs d'emploi hors de service.

Les chulos se tenaient prudemment dans le voisinage

de la palissade le pied sur l'étrier de bois qui sert à la franchir, en cas de péril; et le taureau vainqueur vaquait librement par la place, tachée çà et là de larges mares de sang sur lesquelles les garçons de combat n'osaient pas aller secouer de la poussière, donnant des coups de corne dans les portes, et jetant en l'air les chevaux morts qu'il rencontrait sur son passage.

« Fais ton fier, mon garçon, disait un aficionado du peuple en s'adressant à la bête farouche; jouis de ton reste, saute, gambade, tu ne seras pas si gai tout à l'heure : Juancho va te calmer. »

En effet, Juancho marchait vers la bête monstrueuse de ce pas ferme et délibéré qui fait rétrograder même les lions.

Le taureau, étonné de se voir encore un adversaire, s'arrêta, poussa un sourd beuglement, secoua la bave de son mufle, gratta la terre de son sabot, pencha deux ou trois fois la tête et recula de quelques pas.

Juancho était superbe à voir : sa figure exprimait la résolution immuable; ses yeux fixes, dont les prunelles entourées de blanc semblaient des étoiles de jais, dardaient d'invisibles rayons qui criblaient le taureau comme des flèches d'acier; sans en avoir la conscience, il lui faisait subir ce magnétisme au moyen duquel le belluaire Van Amburg envoyait les tigres tremblants se blottir aux angles de leur cage.

Chaque pas que l'homme faisait en avant, la bête féroce le faisait en arrière.

A ce triomphe de la force morale sur la force brute, le peuple, saisi d'enthousiasme, éclata en transports frénétiques; c'étaient des applaudissements, des cris, des trépignements à ne pas s'entendre; les amateurs secouaient à tour de bras les espèces de sonnettes et de tam-tams qu'ils apportent à la course pour émettre le plus de bruit possible. Les plafonds craquaient sous les admirations de l'étage supérieur, et la peinture détachée s'envolait en tourbillons de pellicules blanchâtres.

Le torero ainsi applaudi, l'éclair aux yeux, la joie au cœur, leva la tête vers la place où se trouvait Militona, comme pour lui reporter les bravos qu'on lui criait de toutes parts et lui en faire hommage.

Le moment était mal choisi. Militona avait laissé tomber son éventail, et don Andrès, qui s'était précipité pour le ramasser avec cet empressement à profiter des moindres circonstances qui caractérise les gens désireux de fortifier d'un fil de plus la chaîne frêle d'une nouvelle liaison, le lui remettait d'un air tout heureux et d'un geste le plus galant du monde.

La jeune fille ne put s'empêcher de remercier d'un joli sourire et d'une gracieuse inclination de tête l'attention polie d'Andrès.

Ce sourire fut saisi au vol par Juancho ; ses lèvres pâlirent, son teint verdit, les orbites de ses yeux s'empourprèrent, sa main se contracta sur le manche de la muleta, et la pointe de son épée, qu'il tenait basse, creusa convulsivement trois ou quatre trous dans le sable.

Le taureau, n'étant plus dominé par l'œillade fascinatrice, se rapprocha de son adversaire sans que celui-ci songeât à se mettre en garde. L'intervalle qui séparait la bête de l'homme diminuait affreusement.

« En voilà un gaillard qui ne s'alarme pas ! dirent quelques-uns, plus robustes aux émotions.

— Juancho, prends garde, disaient les autres, plus humains ; Juancho de ma vie, Juancho de mon cœur, Juancho de mon âme, le taureau est presque sur toi ! »

Quant à Militona, soit que l'habitude des courses eût émoussé sa sensibilité, soit qu'elle eût toute confiance dans l'habileté souveraine de Juancho ou qu'elle portât un intérêt médiocre à celui qu'elle troublait si profondément, sa figure resta calme et sereine comme s'il ne se fût rien passé ; seulement, une légère rougeur monta à ses pommettes, et son sein souleva d'un mouvement un peu plus rapide les dentelles de sa mantille.

Les cris des assistants tirèrent Juancho de sa torpeur; il fit une brusque retraite de corps et agita les plis écarlates de sa muleta devant les yeux du taureau.

L'instinct de la conservation, l'amour-propre du gladiateur luttaient, dans l'âme de Juancho, avec le désir d'observer ce que faisait Militona; un coup d'œil égaré, un oubli d'une seconde pouvaient mettre sa vie en péril dans ce moment suprême. Situation infernale ! être jaloux, voir auprès de la femme aimée un jeune homme attentif et charmant, et se trouver au milieu d'un cirque, sous la pression des regards de douze mille spectateurs, ayant à deux pouces de la poitrine les cornes brûlantes d'une bête farouche qu'on ne peut tuer qu'à un certain endroit et d'une certaine manière, sous peine d'être déshonoré !

Le torero, redevenu maître de la *juridiction*, comme on dit en argot tauromachique, s'établit solidement sur ses talons, et fit plusieurs passes avec la muleta pour forcer le taureau à baisser la tête.

« Que pouvait lui dire ce jeune homme, ce drôle à qui elle souriait si doucement? » pensait Juancho, oubliant qu'il avait devant lui un adversaire redoutable ; et, involontairement, il releva les yeux.

Le taureau, profitant de cette distraction, fondit sur l'homme ; celui-ci, pris de court, fit un saut en arrière, et, par un mouvement presque machinal, porta son estocade au hasard ; le fer entra de quelques pouces ; mais, poussé dans un endroit défavorable, il rencontra l'os et, secoué par la bête furieuse, rejaillit de la blessure avec une fusée de sang et alla retomber à quelques pas plus loin. Juancho était désarmé et le taureau plein de vie ; car ce coup perdu n'avait fait qu'exaspérer sa rage. Les chulos accoururent, faisant onduler leurs capes roses et bleues.

Militona avait légèrement pâli; la vieille poussait des « Aïe ! » et des « Hélas ! » et gémissait comme un cachalot échoué.

Le public, à la vue de la maladresse inconcevable de Juancho, se mit à faire un de ces triomphants vacarmes dans lesquels excelle le peuple espagnol : c'était un ouragan d'épithètes outrageuses, de vociférations et de malédictions. « Fuera, fuera, criait-on de toutes parts, le chien, le voleur, l'assassin ! Aux présides ! à Ceuta ! Gâter une si belle bête ! Boucher maladroit ! bourreau ! et tout ce que peut suggérer en pareille occasion l'exubérance méridionale, toujours portée aux extrêmes.

Cependant Juancho se tenait debout sous ce déluge d'injures, se mordant les lèvres et déchirant de sa main restée libre la dentelle de son jabot. Sa manche, ouverte par la corne du taureau, laissait voir sur son bras une longue rayure violette. Un moment, il chancela, et l'on put croire qu'il allait tomber suffoqué par la violence de son émotion ; mais il se remit bien vite, courut à son épée, comme ayant arrêté un projet dans son esprit, la ramassa, la fit passer sous son pied pour en redresser la lame fléchie, et se posa de manière à tourner le dos à la partie de la place où se trouvait Militona.

Sur un signe qu'il fit, les chulos lui amenèrent le taureau en l'amusant de leurs capes, et cette fois, débarrassé de toute préoccupation, il porta à l'animal une estocade de haut en bas dans toutes les règles, et que le grand Montès de Chiclana lui-même n'eût pas désavouée.

L'épée, plantée au défaut de l'épaule, s'élevait avec sa poignée en croix entre les cornes du taureau et rappelait ces gravures gothiques où l'on voit saint Hubert à genoux devant un cerf portant un crucifix dans ses ramures.

L'animal s'agenouilla pesamment devant Juancho, comme rendant hommage à sa supériorité, et, après une courte convulsion, roula, les quatre sabots en l'air.

« Juancho a pris une brillante revanche ! Quelle belle estocade ! je l'aime mieux qu'Arjona et le Chiclana ; qu'en pensez-vous, señorita ? dit Andrès tout à fait enthousiasmé à sa voisine.

— Pour Dieu, monsieur, ne m'adressez plus un mot, » répondit Militona très vite, sans presque remuer les lèvres et sans détourner la tête.

Ces paroles étaient dites d'un ton si impératif et si suppliant à la fois, qu'Andrès vit bien que ce n'était pas le « finissez » d'une fillette qui meurt d'envie que l'on continue.

Ce n'était pas la pudeur de la jeune fille qui lui dictait ces paroles; les essais de conversation d'Andrès n'avaient rien qui méritât une telle rigueur, et les manolas, qui sont les grisettes de Madrid, sans vouloir en médire, ne sont pas, en général, d'une susceptibilité si farouche.

Un effroi véritable, le sentiment d'un danger qu'Andrès ne pouvait comprendre, vibraient dans cette phrase brève, décochée de côté et qui paraissait être elle-même un péril de plus.

« Serait-ce une princesse déguisée ? se dit Andrès assez intrigué et incertain du parti qu'il devait prendre. Si je me tais, j'aurai l'air d'un sot ou tout au moins d'un don Juan médiocre ; si je persiste, peut-être attirerai-je à cette belle enfant quelque scène désagréable. Aurait-elle peur de la duègne ? Non ; puisque cette aimable gaillarde a dévoré toutes mes pastilles, elle est un peu complice, et ce n'est pas elle que redoute mon infante. Y aurait-il ici autour quelque père, quelque frère, quelque mari ou quelque amant jaloux ? »

Personne ne pouvait être rangé dans aucune de ces

catégories parmi les gens qui entouraient Militona ; ils avaient des airs effacés et des physionomies vagues ; évidemment, nul lien ne les rattachait à la belle manola.

Jusqu'à la fin de la course, Juancho ne regarda pas une seule fois du côté du tendido, et dépêcha les deux taureaux qui lui revenaient avec une maestria sans égale ; on l'applaudit aussi furieusement qu'on l'avait sifflé.

Andrès, soit qu'il jugeât prudent de ne pas renouer l'entretien après cette phrase, dont le son alarmé et suppliant l'avait touché, soit qu'il ne trouvât pas de manière heureuse de rentrer en conversation, n'adressa plus un mot à Militona, et même il se leva quelques minutes avant la fin de la course.

En enjambant les gradins pour se retirer, il dit tout bas quelques mots à un jeune garçon à physionomie intelligente et vive, et disparut.

Le petit drôle, lorsque le public sortit, eut soin de marcher dans la foule, sans affectation et, de l'air le plus dégagé du monde, derrière Militona et la duègne. Il les laissa remonter toutes deux dans leur calesin ; puis, ayant l'air de céder à un mouvement de gaminerie lorsque la voiture s'ébranla sur ses grandes roues écarlates, il se suspendit à la caisse, des pieds et des mains, en chantant à tue-tête la chanson populaire des taureaux de Puerto.

La voiture s'éloigna dans un tourbillon de bruit et de poussière.

« Bon, se dit Andrès, qui vit d'une allée du Prado où il était déjà parvenu, passer le calesin à toute vitesse avec le muchacho hissé par derrière, je saurai ce soir l'adresse de cette charmante créature, et que le duo de Bellini me soit léger ! »

III

Le jeune garçon devait venir rendre compte de sa mission à don Andrès, qui l'attendait en fumant un cigare dans une allée du Prado, aux environs du monument élevé aux victimes du 2 mai.

Tout en poussant devant lui les bouffées de tabac qui se dissipaient en bleuâtres spirales, Andrès faisait son examen de conscience, et ne pouvait guère s'empêcher de reconnaître qu'il était sinon amoureux, du moins très vivement préoccupé de la belle manola. Quand même la beauté de la jeune fille n'eût pas suffi pour mettre en feu le cœur le moins inflammable, l'espèce de mystère que semblait annoncer son effroi quand Andrès lui avait adressé la parole après l'accident arrivé à Juancho, ne pouvait manquer de piquer la curiosité de tout jeune homme un peu aventureux : à vingt-cinq ans, sans être don Quichotte de la Manche, l'on est toujours prêt à défendre les princesses que l'on suppose opprimées.

Feliciana, la demoiselle si bien élevée, que devenait-elle à travers tout cela? Andrès en était assez embarrassé; mais il se dit que son mariage avec elle ne devant avoir lieu que dans six mois, cette légère amourette aurait le temps d'être menée à bien, rompue et oubliée avant le terme fatal; et que, d'ailleurs, rien n'était si facile à cacher qu'une intrigue de ce genre, Feliciana et la jeune fille vivant dans des sphères à ne jamais se rencontrer. Ce serait sa dernière folie de garçon; car dans le monde on appelle folie aimer une jeune fille gracieuse et charmante, et raison épouser une femme laide, revêche, et qui vous déplaît; après, il vivrait en ermite, en sage, en vrai martyr conjugal.

Les choses ainsi arrangées dans sa tête, Andrès s'abandonna aux plus agréables rêveries. Il était tenu par doña Feliciana Vasquez de los Rios à un régime de bon ton et d'amusement de bon goût qui lui pesait fort, bien qu'il n'osât protester ; il lui fallait se conformer à une foule d'habitudes anglaises, au thé, au piano, aux gants jaunes, aux cravates blanches, au vernis, sans circonstance atténuante, à la danse marchée, aux conversations sur les modes nouvelles, aux grands airs italiens, toutes choses qui répugnaient à son humeur naturellement libre et gaie. Malgré lui, le vieux sang espagnol s'insurgeait dans ses veines contre l'envahissement de la civilisation du Nord.

Se supposant déjà l'amant heureux de la manola du cirque — quel homme n'est pas un peu fat, au moins en pensée ? — il se voyait dans la petite chambre de la jeune fille, débarrassé de son frac et faisant une collation de pâtisseries, d'oranges, de fruits confits, arrosée de flacons de vins de Peralta et de Pedro Jimenès plus ou moins légitimes, que la tia aurait été chercher à la boutique de vins généreux la plus proche.

Prenant un *papel de hilo* teint au jus de réglisse, la belle enfant roulait dans la mince feuille quelques brins de tabac coupés d'un trabuco, et lui offrait une cigarette tournée avec la plus classique perfection.

Puis, repoussant la table du pied, elle allait décrocher du mur une guitare, qu'elle remettait à son galant, et une paire de castagnettes de bois de grenadier, qu'elle s'ajustait aux pouces, en serrant la ganse qui les noue de ses petites dents de nacre, et se mettait à danser, avec une souplesse et une expression admirables, une de ces vieilles danses espagnoles où l'Arabie a laissé sa langueur brûlante et sa passion mystérieuse, en murmurant d'une voix entrecoupée quelque ancien couplet de séguidille incohérent et bizarre, mais d'une poésie pénétrante.

Pendant qu'Andrès s'abandonnait à ses voluptueuses rêveries avec tant de bonne foi, qu'il marquait la mesure des castagnettes en faisant craquer ses phalanges, le soleil baissait rapidement et les ombres devenaient longues. L'heure du dîner approchait ; car aujourd'hui, à Madrid, les personnes bien situées se mettent à table à l'heure de Paris ou de Londres, et le messager d'Andrès ne revenait pas ; quand même la jeune fille eût logé à l'extrémité opposée de la ville, à la porte San-Joachim ou San-Gerimon, le jeune drôle eût eu le temps, et bien au delà, de faire deux fois la course, surtout en considérant que, dans la première partie du voyage, il était perché sur l'arrière-train de la voiture.

Ce retard étonna et contraria vivement Andrès, qui ne savait où retrouver son émissaire, et qui voyait ainsi se terminer au début une aventure qui promettait d'être piquante. Comment se remettre sur la piste une fois perdue, quand on ne possède pas le plus petit indice pour se guider, pas un détail, pas même un nom, et qu'il faut compter sur le hasard décevant des rencontres ?

« Peut-être est-il arrivé quelque incident dont je ne puis me rendre compte ; attendons encore quelques minutes, » se dit Andrès.

Profitant de la permission d'ubiquité accordée aux conteurs, nous suivrons le calesin dans sa course rapide. Il avait d'abord longé le Prado, puis s'était enfoncé dans la rue de San-Juan, ayant toujours l'émissaire d'Andrès accroché des pieds et des mains à ses ressorts ; ensuite, il avait gagné la rue de los Desamparados. Au milieu à peu près de cette rue, le calesero, sentant de la surcharge, avait envoyé au pauvre Perico, avec une dextérité extrême, un coup de fouet bien sanglé à travers la figure, qui l'avait forcé à lâcher prise.

Lorsque, après s'être frotté les yeux tout pleurants de douleur, il eut recouvré la faculté de voir, le calesin était déjà au bout de la rue de la Fé, et le bruit de ses roues sur le pavé inégal allait s'affaiblissant. Perico, excellent coureur comme tous les jeunes Espagnols, et pénétré de l'importance de sa mission, avait pris ses jambes à son cou, et il eût assurément rattrapé la voiture si celle-ci eût roulé en ligne droite; mais à l'extrémité de la rue, elle fit un coude, et Perico la perdit de vue un instant. Quand il tourna l'angle à son tour, le calesin avait disparu. Il était entré dans ce lacis de rues et de ruelles qui avoisinent la place de Lavapiès. Avait-il pris la rue del Povar ou celle de Santa-Inès, celle de las Damas ou de San-Lorenzo? C'est ce que Perico ne put démêler; il les parcourut toutes, en espérant voir le calesin arrêté devant quelque porte : il fut trompé dans son espoir; seulement il rencontra sur la place la voiture qui revenait à vide et dont le conducteur, faisant claquer son fouet comme des détonations de pistolet par une sorte de menace ironique, se hâtait pour aller prendre un autre chargement.

Dépité de n'avoir pu faire ce qu'Andrès lui avait demandé, Perico s'était promené quelque temps dans les rues où il présumait que le calesin avait déposé ses deux pratiques, pensant, avec cette précoce intelligence des passions qu'ont les enfants méridionaux, qu'une si jolie fille ne pouvait manquer d'avoir un galant et de se mettre à la fenêtre pour le regarder venir, ou de sortir pour l'aller retrouver s'il ne venait pas, le jour des taureaux étant consacré, à Madrid, aux promenades, aux parties fines et aux divertissements. Ce calcul n'était pas dénué de justesse; en effet, bien des jolies têtes souriaient, encadrées aux fenêtres, et se penchaient sur les balcons, mais aucune n'était celle de la manola qu'on l'avait chargé de suivre. De guerre lasse, après s'être lavé les yeux à la fontaine Lavapiès, il descendit vers le Prado pour rendre compte à don Andrès de sa mission. S'il ne rapportait pas l'adresse précise, il était du moins à peu près certain que la belle demeurait dans une des quatre rues dont nous avons cité les noms; et, comme elles sont très courtes, c'était déjà moins vague que de la chercher dans tout Madrid.

S'il fût resté quelques minutes de plus, il aurait vu un second calesin s'arrêter devant une maison de la rue del Povar, et un homme, soigneusement embossé et le manteau sur les yeux, sauter légèrement à bas de la voiture et s'enfoncer dans l'allée. Le mouvement du saut dérangea les plis de la cape, qui laissa briller un éclair de paillon, et découvrit des bas de soie étoilés de quelques gouttelettes de sang et tendus par une jambe nerveuse.

Vous avez sans doute déjà reconnu Juancho. En effet, c'était lui. Mais pour Perico, aucun lien ne rattachait Juancho à Militona, et sa présence n'eût pas été un indice de l'endroit où demeurait la jeune fille. D'ailleurs, Juancho pouvait rentrer chez lui. C'était même la version la plus vraisemblable. Après une course aussi dramatique que celle-là, il devait avoir besoin de repos et d'appliquer quelques compresses sur l'égratignure de son bras, car les cornes du taureau sont venimeuses et font des blessures lentes à guérir.

Perico se dirigea d'un pas allongé du côté de l'obélisque du Deux-Mai, où Andrès lui avait donné rendez-vous. Autre anicroche. Andrès n'était pas seul. Doña Feliciana, qui était sortie pour quelque emplette avec une de ses amies qu'elle reconduisait, avait aperçu de sa voiture son fiancé se promenant avec une impatience nerveuse; elle était descendue, ainsi que son amie, et, s'approchant d'Andrès, elle lui avait demandé si c'était pour composer un sonnet ou un madrigal qu'il errait ainsi sous les arbres à l'heure où les mortels moins poétiques se livrent à leur nourriture. Le malheureux Andrès, pris en flagrant délit de commencement d'intrigue, ne put s'empêcher de rougir un peu et balbutia quelques galanteries banales; il enrageait dans son âme, bien que sa bouche sourît. Perico, incertain, décrivait autour du groupe des cercles embarrassés; tout jeune qu'il était, il avait compris qu'il ne fallait pas donner à un jeune homme l'adresse d'une manola devant une jeune personne si bien habillée à la française. Seulement il s'étonnait en lui-même qu'un cavalier qui connaissait de si belles dames à chapeau prît intérêt à une manola en mantille.

« Que nous veut donc ce garçon qui vous regarde avec ses grands yeux noirs comme s'il voulait nous avaler?

— Il attend sans doute que je lui jette le bout de ce cigare éteint », répondit Andrès en joignant l'action à la parole et en faisant un imperceptible signe qui voulait dire : « Reviens, quand je serai débarrassé. »

L'enfant s'éloigna, et, tirant un briquet de sa poche, fit du feu et se mit à humer le havane avec la componction d'un fumeur accompli.

Mais Andrès n'était pas au bout de ses peines. Feliciana se frappa le front de sa main étroitement gantée, et dit, comme sortant d'un rêve : « Mon Dieu, j'étais si préoccupée tantôt de notre duo de Bellini, que j'ai oublié de vous dire que mon père don Geronimo, vous attend à dîner. Il voulait vous écrire ce matin; mais comme je devais vous voir dans l'après-midi, je lui ai dit que ce n'était pas la peine. Il est déjà bien tard, dit-elle en consultant une petite montre grande comme l'ongle; montez en voiture avec nous, nous mettrons Rosa chez elle et nous retournerons à la maison ensemble. »

Si l'on s'étonne de voir une jeune personne si

bien élevée prendre un jeune homme dans sa voiture, nous ferons observer que, sur le devant de la calèche, était assise une gouvernante anglaise, roide comme un pieu, rouge comme une écrevisse, et ficelée dans le plus long des corsets, dont l'aspect suffisait pour mettre en fuite les amours et les médisances.

Il n'y avait pas moyen de reculer; après avoir présenté la main à Feliciana et à son amie pour les aider à monter, il prit place sur le devant de la calèche à côté de miss Sarah, furieux de n'avoir pu entendre le rapport de Perico, qu'il croyait mieux renseigné, et avec la perspective d'une soirée musicale indéfiniment prolongée.

Comme nous pensons que la description d'un dîner bourgeois n'aurait rien d'intéressant pour vous, nous irons à la recherche de Militona, espérant être plus heureux dans nos investigations que Perico.

Militona demeurait, en effet, dans une des rues soupçonnées par le jeune espion d'Andrès. Vous dire le genre d'architecture auquel appartenait la maison qu'elle habitait avec beaucoup d'autres serait fort difficile, à moins que ce ne fût à l'ordre composite. La plus grande fantaisie avait présidé au percement des baies, dont pas une n'était pareille. Le constructeur semblait s'être donné pour but la symétrie inverse, car rien ne se correspondait dans cette façade désordonnée; les murailles, presque toutes hors d'aplomb, faisaient ventre et paraissaient s'affaisser sous leur poids: des S et des croix de fer les contenaient à peine, et sans les deux maisons voisines, un peu solides où elle s'épaulait, elle serait tombée infailliblement au travers de la rue; au bas, le plâtre écaillé par larges plaques laissait voir le pisé des murs; le haut, mieux conservé, offrait des traces d'ancienne peinture rose, qui paraissait comme la rougeur de cette pauvre maison honteuse de sa misère.

Près d'un toit de tuiles tumultueux et découpant sur l'azur du ciel un feston brun édenté çà et là, souriait une petite fenêtre encadrée d'un récent crépi de chaux; une cage, à droite, contenait une caille; une autre, à gauche, d'une dimension presque imperceptible, ornée de perles de verre rouge et jaune, servait de palais et de cellule à un grillon; car les Espagnols, à qui les Arabes ont laissé le goût des rythmes persistants, aiment beaucoup les chants monotones, frappés à temps égaux, de la caille et du grillon. Une jarre de terre poreuse, suspendue par les anses à une ficelle et couverte d'une sueur perlée, rafraîchissait l'eau à la brise naissante du soir, et laissait tomber quelques gouttes sur deux pots de basilic placés au-dessous. Cette fenêtre, c'était celle de la chambre de Militona. De la rue un observateur eût deviné tout de suite que ce nid était habité par un jeune oiseau; la jeunesse et la beauté exercent leur empire même sur les choses inanimées, et y posent involontairement leur cachet.

Si vous ne craignez pas de vous engager avec nous dans cet escalier aux marches calleuses, à la rampe miroitée, nous y suivrons Militona, qui monte en sautillant les degrés rompus avec toute l'élasticité d'un jarret de dix-huit ans; elle nage déjà dans la lumière des étages supérieurs, tandis que la tia Aldonza, retenue dans les limbes obscurs des premières marches, pousse des han! de saint Joseph et se pend désespérément des deux mains à la corde grasse.

La belle fille, soulevant un bout de sparterie jetée devant une de ces portes de sapin à petits panneaux multipliés si communes à Madrid, prit sa clef et ouvrit.

Une si pauvre chambre ne pouvait guère tenter les voleurs et n'exigeait pas de grandes précautions de fermeture : absente, Militona la laissait ouverte; mais, quand elle y était, elle la fermait soigneusement. Il y avait alors un trésor dans ce mince taudis, sinon pour les voleurs, du moins pour les amoureux.

Une simple couche de chaux remplaçait, sur la muraille, le papier et la tenture; un miroir dont l'étamage rayé ne réflétait que fort imparfaitement la charmante figure qui le consultait; une statuette en plâtre de saint Antoine, accompagnée de deux vases de verre bleu contenant des fleurs artificielles; une table de sapin, deux chaises et un petit lit recouvert d'une courte-pointe de mousseline avec des volants découpés en dents de loup, formaient tout l'ameublement. N'oublions pas quelques images de Notre-Dame et des saints, peintes et dorées sur verre avec une naïveté byzantine ou russe, une gravure du Deux-Mai, l'enterrement de Daoiz et Vélarde, un picador à cheval d'après Goya, plus un tambour de basque faisant pendant à une guitare ; par un mélange du sacré et du profane, dont l'ardente foi des pays vraiment catholiques ne s'alarme pas, entre ces deux instruments de joie et de plaisir s'élevait une longue palme tire-bouchonnée, rapportée de l'église le jour de Pâques fleuries.

Telle était la chambre de Militona, et, bien qu'elle ne renfermât que les choses strictement nécessaires à la vie, elle n'avait pas l'aspect aride et froid de la misère; un rayon joyeux l'illuminait; le rouge vif des briques du plancher était gai à l'œil; aucune ombre difforme ne trouvait à s'accrocher, avec ses ongles de chauve-souris dans ces angles d'une blancheur éclatante ; aucune araignée ne tendait sa toile entre les solives du plafond; tout était frais, souriant et clair dans cette pièce meublée de quatre murs. En Angleterre, c'eût été le dénûment le plus profond; en Espagne, c'était presque l'aisance, et plus qu'il n'en fallait pour être aussi heureux qu'en paradis.

La vieille était enfin parvenue à se hisser jusqu'au

bout de l'escalier; elle entra dans le charmant réduit et s'affaissa sur une des deux chaises, que son poids fit craquer d'une manière alarmante.

« Je t'en prie, Militona, décroche-moi la jarre, que je boive un coup; j'étouffe, j'étrangle; la poussière de la place et ces damnées pastilles de menthe m'ont mis le feu au gosier.

— Il ne fallait pas les manger à poignées, tia, » répondit la jeune fille avec un sourire en inclinant le vase sur les lèvres de la vieille.

Aldonza but trois ou quatre gorgées, passa le dos de sa main sur sa bouche et s'éventa en silence sur un rythme rapide.

« A propos de pastilles, dit-elle après un soupir, quels regards furieux lançait Juancho de notre côté! je suis sûre qu'il a manqué le taureau parce que ce joli monsieur te parlait, il est jaloux comme un tigre, ce Juancho, et, s'il a pu le retrouver, il lui aura fait passer un mauvais quart d'heure. Je ne donnerais pas beaucoup d'argent de la peau de ce jeune homme, car elle court risque d'être fendue par de fameuses estafilades. Te rappelles-tu la belle aiguillette qu'il a levée sur ce Luca, qui voulait t'offrir un bouquet à la remeria de San-Isidoro?

— J'espère que Juancho ne se portera à aucune de ces fâcheuses extrémités; j'ai prié ce jeune homme de ne plus m'adresser la parole, d'un ton si suppliant et si absolu, qu'il n'a plus rien dit à dater de ce moment; il a compris mon effroi et en a eu pitié. Mais quelle affreuse tyrannie d'être ainsi poursuivie de cet amour féroce!

— C'est ta faute, dit la vieille; pourquoi es-tu si jolie? »

Un coup sec, frappé à la porte comme par un doigt de fer, interrompit la conversation des deux femmes.

La vieille se leva et alla regarder par le petit judas

grillé et fermé d'un volet, pratiqué dans la porte à hauteur d'homme, selon l'usage espagnol.

A l'ouverture parut la tête de Juancho, pâle sous la teinte bronzée dont le soleil de l'arène l'avait revêtue.

Aldonza entre-bâilla la porte et Juancho entra. Son visage trahissait les violentes émotions qui l'avaient agité dans le cirque ; on y lisait une rage concentrée ; car, pour cette âme entichée d'un grossier point d'honneur, les bravos n'effaçaient pas les sifflets ; il se regardait comme déshonoré et obligé aux plus téméraires prouesses pour se réhabiliter dans l'opinion publique et vis-à-vis de lui-même.

Mais ce qui l'occupait surtout, et ce qui portait sa fureur au plus haut degré, c'était de n'avoir pu quitter l'arène assez tôt pour rejoindre le jeune homme qui paraissait si galant auprès de Militona ; où le retrouver maintenant? Sans doute il avait suivi la jeune fille, il lui avait parlé encore,

A cette idée, sa main tâtait machinalement sa ceinture pour y chercher son couteau.

Il s'assit sur l'autre chaise ; Militona, appuyée à la fenêtre, déchiquetait la capsule d'un œillet rouge effeuillé ; la vieille s'éventait par contenance ; un silence général régnait entre les trois personnages ; ce fut la vieille qui le rompit.

« Juancho, dit-elle, votre bras vous fait-il toujours souffrir ?

— Non, répondit le torero en attachant son regard profond sur Militona.

— Il faudrait y mettre des compresses d'eau et de sel, » continua la vieille, pour ne pas laisser tomber aussitôt la conversation.

Mais Juancho ne fit aucune réponse, et, comme dominé par une idée fixe, il dit à Militona : « Quel était ce jeune homme placé à côté de vous à la course des taureaux ?

— C'est la première fois que je le rencontre; je ne le connais pas.

— Mais vous voudriez le connaître?

— La supposition est polie. Eh bien! quand cela serait?

— Si cela était, je le tuerais, ce charmant garçon en bottes vernies, en gants blancs et en frac.

— Juancho, vous parlez comme un insensé : vous ai-je donné le droit d'être jaloux de moi? Vous m'aimez, dites-vous; est-ce ma faute, et faut-il, parce qu'il vous a pris fantaisie de me trouver jolie, que je me mette à vous adorer sur-le-champ?

— Ça, c'est vrai, elle n'y est pas forcée, dit la vieille; mais pourtant, à vous deux vous feriez un beau couple! Jamais main plus fine ne se serait posée sur un bras plus vigoureux, et, si vous dansiez ensemble une cachucha au jardin de Las Delicias, ce serait à monter sur les chaises.

— Ai-je fait la coquette avec vous, Juancho? vous ai-je attiré par des œillades, des sourires et des mines penchées.

— Non, répondit le torero d'une voix creuse.

— Je ne vous ai jamais fait de promesses ni permis de concevoir d'espérances; je vous ai toujours dit : « Oubliez-moi. » Pourquoi me tourmenter et m'offenser par vos violences que rien ne justifie? Faudra-t-il donc, parce que je vous ai plu, que je ne puisse laisser tomber un regard qui ne soit un arrêt de mort? Ferez-vous toujours la solitude autour de moi? Vous avez estropié ce pauvre Luca, un brave garçon qui m'amusait et me faisait rire, et blessé grièvement Ginès, votre ami, parce qu'il m'avait effleuré la main; croyez-vous que tout cela arrange beaucoup vos affaires? Aujourd'hui, vous faites des extravagances dans le cirque; pendant que vous m'espionnez, vous laissez arriver les taureaux sur vous, et donnez une pitoyable estocade!

— Mais c'est que je t'aime, Militona, de toutes les forces de mon âme, avec toute la fougue de ce sang qui calcine mes veines ; c'est que je ne vois que toi au monde, et que la corne d'un taureau m'entrant dans la poitrine ne me ferait pas détourner la tête quand tu souris à un autre homme. Je n'ai pas les manières douces, c'est vrai, car j'ai passé ma jeunesse à lutter corps à corps avec les bêtes farouches; tous les jours je tue et m'expose à être tué; je ne puis pas avoir la douceur de ces petits jeunes gens délicats et minces comme des femmes, qui perdent leur temps à se faire friser et à lire les journaux! Au moins, si tu n'es pas à moi, tu ne seras pas à d'autres! » reprit Juancho après une pause, en frappant la table avec force, et comme résumant par ce coup de poing son monologue intérieur.

Et, là-dessus, il se leva brusquement et sortit en grommelant :

« Je saurai bien le trouver et lui mettre trois pouces de fer dans le ventre. »

Retournons maintenant auprès d'Andrès, qui, piteusement planté devant le piano, fait sa partie dans le duo de Bellini avec un luxe de notes fausses à désespérer Feliciana. Jamais soirée élégante ne lui avait inspiré plus d'ennui, il donnait à tous les diables la marquise de Benavidès et sa tertulia.

Le profil si pur et si fin de la jeune manola, ses cheveux de jais, son œil arabe, sa grâce sauvage, son costume pittoresque, lui faisaient prendre un plaisir médiocre aux douairières en turban qui garnissaient le salon de la marquise. Il trouva sa fiancée décidément laide, et sortit tout à fait amoureux de Militona.

Comme il descendait la rue d'Alcala pour retourner chez lui, il se sentit tirer par la basque de son habit; c'était Perico qui, ayant fait de nouvelles découvertes, tenait à lui rendre compte de sa mission, et aussi peut-être à toucher le douro promis.

« Cavalier, dit l'enfant, elle demeure dans la rue del Povar, la troisième maison à droite. Je l'ai vue tantôt à sa fenêtre, qui prenait la jarre à rafraîchir l'eau. »

IV

« Ce n'est pas le tout de connaître le nid de la colombe, se dit don Andrès en s'éveillant après un sommeil que l'image de Militona avait traversé plus d'une fois de sa gracieuse apparition, il faut encore arriver jusqu'à elle. Comment s'y prendre ? Je ne vois guère d'autre moyen que de m'aller établir en croisière devant sa maison, et d'observer les tenants et les aboutissants. Mais si je vais dans ce quartier, habillé comme je suis, c'est-à-dire comme la dernière gravure de mode de Paris, j'attirerai l'attention, et cela me gênerait dans mes opérations de reconnaissance. Dans un temps donné, elle doit sortir ou rentrer ; car je ne suppose pas qu'elle ait sa chambrette approvisionnée pour six mois de dragées et de noisettes ; je l'accosterai au passage avec quelque phrase galamment tournée, et je verrai bien si elle est aussi farouche à la conversation qu'elle l'était à la place des Taureaux. Allons au Rastro acheter de quoi nous transformer de fashionable en manolo ; ainsi déguisé, je n'éveillerai les soupçons d'aucun jaloux et d'aucun frère féroce, et je pourrai, sans faire semblant de rien, prendre des informations sur ma belle. »

Ce projet arrêté, Andrès se leva, avala à la hâte une tasse de chocolat à l'eau, et se dirigea vers le Rastro, qui est, comme le Temple de Madrid, l'endroit où l'on trouve tout, excepté une chose neuve. Il se sentait tout heureux et tout gai; l'idée que la jeune fille ne pouvait pas l'aimer ou en aimer un autre ne lui était pas venue; il avait cette confiance qui trompe rarement, car elle est comme la divination de la sympathie; l'ancien esprit d'aventure espagnol se réveillait en lui. Ce travestissement l'amusait, et, quoique l'infante à conquérir ne fût qu'une manola, il se promettait du plaisir à se promener sous sa fenêtre en manteau couleur de muraille; le danger que l'effroi de la jeune fille faisait pressentir ôtait à cette conquête ce qu'elle pouvait avoir de vulgaire.

Tout en forgeant dans sa tête ces mille et mille stratagèmes qui s'écroulent les uns sur les autres et dont aucun ne peut servir à l'occasion, Andrès arriva au Rastro.

C'est un assez curieux endroit que le Rastro. Figurez-vous un plateau montueux, une espèce de butte entourée de maisons chétives et malsaines, où se pratiquent toutes sortes d'industries suspectes.

Sur ce tertre et dans les rues adjacentes se tiennent des marchands de bric-à-brac de bas aloi, fripiers, marchands de ferraille, de chiffons, de verres cassés, de tout ce qui est vieux, sale, déchiré, hors de service. Les taches et les trous, les fragments méconnaissables, le tesson de la borne, le clou du ruisseau trouvent là des acheteurs. C'est un singulier mélange où les haillons de tous les états ont des rencontres philosophiques : le vieil habit de cour dont on a décousu les galons coudoie la veste du paysan aux parements multicolores; la jupe à paillettes désargentées de la danseuse est pendue à côté d'une soutane élimée et rapiécée. Des étriers de picador sont mêlés à des fleurs fausses, à des livres dépareillés, à des tableaux noirs et jaunes, à des portraits qui n'intéressent plus personne. Rabelais et Balzac vous feraient là-dessus une énumération de quatre pages.

Cependant, en remontant vers la place, il y a quelques boutiques un peu plus relevées où l'on trouve des habits qui, sans être neufs, sont encore propres et peuvent être portés par d'autres que des sujets du royaume picaresque.

Ce fut dans une de ces boutiques qu'Andrès entra.

Il y choisit un costume de manolo assez frais, et qui avait dû, dans sa primeur, procurer à son heureux possesseur bien des conquêtes dans la red San-Luis, la rue del Barquillo et la place Santa-Ana : ce costume se composait d'un chapeau à cime tronquée, à bords évasés en turban et garnis de velours, d'une veste ronde tabac d'Espagne, à petits boutons, d'un pantalon large, d'une grande ceinture de soie et d'un manteau de couleur sombre. Tout cela était usé juste à point pour avoir perdu son lustre, mais ne manquait pas d'une certaine élégance.

Andrès s'étant contemplé dans une grande glace de Venise à biseau, entourée d'un cadre magnifique et venue là on ne sait d'où, se trouva à son gré. En effet, il avait ainsi une tournure délibérée, svelte, faite pour les cœurs sensibles de Lavapiès.

Après avoir payé et fait mettre les habits à part, il dit au marchand qu'il reviendrait le soir se costumer dans sa boutique, ne voulant pas qu'on le vît sortir de chez lui travesti.

En revenant, il passa par la rue del Povar; il reconnut tout de suite la fenêtre entourée de blanc et la jarre suspendue dont Perico lui avait parlé ; mais rien ne semblait lui indiquer la présence de quelqu'un dans la chambre : un rideau de mousseline soigneusement fermé rendait la vitre opaque au dehors.

« Elle est sans doute sortie pour aller vaquer à quelque ouvrage; elle ne rentrera que la journée finie, car elle doit être couturière, cigarera, brodeuse ou quelque chose approchant, » se dit Andrès, et il continua sa route.

Militona n'était pas sortie, et, penchée sur la table, elle ajustait les différentes pièces d'un corsage de robe étalées sous ses yeux. Quoiqu'elle ne fît rien de mystérieux, le verrou de sa porte était poussé, sans doute dans la crainte de quelque invasion subite de Juancho, que l'absence de la tia Aldonza aurait rendue plus dangereuse.

Tout en travaillant, elle pensait au jeune homme qui la regardait, la veille, au Cirque, avec un œil si ardent et si velouté, et lui avait dit quelques mots d'une voix qui résonnait encore doucement à son oreille.

« Pourvu qu'il ne cherche pas à me revoir! Et pourtant, cela me ferait plaisir qu'il le cherchât. Juancho engagerait avec lui quelque affreuse querelle, il le tuerait peut-être ou le blesserait dangereusement comme tous ceux qui ont voulu me plaire; et même, quand je pourrais me soustraire à la tyrannie de Juancho, qui m'a suivie de Grenade à Séville, de Séville à Madrid, et qui me poursuivrait jusqu'au bout du monde pour m'empêcher de donner à un autre le cœur que je lui refuse, à quoi cela m'avancerait-il? Ce jeune homme n'est pas de ma classe; à ses habits l'on voit qu'il est noble et riche; il ne peut avoir pour moi qu'un caprice passager : il m'a déjà oubliée sans doute. »

Ici, la vérité nous oblige à confesser qu'un léger nuage passa sur le front de la jeune fille, et qu'une respiration prolongée, qui pouvait se prendre pour un soupir, gonfla sa poitrine oppressée.

« Il doit sans doute avoir quelque maîtresse, quelque fiancée, jeune, belle, élégante, avec de beaux chapeaux et de grands châles. Comme il serait bien avec une veste brodée en soie de couleur, à boutons de filigrane d'argent, des bottes piquées de Ronda, et un petit chapeau andalous! Quelle taille fine il aurait, serré par une belle ceinture de soie de Gibraltar! » se disait

Militona conduisant son monologue, où, par un innocent subterfuge du cœur, elle revêtait Andrès d'un costume qui le rapprochait d'elle.

Elle en était là de sa rêverie, lorsque Aldonza, qui habitait la même maison, heurta à la porte.

« Tu ne sais pas, ma chère? dit-elle à Militona, cet enragé de Juancho, au lieu d'aller panser son bras, s'est promené toute la nuit devant ta fenêtre, sans doute pour voir si le jeune homme du Cirque rôdait par là : il s'était fourré dans la tête que tu lui avais donné rendez-vous. Si cela avait été vrai, cependant? comme ce serait commode! Aussi, pourquoi ne l'aimes-tu pas, ce pauvre Juancho? il te laisserait tranquille.

— Ne parlons pas de cela; je ne suis pas responsable de l'amour que je n'ai provoqué en rien.

— Ce n'est pas, poursuivit la vieille, que le jeune cavalier de la place des Taureaux ne soit très bien de sa personne, et très galant; il m'a offert la boîte de pastilles avec beaucoup de grâce et tous les égards dus à mon sexe; mais Juancho m'intéresse, et j'en ai une peur de tous les diables! Il me regarde un peu comme ton chaperon, et serait capable de me rendre responsable de ta préférence pour un autre. Il te surveille de si près, qu'il serait bien difficile de lui cacher la moindre chose.

— A vous entendre, on croirait que j'ai déjà une affaire réglée avec ce monsieur, dont je me rappelle à peine les traits, répondit Militona en rougissant un peu.

— Si tu l'as oublié, il se souvient de toi, lui, je t'en réponds; il pourrait faire ton portrait de mémoire; il n'a pas cessé de te regarder tout le temps de la course; on eût dit qu'il était en extase devant une Notre-Dame. »

En entendant ces témoignages qui confirmaient l'amour d'Andrès, Militona se pencha sur son ouvrage sans rien répondre; un bonheur inconnu lui dilatait le cœur.

Juancho, lui, était bien loin de ces sentiments tendres; enfermé dans sa chambre garnie d'épées et de devises de taureaux qu'il avait enlevées au péril de sa vie pour les offrir à Militona, qui n'en avait pas voulu, il se laissait aller à ce rabâchage intérieur des amants malheureux : il ne pouvait comprendre que Militona ne l'aimât point; cette aversion lui semblait un problème insoluble et dont il cherchait en vain l'inconnue. N'était-il pas jeune, beau, vigoureux, plein d'ardeur et de courage? les plus blanches mains de l'Espagne ne l'avaient-elles pas applaudi mille fois? ses costumes n'étaient-ils pas brodés d'autant d'or, enjolivés d'autant d'ornements que ceux des plus galants toreros? son portrait ne se vendait-il pas partout lithographié, imprimé dans les foulards avec une auréole de couplets laudatifs, comme celui des maîtres de l'art? Qui, Montès excepté, poussait plus bravement une estocade et faisait agenouiller plus vite un taureau? Personne. L'or, prix de son sang, roulait entre ses doigts comme le vif-argent. Que lui manquait-il donc? Et il se cherchait avec bonne foi un défaut qu'il ne se trouvait pas; et il ne pouvait s'expliquer cette antipathie, ou tout au moins cette froideur, que par un amour pour un autre. Cet autre, il le poursuivait partout; le plus frivole motif excitait sa jalousie et sa rage; lui qui faisait reculer les bêtes farouches, il se brisait contre la résistance glacée de cette jeune fille. L'idée de la tuer pour faire cesser le charme lui était venue plus d'une fois. Cette frénésie durait depuis plus d'un an, c'est-à-dire depuis le jour où il avait vu Militona, car son amour, comme toutes les fortes passions, avait acquis tout de suite son développement : l'immensité ne peut grandir.

Pour rencontrer Andrès, il s'était dit qu'il fallait fréquenter le salon du Prado, les théâtres del Circo et del Principe, les cafés élégants et les autres lieux de réunion de gens comme il faut ; et, bien qu'il professât un profond dédain pour les habits bourgeois, et fût ordinairement vêtu en majo, une redingote, un pantalon noir et un chapeau rond étaient posés sur une chaise : il était allé les acheter le matin sous les piliers de la calle Mayor, précisément à l'heure où Andrès faisait son emplette au Rastro ; l'un, pour arriver à l'objet de sa haine, l'autre, pour arriver à l'objet de son amour, avaient pris le même moyen.

Feliciana, à qui don Andrès ne manqua pas d'aller faire sa visite à l'heure ordinaire avec l'exactitude d'un amant criminel, lui fit d'amers reproches sur les notes fausses et les distractions sans nombre dont il s'était rendu coupable la veille chez la marquise de Benavidès. C'était bien la peine de répéter si soigneusement ce duo, de le chanter tous les jours, pour faire un fiasco à la soirée solennelle. Andrès s'excusa de son mieux. Ses fautes avaient fait briller d'un éclat plus vif l'imperturbable talent de Feliciana, qui n'avait jamais été mieux en voix, et qui avait chanté à rendre jalouse la Ronconi du théâtre del Circo ; et il n'eut guère de peine à la calmer ; ils se séparèrent fort bons amis.

Le soir était venu, et Juancho, revêtu de ses habits modernes qui le rendaient méconnaissable, parcourait d'un pas saccadé et fiévreux les avenues du Prado, regardant chaque homme au visage, allant, venant, tâchant d'être partout à la fois ; il entra dans tous les théâtres, fouilla de son œil d'aigle l'orchestre, les avant-scènes et les loges ; il avala toutes sortes de glaces dans les cafés, se mêla à tous les groupes de politiqueurs et de poètes dissertant sur la pièce nouvelle, sans pouvoir découvrir rien qui ressemblât à ce jeune homme qui parlait d'un air si tendre à Militona le jour des taureaux, par l'excellente raison qu'Andrès, qui était aller se costumer chez le marchand, prenait le plus posément du monde, à cette heure-là, un verre de limonade glacée dans une *orchateria de chufas* (boutique d'orgeat), située presque vis-à-vis la maison de Militona, où il avait établi son quartier d'observation, avec Perico pour éclaireur. Au reste, Juancho aurait passé devant lui sans le regarder ; l'idée ne lui serait pas venue d'aller chercher son rival sous la veste ronde et le sombrero de calaña d'un manolo. Militona, cachée dans l'angle de la fenêtre, ne s'y était pas trompée une minute ; mais l'amour est plus clairvoyant que la haine. En proie à la plus vive anxiété, elle se demandait quels étaient les projets du jeune homme en s'établissant ainsi dans cette boutique, et redoutait la scène terrible qui ne saurait manquer de résulter d'une rencontre entre Juancho et lui.

Andrès, accoudé sur la table, examinait avec une attention de mouchard épiant un complot les gens qui entraient dans la maison. Il passa des femmes, des hommes, des enfants, des gens de tout âge, d'abord en grand nombre, car la maison était peuplée de beaucoup de familles, et puis à intervalles plus éloignés ; peu à peu, la nuit était venue, et il n'y avait plus à rentrer que quelques retardataires. Militona n'avait point paru.

Andrès commençait à douter de la bonté des renseignements de son émissaire, lorsque la fenêtre obscure s'éclaira et fit voir que la chambre était habitée.

Il avait la certitude que Militona était bien dans sa chambre, mais cela ne l'avançait pas à grand'chose ; il écrivit quelques mots au crayon sur un papier, et, appelant Perico qui rôdait aux alentours, lui dit de l'aller porter à la belle manola.

Perico, se glissant sur les pas d'un locataire qui rentrait, s'engagea dans l'escalier noir, et, tâtant les murs, finit par arriver au palier supérieur. La lueur qui filtrait par les interstices des ais lui fit découvrir la porte qui devait être celle de Militona ; il frappa deux coups discrètement ; la jeune fille entre-bâilla le guichet, prit la lettre et referma le petit volet.

« Pourvu qu'elle sache lire, » dit Andrès en achevant sa boisson glacée et en payant sa dépense au Valencien, maître de l'orchateria.

Il se leva et marcha lentement sous la fenêtre. Voici ce que la lettre contenait :

« Un homme qui ne peut vous oublier, et qui ne le voudrait pas, cherche à vous revoir ; mais, d'après les quelques mots que vous lui avez dits au Cirque, et ne sachant pas votre vie, il aurait peur, en l'essayant, de vous causer quelque contrariété. Le péril qui ne serait que pour lui ne l'arrêterait pas. Éteignez votre lampe et jetez-lui votre réponse par la fenêtre. »

Au bout de quelques minutes la lampe disparut, la fenêtre s'ouvrit, et Militona, en prenant sa jarre, fit tomber un des pots de basilic qui vint se briser en éclats à quelque distance de don Andrès.

Dans la terre brune qui s'était répandue sur le pavé, brillait quelque chose de blanc ; c'était la réponse de Militona.

Andrès appela un sereno (garde de nuit) qui passait avec son fallot au bout de sa lance, et le pria de baisser sa lanterne, à la lueur de laquelle il lut ce qui suit, écrit d'une main tremblante et en grosses lettres désordonnées :

« Éloignez-vous.... je n'ai pas le temps de vous en écrire plus long. Demain, je serai à dix heures dans l'église de San-Isidore. Mais, de grâce, partez : il y va de votre vie. »

« Merci, brave homme, dit Andrès en mettant un réal dans la main du sereno, vous pouvez continuer votre route. »

La rue était tout à fait déserte, et Andrès se retirait à pas lents, lorsque l'apparition d'un homme enveloppé dans un manteau, sous lequel le manche d'une guitare dessinait un angle aigu, éveilla sa curiosité et le fit se blottir dans un coin obscur.

L'homme rejeta les pans de son manteau sur ses épaules, ramena sa guitare par devant, et commença à tirer des cordes ce bourdonnement rhythmé qui sert de basse et d'accompagnement aux mélodies des sérénades et des séguidilles.

Il était évident que ces préludes bruyants avaient pour but d'éveiller la belle en l'honneur de qui ce bruit se commettait; et, comme la fenêtre de Militona restait fermée, l'homme, réduit à se contenter d'un auditoire invisible, malgré ce dicton espagnol qui prétend qu'il n'est pas de femme si bien endormie à qui le frémissement d'une guitare ne fasse mettre le nez à la fenêtre, après deux hum! hum! profondément sonores, commença à chanter les couplets suivants, avec un fort accent andalous:

> Enfant aux airs d'impératrice,
> Colombe au regard de faucon,
> Tu me hais, mais c'est mon caprice
> De me planter sous ton balcon.
>
> Là, je veux, le pied sur la borne,
> Pinçant les nerfs, tapant le bois,
> Faire luire à ton carreau morne
> Ta lampe et ton front à la fois.
>
> Je défends à toute guitare
> De bourdonner aux alentours.
> Ta rue est à moi. Je la barre
> Pour y chercher seul mes amours.
>
> Et je coupe les deux oreilles
> Au premier racleur de jambon
> Qui, devant la chambre où tu veilles,
> Braille un couplet, mauvais ou bon.

Dans sa gaine, mon couteau bouge;
Allons! qui veut de l'incarnat?
A son jabot qui veut du rouge
Pour faire un bouton de grenat?

Le sang dans les veines s'ennuie,
Car il est fait pour se montrer;
Le temps est noir, gare la pluie!
Poltrons, hâtez-vous de rentrer.

Sortez, vaillants, sortez, bravaches,
L'avant-bras couvert du manteau.
Que sur vos faces de gavaches
J'écrive des croix au couteau!

Qu'ils s'avancent! Seuls ou par bande,
De pied ferme je les attends.
A ta gloire il faut que je fende
Les naseaux de ces capitans.

Au ruisseau qui gêne ta marche
Et pourrait salir les pieds blancs,
Corps du Christ! je veux faire une arche
Avec les côtes des galants.

Pour te prouver combien je t'aime,
Dis, je tuerai qui tu voudras;
J'attaquerai Satan lui-même,
Si pour linceul j'ai tes deux draps.

Porte sourde! Fenêtre aveugle!
Tu dois pourtant ouïr ma voix;
Comme un taureau blessé je beugle,
Des chiens excitant les abois!

Au moins plante un clou dans la porte :
Un clou pour accrocher mon cœur.
A quoi sert que je le remporte
Fou de rage, mort de langueur?

« Peste, quelle poésie farouche! pensa Andrès, voilà de petits couplets qui ne pèchent pas par la fadeur. Voyons si Militona, car c'est en son honneur qu'a lieu ce tapage nocturne, est sensible à ces vers élégiaques, composés par Matamore, don Spavento, Fracasse ou Tranchemontagne. C'est probablement là le terrible galant qui lui inspire tant de peur. On s'effrayerait à moins. »

Don Andrès, ayant un peu avancé la tête hors de l'ombre où il s'abritait, fut atteint par un rayon de lune et dénoncé aux regards vigilants de Juancho.

« Bon! je suis pris, dit Andrès; faisons bonne contenance. »

Juancho, jetant à terre sa guitare, qui résonna lugubrement sur le pavé, courut et s'avança sur Andrès, dont la figure était éclairée et qu'il reconnut aussitôt.

« Que venez-vous faire ici à cette heure? dit-il d'une voix tremblante de colère.

— J'écoute votre musique : c'est un plaisir délicat.

— Si vous l'avez bien écoutée, vous avez dû entendre que je défends à qui que ce soit de se trouver dans cette rue quand j'y chante.

— Je suis très désobéissant de ma nature, répondit Andrès avec un flegme parfait.

— Tu changeras de caractère aujourd'hui.

— Pas le moins du monde, j'aime mes habitudes.

— Eh bien! défends-toi ou meurs comme un chien, » cria Juancho en tirant sa *navaja* et en roulant son manteau sur son bras.

Ces mouvements furent imités par Andrès, qui se trouva en garde avec une promptitude qui démontrait une bonne méthode et qui surprit un peu le torero, car Andrès avait longtemps travaillé sous un des plus habiles maîtres de Séville, de même qu'on voit à Paris de jeunes élégants étudier la canne, le bâton et la savate, réduits en principes mathématiques par Lecour et Boucher.

Juancho tournait autour de son adversaire, avançant comme un bouclier son bras gauche défendu par plusieurs épaisseurs d'étoffe, le bras droit retiré en arrière pour donner plus de jet et de détente au coup ; tour à tour, il se relevait et s'affaissait sur ses jarrets pliés, se grandissant comme un géant, se rapetissant comme un nain ; mais la pointe de son couteau rencontrait toujours la cape roulée d'Andrès prêt à la parade.

Tantôt il faisait une brusque retraite, tantôt une attaque impétueuse ; il sautait à droite et à gauche, balançant sa lame comme un javelot, et faisait mine de la lancer.

Andrès, à plusieurs reprises, répondit à ces attaques par des ripostes si vives, si bien dirigées, que tout autre que Juancho n'eût pu les parer. C'était vraiment un beau combat et digne d'une galerie de spectateurs érudits ; mais, par malheur, toutes les fenêtres dormaient et la rue était complètement déserte. Académiciens de la plage de San-Lucar, du Potro de Cordoue, de l'Albaycin de Grenade et du barrio de Triana, que n'étiez-vous là pour juger ces beaux coups !

Les deux adversaires, tout vigoureux qu'ils étaient, commençaient à se fatiguer ; la sueur ruisselait de leurs tempes, leurs poitrines haletaient comme des soufflets de forge, leurs pieds trépignaient la terre plus lourdement, leurs sauts avaient moins d'élasticité.

Juancho avait senti la pointe du couteau d'Andrès pénétrer dans sa manche, et sa rage s'en était accrue ; tentant un suprême effort, au risque de se faire tuer, il s'élança comme un tigre sur son ennemi.

Andrès tomba à la renverse, et sa chute fit ouvrir la porte mal fermée de la maison de Militona, devant laquelle avait lieu la bataille. Juancho s'éloigna d'un pas tranquille. Le sereno qui passait au coin de la rue cria : « Rien de nouveau, onze heures et demie, temps étoilé et serein. »

V

Juancho s'était éloigné, à la voix du garde de nuit, sans s'assurer si Andrès était mort ou seulement blessé ; il croyait l'avoir tué, tant il était sûr de ce coup pour ainsi dire infaillible. La lutte avait été loyale, et il ne se sentait aucun remords ; le sombre plaisir d'être débarrassé de son rival dominait chez lui toute autre considération.

L'anxiété de Militona pendant cette lutte, dont le bruit sourd l'avait attirée à la fenêtre, ne saurait se peindre ; elle voulait crier, mais sa langue s'attachait à son palais, la terreur lui serrait la gorge de sa main de fer ; chancelante, éperdue, à demi folle, elle descendit l'escalier au hasard, ou plutôt elle se laissa glisser sur la rampe comme un corps inerte. Elle arriva juste au moment où Andrès tombait et repoussait par sa chute le battant mal clos de la porte.

Heureusement, Juancho ne vit pas le mouvement plein de désespoir et de passion avec lequel la jeune fille s'était précipitée sur le corps d'Andrès ; car, au lieu d'un meurtre, il en aurait commis deux.

Elle mit la main sur le cœur d'Andrès et crut sentir qu'il battait faiblement ; le sereno passait, répétant son refrain monotone ; Militona l'appela à son secours. L'honnête gallego accourut, et, mettant sa lanterne au visage du blessé, il dit : « Eh ! tiens, c'est le jeune homme à qui j'ai prêté mon fanal pour lire une lettre, » et il se pencha pour reconnaître s'il était mort ou vivant.

Ce sereno aux traits fortement caractérisés, à la physionomie rude, mais bonne ; cette jeune fille, d'une blancheur de cire et dont les sourcils noirs faisaient encore ressortir la mortelle pâleur ; ce corps inanimé, dont elle soutenait la tête sur ses genoux, formaient un groupe à tenter la brosse de Rembrandt. La lumière jaune de la lanterne frappait ces trois figures de reflets bizarres, et formait au centre de la scène cette étoile scintillante que le peintre hollandais aime à faire briller dans ses rousses ténèbres ; mais peut-être aurait-il fallu un pinceau plus pur et plus correct que le sien pour rendre la suprême beauté de Militona, qui semblait une statue de la Douleur agenouillée près d'un tombeau.

« Il respire, dit le sereno après quelques minutes d'examen ; voyons sa blessure. » Et il écarta les habits d'Andrès toujours évanoui. « Ah ! voilà un fier coup, s'écria-t-il avec une sorte d'étonnement respectueux, porté de bas en haut, selon toutes les règles : c'est bien travaillé. Si je ne me trompe, ce doit être l'ouvrage d'une main sévillane. Je me connais en coups de couteau ; j'en ai vu tant ! Mais qu'allons-nous faire de ce jeune homme ? il n'est pas transportable, et d'ailleurs, où le porterions-nous ? Il ne peut pas nous dire son adresse.

— Montons-le chez moi, dit Militona ; puisque je suis venue la première à son secours.... il m'appartient. »

Le sereno appela, en poussant le cri de ralliement, un confrère à son aide, et tous deux se mirent à gravir avec précaution le rude escalier. Militona les suivait, soutenant le corps de sa petite main, et tâchant d'épargner les secousses au pauvre blessé, qui fut posé doucement sur le petit lit virginal, à la couverture de mousseline dentelée.

L'un des serenos alla chercher un chirurgien, et l'autre, pendant que Militona déchirait quelque linge pour faire des bandelettes et de la charpie, tâtait les poches d'Andrès pour voir s'il ne s'y trouvait pas quelque carte ou quelque lettre qui pût servir à constater son identité. Il ne trouva rien. Le chiffon de papier sur lequel Militona prévenait Andrès du danger qu'il courait était tombé de sa poche pendant la lutte, et le vent l'avait emporté bien loin ; ainsi, jusqu'au retour du blessé à la vie, nulle indication ne pouvait mettre la police sur la voie.

Militona raconta qu'elle avait entendu le bruit d'une querelle, puis un homme tomber, et ne dit pas autre chose. Bien qu'elle n'aimât pas Juancho, elle ne l'aurait pas dénoncé pour un crime dont elle était la cause involontaire. Les violences du torero, quoiqu'elles l'effrayassent, prouvaient une passion sans bornes, et, même lorsqu'on ne la partage pas, on est toujours secrètement flatté de l'inspirer.

Enfin, le chirurgien arriva et visita la blessure, qui n'avait rien de très grave : la lame du couteau avait glissé sur une côte. La force du coup et la rudesse de la chute, jointes à la perte de sang, avaient étourdi Andrès, qui revint à lui dès que la sonde toucha les bords de la plaie. Le premier objet qu'il aperçut en ouvrant les yeux, ce fut Militona qui tendait une bandelette au chirurgien. La tia Aldonza, accourue au bruit, se tenait debout de l'autre côté du chevet et marmottait à demi-voix des phrases de condoléance.

Le chirurgien, ayant achevé le pansement, se retira et dit qu'il reviendrait le lendemain.

Andrès, dont les idées commençaient à se débrouiller, promenait un regard encore vague sur ce qui l'entourait ; il s'étonnait de se trouver dans cette chambre blanche, sur ce chaste petit lit, entre un ange et une sorcière ; son évanouissement formait une lacune

16.

dans ses souvenirs, et il ne s'expliquait pas la transition qui l'avait amené de la rue, où tout à l'heure il se défendait contre la navaja de Juancho, dans le frais paradis habité par Militona.

« Je t'avais bien dit que Juancho ferait quelque malheur. Quel regard furieux il nous lançait! ça ne pouvait manquer. Nous voilà dans de beaux draps! Et quand il apprendra que tu as recueilli ce jeune homme dans ta chambre!

— Pouvais-je le laisser mourir sur ma porte, répondit Militona, moi qui suis cause de son malheur? Et, d'ailleurs, Juancho ne dira rien; il aura fort à faire pour échapper au châtiment qu'il mérite.

— Ah! voilà le malade qui revient à lui, fit la vieille; regarde, ses yeux s'entr'ouvrent, un peu de couleur reparaît aux joues.

— N'essayez pas de parler, le chirurgien l'a défendu, » dit la jeune fille en voyant qu'Andrès essayait de balbutier quelques mots; et, avec ce petit air d'autorité que prennent les gardes-malades, elle posa sa main sur les lèvres pâles du jeune homme.

Quand l'aurore, saluée par le chant de la caille et du grillon, fit pénétrer sa lueur rose dans la chambrette, elle éclaira un tableau qui eût fait rugir Juancho de colère; Militona, qui avait veillé jusqu'au matin au chevet du lit du blessé, brisée par la fatigue et les émotions de la nuit, s'était endormie, et sa tête flottante de sommeil, avait cherché, à son insu, un point d'appui au coin de l'oreiller sur lequel reposait Andrès. Ses beaux cheveux s'étaient dénoués et se répandaient en noires ondes sur la blancheur des draps, et Andrès, qui ne dormait pas, en enroulait une boucle autour de ses doigts.

Il est vrai que la blessure du jeune homme et la présence de tia Aldonza, qui ronflait à l'autre bout de la chambre à faire envie à la pédale de l'orgue de Notre-

Dame de Séville, empêchaient toute mauvaise interprétation.

Si Juancho avait pu se douter qu'au lieu de tuer son rival il lui avait procuré un moyen d'entrer chez Militona, d'être déposé sur ce lit qu'il ne regardait qu'avec des frissons et des pâleurs, lui, l'homme au cœur d'acier et au bras de fer, de passer la nuit dans cette chambre où il était à peine admis le jour et devant laquelle il errait à travers l'ombre, irrité et grondant il se serait roulé par terre de rage, et déchiré la poitrine avec ses ongles.

Andrès, qui cherchait à se rapprocher de Militona, n'avait pas pensé à ce moyen dans tous ses stratagèmes.

La jeune fille se réveilla, renoua ses cheveux toute honteuse, et demanda au malade comment il se trouvait :

« Bien, » répondit celui-ci en attachant sur la belle enfant un regard plein d'amour et de reconnaissance.

Les domestiques d'Andrès, voyant qu'il n'était pas rentré, crurent qu'il avait fait quelque souper joyeux ou qu'il était allé à la campagne, et ne s'inquiétèrent pas autrement.

Feliciana attendit vainement la visite accoutumée. Andrès ne parut pas. Le piano en souffrit. Feliciana, contrariée de cette absence, frappait les touches avec des mouvements saccadés et nerveux ; car en Espagne, ne pas aller voir sa novia à l'heure dite est une faute grave qui vous fait appeler ingrat et perfide. Ce n'est pas que Feliciana fût éprise bien violemment de don Andrès ; la passion n'était pas dans sa nature et lui eût paru une chose inconvenante ; mais elle avait l'habitude de le voir et, à titre de future épouse, le regardait déjà comme sa propriété. Elle alla vingt fois du piano au balcon, et contrairement à la mode anglaise qui ne veut pas qu'une femme regarde par la fenêtre, elle se pencha dans la rue pour voir si don Andrès n'arrivait pas.

« Je le verrai sans doute au Prado ce soir, se dit Feliciana par manière de consolation, et je lui ferai une verte semonce. »

Le Prado, à sept heures du soir, en été, est assurément une des plus belles promenades du monde : non qu'on ne puisse trouver ailleurs des ombrages plus frais, un site plus pittoresque, mais nulle part il n'existe une animation plus vive, un mouvement plus gai de la population.

Le Prado s'étend de la porte des Récollets à la porte d'Atocha, mais il n'est guère fréquenté que dans la portion comprise entre la rue d'Alcala et la rue de San-Geronimo. Cet endroit s'appelle le Salon, nom assez peu champêtre pour une promenade. Des rangées d'arbres trapus, qu'on écime pour forcer le feuillage à s'étendre, versent une ombre avare sur les promeneurs.

La chaussée réservée aux voitures est bordée de chaises comme le boulevard de Gand, et de candélabres dans le goût de ceux de la place de la Concorde, qui ont remplacé les jolies potences de fer à volutes également enroulées qui, naguère encore, supportaient les lanternes.

Sur cette chaussée se pavanent les voitures de Londres et de Bruxelles, les tilburys, les calèches, les landaus aux portières armoriées, et quelquefois aussi le vieux carrosse espagnol traîné par quatre mules rebondies et luisantes.

Les élégants se penchent sur leurs trotteurs anglais ou font piaffer leurs jolis chevaux andalous à la crinière nattée de rouge, au col arrondi en gorge de pigeon, aux mouvements onduleux comme les hanches d'une danseuse arabe. De temps en temps passe au galop un magnifique barbe de Cordoue, noir comme l'ébène et digne de manger de l'orge mondé dans une auge d'albâtre aux écuries des califes, ou quelque prodige de beauté, une vierge de Murillo détachée de son cadre et trônant dans sa voiture avec un chapeau de Beaudrand pour auréole.

Dans le Salon proprement dit fourmille une foule incessamment renouvelée, une rivière vivante avec des courants en sens contraires, des remous et des tourbillons, qui se meut entre des quais de gens assis.

Les mantilles de dentelles blanches ou noires encadrent de leurs plis légers les plus célestes visages qu'on puisse voir. La laideur est un accident rare. Au Prado, les laides ne sont que jolies; les éventails s'ouvrent et se ferment avec un sifflement rapide, et les *agurs* (bonjours) jetés au passage sont accompagnés de gracieux sourires ou de petits signes de main; c'est comme le foyer de l'Opéra au carnaval, comme un bal masqué à visage découvert.

De l'autre côté, sous les allées qui longent le parc d'artillerie et le musée de peinture, à peine flânent quelques fumeurs misanthropiques, qui préfèrent, à la chaleur et au tumulte de la foule, la fraîcheur et la rêverie du soir.

Feliciana, qui se promenait en voiture découverte à côté de don Geronimo, son père, cherchait vainement des yeux son fiancé parmi les groupes de jeunes cavaliers; il ne vint pas, selon son habitude, caracoler près de la voiture. Et les observateurs s'étonnèrent de voir la calèche de doña Feliciana Vasquez de los Rios faire quatre fois la longueur de la chaussée sans son escorte ordinaire.

Au bout de quelque temps, Feliciana, ne voyant pas Andrès à l'état équestre, pensa qu'il se promenait peut-être pédestrement dans le Salon, et dit à son père qu'elle avait envie de marcher.

Trois ou quatre tours faits dans le Salon et l'allée latérale la convainquirent de l'absence d'Andrès.

Un jeune Anglais recommandé à don Geronimo vint le saluer et commença une de ces conversations laborieuses que les habitants de la Grande-Bretagne ont seuls la persévérance de poursuivre, avec les gloussements et les intonations les plus bizarres, à travers les langues qu'ils ne savent pas.

Feliciana, qui entendait assez couramment le *Vicaire de Wakefield*, venait au secours du jeune insulaire avec une obligeance charmante et prodiguait les plus doux sourires à ses affreux piaulements. Au théâtre del Circo, où ils se rendirent ensuite, elle lui expliqua le ballet et lui fit la nomenclature des loges.... Andrès ne se montra pas encore.

En rentrant, Feliciana dit à son père :

« On n'a pas vu Andrès aujourd'hui.

— C'est vrai, dit Geronimo, je vais envoyer chez lui. Il faut qu'il soit malade. »

Le domestique revint au bout d'une demi-heure et dit :

« M. Andrès de Salcedo n'a pas paru chez lui depuis hier. »

VI

Le lendemain se passa sans apporter de nouvelles d'Andrès. On alla chez tous ses amis. Personne ne l'avait vu depuis deux jours.

Cela commençait à devenir étrange. On supposa quelque voyage subit pour affaire d'importance. Les domestiques, interrogés par don Geronimo, répondirent que leur jeune maître était sorti l'avant-veille, à six heures du soir, après avoir dîné comme à l'ordinaire, sans avoir fait aucun préparatif, ni rien dit qui pût faire soupçonner un départ. Il était habillé d'une redingote noire, d'un gilet jaune de piqué anglais, et d'un pantalon blanc, comme pour aller au Prado.

Don Geronimo, fort perplexe, dit qu'il fallait visiter la chambre d'Andrès pour voir s'il n'avait pas laissé sur quelque meuble une lettre explicative de sa disparition.

Il n'y avait chez Andrès d'autre papier que du papier à cigarettes.

Comment justifier cette absence incompréhensible?
Par un suicide?

Andrès n'avait ni chagrins d'amour, ni chagrins d'argent, puisqu'il devait épouser bientôt celle qu'il aimait, et jouissait de cent mille réaux de rente parfaitement assurés. D'ailleurs, comment se noyer au mois de juin dans le Manzanarès, à moins d'y creuser un puits?

Par un guet-apens?

Andrès n'avait pas d'ennemis, ou du moins on ne lui en connaissait pas. Sa douceur et sa modération écartaient l'idée d'un duel ou d'une rixe où il aurait succombé; ensuite l'événement eût été connu, et, mort ou vivant, Andrès eût été rapporté chez lui.

Il y avait donc là-dessous quelque mystère que la police seule pouvait éclaircir.

Geronimo, avec la naïveté des honnêtes gens, croyait à l'omniscience et à l'infaillibilité de la police ; il eut recours à elle.

La police, personnifiée par l'alcade du quartier, mit ses lunettes sur son nez, consulta ses registres, et n'y trouva rien, à dater du soir de la disparition d'Andrès, qui pût se rapporter à lui. La nuit avait été des plus calmes dans la très noble et très héroïque cité de Madrid : sauf quelques vols avec effraction ou escalade, quelque tapage dans les mauvais lieux, quelques rixes d'ivrognes dans les cabarets, tout avait été le mieux du monde.

« Il y a bien, dit le grave magistrat avant de refermer son livre, un petit cas de tentative de meurtre aux environs de la place de Lavapiès.

— Oh! monsieur, répondit Geronimo déjà tout alarmé, pouvez-vous me donner quelques détails?

— Quels vêtements portait don Andrès de Salcedo la dernière fois qu'il est sorti de chez lui? demanda l'officier de police avec un air de réflexion profonde.

— Une redingote noire, répondit Geronimo plein d'anxiété.

— Pourriez-vous affirmer, continua l'alcade, qu'elle fût précisément noire, et non pas tête de nègre, vert-bronze, solitaire, ou marron, par exemple? la nuance est très importante.

— Elle était noire, j'en suis sûr, je l'affirmerais sur l'honneur. Oui, devant Dieu et les hommes, la redingote de mon gendre futur était de cette couleur.... distinguée, comme dit ma fille Feliciana.

— Vos réponses dénotent une éducation soignée, ajouta le magistrat en manière de parenthèse. Ainsi, vous êtes sûr que la redingote était noire?

— Oui, digne magistrat, noire ; telle est ma conviction, et personne ne m'en fera changer.

— La victime portait une veste ronde, dite marseillaise et de couleur de tabac d'Espagne. A la rigueur, la nuit, une redingote noire pourrait passer pour une veste brune, se disait le magistrat paraissant se consulter lui-même. Don Geronimo, vos souvenirs vont-ils jusqu'à se rappeler le gilet que don Andrès avait ce soir-là?

— Un gilet de piqué anglais jaune.

— Le blessé portait un gilet bleu à boutons de filigrane ; le jaune et le bleu n'ont pas beaucoup de rapport; cela ne concorde pas très bien. Et le pantalon, monsieur, s'il vous plaît?

— Blanc, monsieur, de coutil de fil, à sous-pied, ajusté sur la botte. Je tiens ces détails du valet de chambre qui a aidé Andrès dans sa toilette le jour fatal.

— Le procès-verbal marque pantalon large de drap gris, souliers blancs de peau de veau. Ce n'est pas cela. Ce costume est celui d'un majo, d'un petit-maître de la classe du peuple qui aura reçu ce mauvais coup à la suite de quelque bataille en l'honneur d'une donzelle en jupon court. Malgré toute la bonne volonté du monde, nous ne saurions reconnaître M. de Salcedo dans ce personnage. Voici, du reste, le signalement du blessé, relevé avec beaucoup de soin par le sereno : figure ovale, menton rond, front ordinaire, nez moyen, pas de signes particuliers. Reconnaissez-vous M. de Salcedo à ce portrait?

— Pas le moins du monde, répondit avec conviction don Geronimo.... Mais comment retrouver la trace d'Andrès?

— Ne vous inquiétez pas, la police veille sur les citoyens; elle voit tout, elle entend tout, elle est partout; rien ne lui échappe; Argus n'avait que cent yeux, elle en a mille, et qui ne se laissent pas endormir par des airs de flûte. Nous retrouverons don Andrès, fût-il au fond des enfers. Je vais mettre deux agents en route, les plus fines mouches qui aient jamais existé, Argamasilla et Cavachuelo, et dans vingt-quatre heures nous saurons à quoi nous en tenir. »

Don Geronimo remercia, salua et sortit plein de confiance. Il retourna chez lui et fit le récit de la conversation qu'il avait eue avec la police à sa fille, qui n'eut pas un instant l'idée que le manolo blessé rue del Povar pût être son fiancé.

Feliciana pleurait la perte de son novio avec la réserve d'une demoiselle bien née ; car il serait indécent à une jeune personne de paraître regretter trop vivement un homme. De temps à autre, elle portait à ses yeux son mouchoir bordé de dentelles, pour essuyer une larme qui germait péniblement dans le coin de sa paupière. Les duos délaissés traînaient mélancoliquement sur le piano fermé : signe de grande prostration morale chez Feliciana. Don Geronimo attendait avec impatience que les vingt-quatre heures fussent écoulées pour voir le triomphant rapport de Covachuelo et d'Argamasilla.

Les deux spirituels agents allèrent d'abord à la maison d'Andrès, et firent causer adroitement les valets sur les habitudes de leur maître. Ils apprirent que don Andrès prenait du chocolat le matin, faisait la sieste à midi, s'habillait sur les trois heures, allait chez dona Feliciana Yasquez de los Rios, dînait à six heures et rentrait se coucher vers minuit, après la promenade ou le spectacle, ce qui donna profondément à réfléchir aux deux agents. Ils surent aussi qu'en sortant de chez lui, Andrès avait descendu la rue d'Alcala jusqu'à la calle ancha de Peligros : ce détail précieux leur fut donné par un portefaix asturien qui se tenait habituellement devant la porte.

Ils se transportèrent rue de Peligros, et parvinrent à découvrir qu'Andrès y avait effectivement passé l'avant-veille, à six heures et quelques minutes ; de fortes présomptions pouvaient faire croire qu'il avait suivi son chemin par la rue de la Cruz.

Ce résultat important obtenu, fatigués par la violente contention d'esprit qu'il avait fallu pour y parvenir, ils entrèrent dans un ermitage, c'est ainsi qu'on appelle les cabarets à Madrid, et se mirent à jouer aux cartes en sablant une bouteille de vin de Manzanilla. La partie dura jusqu'au matin.

Après un court sommeil, ils reprirent leurs recherches et parvinrent à suivre rétrospectivement Andrès jusqu'aux environs du Rastro ; là, ils perdirent ses traces : personne ne pouvait plus leur donner des nouvelles du jeune homme en redingote noire, en gilet de piqué jaune, en pantalon blanc. Évaporation complète ! Tous l'avaient vu aller, nul ne l'avait vu revenir... Ils ne savaient que penser. Andrès ne pouvait cependant avoir été escamoté en plein jour dans un des quartiers les plus populeux de Madrid ; à moins qu'une trappe ne se fût ouverte sous ses pieds et refermée aussitôt, il n'y avait pas moyen d'expliquer cette suppression de personne.

Ils errèrent longtemps aux alentours du Rastro, interrogèrent quelques marchands, et n'en purent tirer rien autre chose. Ils s'adressèrent même à la boutique où Andrès s'était travesti ; mais c'était la femme qui les reçut, et c'était le mari qui avait vendu les habits : elle ne put donc leur donner aucun renseignement, et d'ailleurs ne comprit rien aux questions ambiguës qu'ils lui firent ; sur leur mauvaise mine, elle les prit même pour des voleurs, quoiqu'ils fussent précisément le contraire, et leur ferma la porte au nez d'assez mauvaise humeur, tout en regardant s'il ne lui manquait rien.

Tel fut le résultat de la journée. Don Geronimo retourna à la police, qui lui répondit gravement qu'on était sur la trace des coupables, mais qu'il ne fallait rien compromettre par trop de précipitation. Le brave homme, émerveillé, répéta la réponse de la police à Feliciana, qui leva les yeux au ciel, poussa un soupir et ne crut pas se permettre une exclamation trop forte pour la circonstance en disant : « Pauvre Andrès ! »

Un fait bizarre vint compliquer cette ténébreuse affaire. Un jeune drôle d'une quinzaine d'années environ avait déposé dans la maison d'Andrès un paquet assez gros, et s'était précipitamment retiré en jetant cette phrase : « Pour remettre à M. Salcedo. »

Cette phrase, si simple en apparence, parut une infernale ironie lorsqu'on ouvrit le paquet.

Il renfermait, devinez quoi? la redingote noire, le gilet de piqué jaune, le pantalon blanc de l'infortuné Andrès, et ses jolies bottes vernies à la tige de maroquin rouge. On avait poussé le sarcasme jusqu'à rouler ses gants de Paris l'un dans l'autre avec beaucoup de soin.

A ce fait étrange et sans exemple dans les annales du crime, Argamasilla et Covachuelo restèrent frappés de stupeur : l'un leva les bras au ciel, l'autre les laissa pendre flasquement le long de ses hanches, dans une attitude découragée ; le premier dit : *O tempora!* et le second : *O mores!*

Qu'on ne s'étonne pas d'entendre deux alguazils parler latin : Argamasilla avait étudié la théologie, et Covachuelo le droit ; mais ils avaient eu des malheurs. Qui n'en a pas eu ?

Renvoyer les habits de la victime à son domicile, fort proprement pliés et ficelés, n'était-ce pas un raffinement de perversité rare? Joindre la raillerie au crime, quel beau texte pour le discours du fiscal !

Cependant, l'examen des habits envoyés rendit encore les dignes agents plus perplexes.

Le drap de la redingote était parfaitement intact ; aucun trou triangulaire ou rond, accusant le passage d'une lame ou d'une balle, ne s'y montrait. Peut-être la victime avait-elle été étouffée. Alors il y aurait eu lutte ; le gilet et le pantalon n'auraient pas eu cette fraîcheur : ils seraient tordus, fripés, déchirés, on ne pouvait supposer qu'Andrès de Salcedo se fût déshabillé lui-même avec précaution avant la perpétration du crime et livré tout nu aux poignards de ses assassins pour ménager ses hardes : c'eût été une petitesse !

Il y avait vraiment de quoi casser contre les murs

des têtes plus fortes que celles d'Argamasilla et de Covachuelo.

Covachuelo, qui était le plus logicien des deux, après s'être tenu pendant un quart d'heure les tempes à deux mains pour empêcher l'intensité de la méditation de faire éclater son front de génie, émit cette idée triomphante :

« Si le seigneur Andrès de Salcedo n'est pas mort, il doit être vivant, car ce sont les deux manières d'être de l'homme ; je n'en connais pas une troisième. »

Argamasilla fit un signe de tête en manière d'adhésion.

« S'il vit, ce dont j'ai la persuasion, il ne doit pas aller sans vêtement, *more ferarum*. Il n'avait aucun paquet en sortant de chez lui ; et, comme voilà ses habits, il doit en avoir acheté d'autres nécessairement, car il n'est pas supposable que, dans cette civilisation avancée, un homme se contente du vêtement adamique. »

Les yeux d'Argamasilla lui sortaient des orbites, tant il écoutait, avec une attention profonde, le raisonnement de son ami Covachuelo.

« Je ne pense pas que don Andrès eût fait préparer d'avance les habits dont il se serait revêtu plus tard dans une maison du quartier où nous avons perdu ses traces ; il doit avoir acheté des nippes chez quelque fripier, après avoir renvoyé ses propres vêtements.

— Tu es un génie, un dieu, dit Argamasilla en serrant Covachuelo sur son cœur ; permets que je t'embrasse : à dater de ce jour, je ne suis plus ton ami, mais ton séide, ton chien, ton mameluk. Dispose de moi, grand homme, je te suivrai partout. Ah ! si le gouvernement était juste, au lieu d'être simple agent de police, tu serais chef politique dans les plus importantes villes du royaume. Mais les gouvernements ne sont jamais justes !

— Nous allons fouiller toutes les boutiques des fripiers et des marchands d'habits tout faits de la ville; nous examinerons leurs registres de vente, et nous aurons, de cette manière, le nouveau signalement du seigneur Salcedo. Si le portier avait eu l'idée d'arrêter ou de faire arrêter le muchacho qui a remis le paquet, nous aurions su par lui qui l'envoyait et d'où il venait. Mais les gens qui ne sont pas de la partie ne pensent à rien, et nul ne pouvait prévoir cet incident. Allons, en route, Argamasilla : tu vas visiter les tailleurs de la Calle-Mayor ; moi, je confesserai les fripiers du Rastro. »

Au bout de quelques heures, les deux amis faisaient leur rapport à l'alcade.

Argamasilla raconta minutieusement et compendieusement le résultat de ses recherches. Un individu revêtu du costume de *majo*, paraissant fort agité, avait acheté et payé, sans faire d'observation sur le prix (signe d'une grande préoccupation morale), un frac et un pantalon noirs, chez un des principaux maîtres tailleurs établis sous les piliers de la Calle-Mayor.

Covachuelo dit qu'un marchand du Rastro avait vendu une veste, un gilet et une ceinture de manolo à un homme en redingote noire et en pantalon blanc, qui, selon toute probabilité, n'était autre que don Andrès de Salcedo en personne.

Tous deux s'étaient déshabillés dans l'arrière-boutique et étaient sortis revêtus de leurs nouveaux costumes, qui, vu la classe de la société à laquelle ceux qui les portaient semblaient appartenir, étaient à coup sûr des déguisements. Dans quel but, le même jour, et presque à la même heure, un homme du monde avait-il pris la veste de *majo*, et un *majo* le frac d'un homme du monde ? C'est ce que les faibles moyens d'agents subalternes comme les pauvres Argamasilla et Covachuelo ne sauraient décider, mais que devinerait infailliblement la haute perspicacité du magistrat devant lequel ils avaient l'honneur de parler.

Quant à eux, sauf meilleur avis, ils pensaient que cette disparition mystérieuse, cette coïncidence singulière de travestissements, ces habits renvoyés par manière de défi, toutes ces choses d'une étrangeté inexplicable, devaient se rattacher à quelque grande conspiration ayant pour but de mettre sur le trône Espartero ou le comte de Montemolin. Sous ces habits d'emprunt, les coupables étaient sans doute partis pour aller rejoindre, dans l'Aragon ou la Catalogne, quelque noyau carliste, quelque reste de guérilla cherchant à se réorganiser. L'Espagne dansait sur un volcan ; mais, si l'on voulait bien leur accorder une gratification, ils se chargeaient, à eux deux, Argamasilla et Covachuelo, d'éteindre ce volcan, d'empêcher les coupables de rejoindre leurs complices, et promettaient, sous huit jours, de livrer la liste des conjurés et les plans du complot.

L'alcade écouta ce rapport remarquable avec toute l'attention qu'il méritait, et dit aux deux agents :

« Avez-vous quelques renseignements sur les démarches faites par ces deux individus après leur travestissement réciproque ?

— Le majo, habillé en homme du monde, est allé se promener dans le salon du Prado, est entré au théâtre del Circo, et a pris une glace au café de la Bourse, répondit Argamasilla.

— L'homme du monde, habillé en majo, a fait plusieurs tours sur la place de Lavapiès et dans les rues adjacentes, flânant, lorgnant les manolas aux fenêtres ; ensuite il a bu une limonade à la neige, dans un *orchateria de chufas*, déposa Covachuelo.

— Chacun a pris le caractère de son costume, dissimulation profonde, infernale habileté, dit l'alcade ; l'un voulait se populariser et sonder les sentiments de la classe basse ; l'autre voulait assurer la haute de la sympathie et de la coopération populaires. Mais nous sommes là, nous veillons au grain ! Nous vous prendrons la main dans le sac, messieurs les conspirateurs, carlistes ou ayacuchos, progressistes ou retardataires. Ha ! ha ! Argus avait cent yeux, mais la police en a mille qui ne dorment pas. »

Cette phrase était le refrain du digne homme, son dada, son Lilla Burello. Il trouvait avec raison qu'elle remplaçait fort majestueusement une idée, quand l'idée lui manquait.

« Argamasilla et Covachuelo, vous aurez votre gratification. Mais ne savez-vous pas ce que sont devenus vos deux criminels (car ils le sont), après les allées et les venues exigées par leurs funestes projets ?

— Nous l'ignorons ; car il faisait déjà sombre, et, comme nous ne pouvons obtenir sur des démarches extérieures et passées que des témoignages oculaires et peu détaillés, nous avons perdu leurs traces à dater de la nuit.

— Diable ! c'est fâcheux, reprit l'alcade.

— Oh ! nous les retrouverons, » s'écrièrent les deux amis avec enthousiasme.

Don Geronimo revint dans la journée pour savoir s'il y avait des nouvelles.

Le magistrat le reçut assez sèchement ; et, comme don Geronimo Vasquez se confondait en excuses et demandait pardon d'avoir été sans doute importun, il lui dit :

« Vous devriez bien ne pas vous intéresser si ostensiblement à don Andrés de Salcedo ; il est impliqué dans une vaste conspiration dont nous sommes à la veille de saisir tous les fils.

— Andrés conspire ! s'écria don Geronimo ; lui !

— Lui, répéta d'un ton péremptoire l'officier de police.

— Un garçon si doux, si tranquille, si gai, si inoffensif !

— Il feignait la douceur comme Brutus contrefaisait la folie ; moyen de cacher son jeu et de détourner l'attention. Nous connaissons cela, nous autres vieux renards. Ce qui pourrait lui arriver de mieux, c'est qu'on ne le retrouvât pas. Souhaitez-le pour lui. »

Le pauvre Geronimo se retira très penaud et très honteux de son peu de perspicacité. Lui qui connaissait Andrès depuis l'enfance et l'avait fait sauter tout petit sur ses genoux, il ne se doutait pas le moins du monde qu'il avait recueilli dans sa maison un conspirateur d'une espèce si dangereuse. Il admirait avec terreur la sagacité effrayante de la police, qui, en si peu de temps, avait découvert un secret qu'il n'avait jamais soupçonné, lui qui pourtant voyait tous les jours le criminel, et l'avait méconnu au point de vouloir en faire son gendre.

L'étonnement de Feliciana fut au comble lorsqu'elle apprit qu'elle avait été courtisée avec tant d'assiduité par le chef d'un complot carliste aux immenses ramifications. Quelle force d'âme il fallait qu'eût don Andrès pour ne rien laisser transparaître de ses hautes préoccupations politiques, et répéter avec tant de flegme des duos de Bellini ! Fiez-vous donc, après cela, aux airs reposés, aux mines tranquilles, aux yeux sereins, aux bouches souriantes ! Qui eût dit qu'Andrès, qui ne prenait feu que pour les courses de taureaux et ne paraissait avoir d'autre opinion que de préférer Sevilla à Rodrigues, le Chiclanero à Arjona, cachait de si vastes pensées sous cette frivolité apparente ?

Les deux agents se livrèrent à de nouvelles recherches et découvrirent que le jeune homme blessé et recueilli par Militona était le même qui avait acheté des habits au Rastro. Le rapport du sereno et celui du fripier concordaient parfaitement. Veste chocolat, gilet bleu, ceinture rouge, il n'y avait pas à s'y tromper.

Cette circonstance dérangeait un peu les espérances d'Argamasilla et de Covachuelo relativement à la conspiration. La disparition d'Andrès leur eût été plus commode. La chose avait l'air de se réduire à une simple intrigue amoureuse, à une innocente querelle de rivaux, à un meurtre pur et simple, ce qu'il y a au monde de plus insignifiant. Les voisins avaient entendu la sérénade, tout s'expliquait.

Covachuelo dit en soupirant :

« Je n'ai jamais eu de bonheur. »

Argamasilla répondit d'un ton larmoyant :

« Je suis né sous une étoile enragée. »

Pauvres amis ! flairer une conspiration et mettre la main sur une méchante petite rixe suivie seulement de blessures graves ! C'était navrant.

Retournons à Juancho, que nous avons abandonné depuis son combat au couteau contre Andrès. Une heure après il était retourné, à pas de loup, sur le théâtre de la lutte, et, à sa grande surprise, il n'avait pas retrouvé le corps à la place où il était certain de l'avoir vu tomber. Son adversaire s'était-il relevé et traîné plus loin dans les convulsions de l'agonie ? avait-il été ramassé par les serenos ? C'est ce qu'il ne pouvait savoir. Devait-il, lui Juancho, rester ou s'enfuir ? Sa fuite le dénoncerait, et d'ailleurs l'idée de s'éloigner de Militona, de la laisser libre d'agir à son caprice, était insupportable à sa jalousie. La nuit était obscure, la rue déserte, personne ne l'avait vu. Qui pourrait l'accuser ?

Cependant le combat avait duré assez longtemps pour que son adversaire le reconnût ; car les toreros, comme les acteurs, ont des figures notoires et, s'il n'était pas mort sur le coup, comme l'on pouvait le supposer, peut-être l'avait-il dénoncé. Juancho, qui était en délicatesse avec la police pour ses vivacités de couteau, courrait risque, s'il était pris, d'aller passer quelques étés dans les possessions espagnoles en Afrique, à Ceuta ou à Melilla.

Il s'en alla donc chez lui, fit sortir dans la cour son cheval de Cordoue, lui jeta une couverture bariolée sur le dos et partit au galop.

Si un peintre eût vu passer dans les rues ce robuste cavalier pressant des jambes ce grand cheval noir, à la crinière échevelée, à la queue flamboyante, qui arrachait des aigrettes d'étincelles au pavé inégal, et filait le long des murailles blanchâtres sur lesquelles son ombre avait de la peine à le suivre, il eût fait une figure d'un effet puissant; car ce galop bruyant à travers la ville silencieuse, cette hâte à travers la nuit paisible, étaient tout un drame : mais les peintres étaient couchés.

Il eut bientôt atteint la route Caravanchel, dépassé le pont de Ségovie, et s'élança à fond de train dans la campagne sombre et morne.

Déjà il était à plus de quatre lieues de Madrid, lorsque la pensée de Militona se présenta si vivement à son esprit, qu'il se sentit incapable d'aller plus loin. Il crut que son coup n'avait pas été bien porté, et que son rival n'avait peut-être qu'une légère blessure; il se le figura guéri, aux genoux de Militona souriante.

Une sueur froide lui baigna le front; ses dents s'engrenèrent les unes dans les autres sans qu'il pût les desserrer; ses genoux convulsifs serrèrent si violemment les flancs de son cheval, que la noble bête, les côtes ployées, manquant de respiration, s'arrêta court. Juancho souffrait comme si on lui eût plongé dans le cœur des aiguilles rougies au feu.

Il tourna bride et revint vers la ville comme un ouragan. Quand il arriva, son cheval noir était blanc d'écume. Trois heures du matin venaient de sonner; Juancho courut à la rue del Povar. La lampe de Militona brillait encore, chaste et tremblante étoile, à l'angle d'un vieux mur. Le torero essaya d'enfoncer la porte de l'allée; mais, en dépit de sa force prodigieuse, il ne put en venir à bout. Militona avait soigneusement baissé les barres de fer à l'intérieur. Juancho rentra chez lui, brisé, malheureux à faire pitié, et dans l'incertitude la plus horrible; car il avait vu deux ombres sur le rideau de Militona. S'était-il donc trompé de victime!

Quand il fit grand jour, le torero, embossé dans sa cape et le chapeau sur les yeux, vint écouter les différentes versions qui circulaient dans le voisinage sur l'événement de la nuit; il apprit que le jeune homme n'était pas mort, et que, déclaré non transportable, il occupait la chambre de Militona, qui l'avait recueilli, action charitable dont les commères du quartier la louaient fort. Malgré sa vigueur, il sentit ses genoux chanceler, fut forcé de s'appuyer à la muraille; son rival dans la chambre et sur le lit de Militona! Le neuvième cercle d'enfer n'aurait pu inventer pour lui une torture plus horrible.

Prenant une résolution suprême, il entra dans la maison et commença à gravir l'escalier d'un pas lourd et plus sinistrement sonore que celui de la statue du commandeur.

VII

Arrivé au palier du premier étage, Juancho, chancelant, éperdu, s'arrêta et demeura comme pétrifié; il avait peur de lui-même et des choses terribles qui allaient se passer. Cent mille idées lui traversèrent la tête en une minute. Se contenterait-il de trépigner son rival et de lui faire rendre ce qui lui restait de son souffle abhorré? Tuerait-il Militona ou mettrait-il le feu à la maison? Il flottait dans un océan de projets horribles, insensés, tumultueux. Pendant un court éclair de raison, il fut sur le point de descendre, et avait même déjà fait une demi-conversion de corps; mais la jalousie lui enfonça de nouveau son épine empoisonnée dans le cœur, et il recommença à gravir la rude échelle.

Certes, il eût été difficile de trouver une nature plus robuste que celle de Juancho : un col rond comme une colonne et fort comme une tour, rattachait sa tête puissante à ses épaules athlétiques; des nerfs d'acier s'entre-croisaient sur ses bras invincibles; sa poitrine eût défié les pectoraux de marbre des gladiateurs antiques; d'une main il aurait arraché la corne d'un taureau; et pourtant la violence de la douleur morale brisait toute cette force physique. La sueur baignait ses tempes, ses jambes se dérobaient sous lui, le sang montait à sa tête par folles vagues, et il lui passait des flammes dans les yeux. A plusieurs reprises, il fut obligé de s'accrocher à la rampe pour ne pas tomber et rouler comme un corps inerte à travers l'escalier, tant il souffrait atrocement de l'âme.

A chaque degré, il répétait, en grinçant comme une bête fauve :

« Dans sa chambre!... dans sa chambre!... » Et machinalement il ouvrait et il fermait son long couteau d'Albacète, qu'il avait tiré de sa ceinture.

Il arriva enfin devant la porte, et là, retenant sa respiration, il écouta.

Tout était tranquille dans l'intérieur de la chambre, et Juancho n'entendit plus que le sifflement de ses artères et les battements sourds de son cœur.

Que se passait-il dans cette chambre silencieuse, derrière cette porte, faible rempart qui le séparait de son ennemi? Militona, compatissante et tendrement inquiète, se penchait sans doute vers la couche du blessé pour épier son sommeil et calmer ses souffrances.

« Oh! se dit-il, si j'avais su qu'il ne fallait qu'un coup de couteau dans la poitrine pour te plaire et t'attendrir, ce n'est pas à lui, mais à moi, que je l'aurais donné ; dans ce funeste combat, je me serais découvert exprès pour tomber mourant devant ta maison. Mais tu m'aurais laissé me tordre sur le pavé sans secourir mon agonie : car je ne suis pas un joli monsieur à gants blancs et à redingote pincée, moi! »

Cette idée réveillant sa fureur, il heurta violemment.

Andrès tressaillit sur sa couche de douleur; Militona, qui était assise près de son lit, se leva droite et pâle, comme poussée par un ressort; la tia Aldonza devint verte, et fit un signe de croix en baisant son pouce.

Le coup était si bref, si fort, si impératif, qu'il n'y avait pas moyen de ne pas ouvrir. Un autre coup pareil à celui-là, et la porte tombait en dedans.

C'est ainsi que frappent les convives de marbre, les spectres qu'on ne peut chasser, tous les êtres fatals qui surviennent aux dénouements : la Vengeance avec son poignard, la Justice avec son glaive.

La tia Aldonza ouvrit le judas d'une main tremblante, et, par le trou carré, aperçut la tête de Juancho.

Le masque de Méduse, blafard au milieu de sa chevelure vipérine et verdâtre, n'eût pas produit un effet plus terrible sur la pauvre vieille ; elle voulut appeler, mais aucun son ne put s'exhaler de sa gorge aride ; elle resta les doigts écartés, les prunelles fixes, la bouche ouverte avec son cri figé, comme si elle eût été changée en pierre.

Il est vrai que la tête du toréro, ainsi encadrée, n'avait rien de rassurant : une auréole rouge cernait ses yeux; il était livide, et ses pommettes, abandonnées par le sang, faisaient deux taches blanches dans sa pâleur; ses narines dilatées palpitaient comme celles des bêtes féroces flairant une proie; ses dents mordaient sa lèvre toute gonflée de leurs empreintes. La jalousie, la fureur et la vengeance combattaient sur cette physionomie bouleversée.

« Notre-Dame d'Almudela, marmotta la vieille, si vous nous sauvez de ce péril, je vous dirai une neuvaine et vous donnerai un cierge à feston et à poignée de velours. »

Tout courageux qu'il fût, Andrès éprouva ce sentiment de malaise que les hommes les plus braves ressentent en face d'un péril contre lequel ils sont sans défense; il étendit machinalement la main comme pour chercher quelque arme.

Voyant qu'on n'ouvrait pas, Juancho appuya son épaule et fit une pesée; les ais crièrent et le plâtre commença à se détacher autour des gonds et de la serrure.

Militona, se posant devant Andrès, dit d'une voix ferme et calme à la vieille, folle de terreur:

« Aldonza, ouvrez, je le veux. »

Aldonza tira le verrou, et, se rangeant contre le mur, elle renversa le battant de la porte sur elle pour se couvrir, comme le belluaire qui lâche un tigre dans l'arène, ou le garçon de toril donnant la liberté à une bête de Gaviria ou de Colmenar.

Juancho, qui s'attendait à plus de résistance, entra lentement, un peu déconcerté de n'avoir pas trouvé d'obstacles. Mais un regard jeté sur Andrès, couché sur le lit de Militona, lui rendit toute sa colère.

Il saisit le battant de la porte, auquel se cramponnait de toute sa force la tia Aldonza, qui croyait sa dernière heure arrivée, et la referma malgré tous les efforts de la pauvre femme ; puis il s'appuya le dos à la porte et croisa les bras sur sa poitrine.

« Grand Dieu ! murmura la vieille, claquant des dents, il va nous massacrer ici tous les trois. Si j'appelais au secours par la fenêtre ? »

Et elle fit un pas de ce côté. Mais Juancho, devinant son intention, la rattrapa par un pan de sa robe, et, d'un mouvement brusque, la replaqua au mur avec un morceau de jupe de moins.

« Sorcière, n'essaye pas de crier, ou je te tords le col comme à un poulet, et je te fais rendre ta vieille âme au diable ! Ne te mets pas entre moi et l'objet de ma colère, ou je t'écraserai en allant à lui.

Et, en disant cela, il montrait Andrès faible et pâle et tâchant de soulever un peu sa tête de dessus l'oreiller.

La situation était horrible ; cette scène n'avait fait aucun bruit qui pût alarmer les voisins. Et, d'ailleurs, les voisins, retenus par la terreur qu'inspirait Juancho, se seraient plutôt enfermés chez eux qu'ils n'auraient eu l'idée d'intervenir dans un semblable débat ; aller chercher la police ou la force armée demandait beaucoup de temps, et il aurait fallu que quelqu'un du dehors fût prévenu, car il n'y avait pas moyen de songer à s'échapper de la chambre fatale.

Aussi le pauvre Andrès, déjà frappé d'un coup de couteau, affaibli par la perte de son sang, n'ayant pas d'armes et hors d'état d'en faire usage quand il en aurait eu, embarrassé de linges et de couvertures, se trouvait à la merci d'un brutal ivre de jalousie et de rage, sans qu'aucun moyen humain pût le défendre ; tout cela parce qu'il avait regardé le profil d'une jolie manola à la course de taureaux. Il est permis de croire qu'en ce moment il regrettait le piano, le thé et les mœurs prosaïques de la civilisation. Cependant, il jeta un regard suppliant sur Militona, comme pour la prier de ne pas essayer une lutte inutile, et il la trouva si radieusement belle dans la blancheur de son épouvante, qu'il ne fut pas fâché de l'avoir connue, même à ce prix.

Elle était là, debout, une main appuyée sur le bord du lit d'Andrès, qu'elle semblait vouloir défendre, et l'autre étendue vers la porte avec un geste de suprême majesté :

« Que venez-vous faire ici, meurtrier? dit-elle à Juancho d'une voix vibrante; il n'y a qu'un blessé dans cette chambre où vous cherchez un amant! retirez-vous sur-le-champ. N'avez-vous pas peur que la plaie ne se mette à saigner en votre présence? N'est-ce pas assez de tuer? faut-il encore *assassiner* ?

La jeune fille accentua ce mot d'une façon singulière et l'accompagna d'un regard si profond, que Juancho se troubla, rougit, pâlit, et sa physionomie de féroce devint inquiète. Après un silence, il dit d'une voix entrecoupée :

« Jure-moi sur les reliques de Monte-Sagrado et sur l'image de Notre-Dame-del-Pilar, par ton père qui fut un héros, par ta mère qui fut une sainte, que tu n'aimes pas ce jeune homme, et je me retire aussitôt! »

Andrès attendit avec anxiété la réponse de Militona.

Elle ne répondit pas.

Ses longs cils noirs s'abaissèrent sur ses joues que colorait une imperceptible rougeur.

Bien que ce silence pût être un arrêt de mort pour lui, Andrès, qui avait attendu la réponse de Militona avec anxiété, se sentit le cœur inondé d'une satisfaction indicible.

« Si tu ne veux pas jurer, continua Juancho, affirme-le moi simplement. Je te croirai; tu n'as jamais menti; mais tu gardes le silence, il faut que je le tue.... Et il s'avança vers le lit, son couteau ouvert.... Tu l'aimes !

— Eh! bien oui, s'écria la jeune fille avec des yeux

étincelants et la voix tremblante d'une colère sublime. S'il doit mourir à cause de moi, qu'il sache du moins qu'il est aimé ; qu'il emporte dans la tombe ce mot, qui sera sa récompense et ton supplice. »

Juancho, d'un bond, fut à côté de Militona, dont il saisit vivement le bras.

« Ne répète pas ce que tu viens de dire, ou je ne réponds plus de moi, et je te jette, avec ma navaja dans le cœur, sur le corps de ce mignon.

— Que m'importe? dit la courageuse enfant. Crois-tu que je vivrai, s'il meurt? »

Andrès, par un effort suprême, essaya de se relever sur son séant. Il voulut crier : une écume rose monta à ses lèvres; sa plaie s'était rouverte. Il retomba évanoui sur son oreiller.

« Si tu ne sors pas d'ici, dit Militona en voyant Andrès en cet état, je croirai que tu es vil, infâme et lâche; je croirai que tu aurais pu sauver Dominguez, lorsque le taureau s'est agenouillé sur sa poitrine, et que tu ne l'as pas fait, parce que tu étais bassement jaloux.

— Militona! Militona! vous avez le droit de me haïr, quoique jamais femme n'ait été aimée par un homme comme vous par moi; mais vous n'avez pas le droit de me mépriser. Rien ne pouvait arracher Dominguez à la mort!

— Si vous ne voulez pas que je vous regarde comme un assassin, retirez-vous de suite.

— Oui, j'attendrai qu'il soit guéri, répondit Juancho d'un ton sombre; soignez-le bien!... J'ai juré que, moi vivant, vous ne seriez à personne. »

Pendant ce débat, la vieille, entre-bâillant la porte, avait été sonner l'alarme dans le voisinage et requérir main-forte.

Cinq ou six hommes se précipitèrent sur Juancho, qui sortit de la chambre avec une grappe de *muchachos* suspendue après lui; il les secoua et les jeta contre les murs, comme le taureau fait des chiens, sans qu'aucun pût mordre et l'arrêter.

Puis il s'enfonça d'un pas tranquille dans le dédale des rues qui entourent la place Lavapiès.

Cette scène aggrava l'état d'Andrès, qui fut pris d'une fièvre violente et délira toute la journée, toute la nuit et le jour suivant. Militona le veilla avec la plus délicate et la plus amoureuse sollicitude.

Pendant ce temps-là, Argamasilla et Covachuelo, comme nous l'avons raconté à nos lecteurs, par leurs industrieuses démarches, étaient parvenus à découvrir que le manolo blessé rue del Povar n'était autre que M. de Salcedo, et l'alcade du quartier avait écrit à don Geronimo que le jeune homme auquel il s'intéressait avait été retrouvé chez une manola de Lavapiès, qui l'avait recueilli à moitié mort devant sa porte et couvert, on ne savait pourquoi, d'un vêtement de *majo*.

Feliciana, à cette nouvelle, se posa cette question, à savoir si une jeune fiancée peut aller voir, en compagnie de son père ou d'une parente respectable, son fiancé dangereusement blessé. N'y a-t-il pas quelque chose de choquant à ce qu'une demoiselle bien élevée voie prématurément un homme dans un lit? Ce spectacle, quoique rendu chaste par la sainteté de la maladie, n'est-il pas de ceux que doit se refuser une vierge pudique? Mais cependant, si Andrès allait se croire abandonné et mourait de chagrin! Ce serait bien triste.

« Mon père, dit Feliciana, il faudra que nous allions voir ce pauvre Andrès.

— Volontiers, ma fille, répondit le bonhomme; j'allais te le proposer.

VIII

Grâce à la force de sa constitution et aux bons soins de Militona, Andrès fut bientôt en voie de guérison : il put parler et s'asseoir un peu sur son séant ; le sentiment de sa situation lui revint : elle était assez embarrassante.

Il présumait bien que sa disparition devait avoir jeté Feliciana, don Geronimo et ses autres amis dans une inquiétude qu'il se reprochait de ne pas faire cesser ; et pourtant il ne se souciait guère de faire savoir à sa novia qu'il était dans la chambre d'une jolie fille, pour le compte de laquelle il avait reçu un coup de navaja. Cette confession était difficile, et, cependant, il était impossible de ne pas la faire.

L'aventure avait pris des proportions toutes différentes de celles qu'il avait voulu d'abord lui donner ; il ne s'agissait plus d'une intrigue légère avec une fillette sans conséquence. Le dévouement et le courage de Militona la plaçait sur une toute autre ligne. Que dirait-elle lorsqu'elle apprendrait qu'Andrès avait engagé sa foi ? L'idée du courroux de Feliciana touchait moins le jeune blessé que celle de la douleur de Militona. Pour l'une, il s'agissait d'une *impropriété*, pour l'autre d'un désespoir. Cet aveu d'amour si noblement jeté en face d'un danger suprême devait-il avoir une telle récompense ? Ne fallait-il pas qu'il protégeât désormais la jeune fille contre les fureurs de Juancho, qui pouvait revenir à la charge et recommencer ses violences ?

Andrès faisait tous ces raisonnements, et bien d'autres ; tout en réfléchissant, il regardait Militona, qui, assise près de la fenêtre, tenait en main quelque ouvrage ; car, une fois le trouble des premiers moments passé, elle avait repris sa vie laborieuse.

Une lumière tiède et pure l'enveloppait comme d'une caresse et glissait avec des frissons bleuâtres sur les bandeaux de ses magnifiques cheveux roulés en natte derrière sa tête ; un œillet, placé près de la tempe, piquait cette ébène d'une étincelle rouge. Elle était charmante ainsi. Un coin de ciel bleu, sur lequel se dessinait le feuillage du pot de basilic, veuf de son pendant lancé à la rue le soir du billet, servait de fond à sa délicieuse figure.

Le grillon et la caille jetaient leur note alternée, et une vague brise, se parfumant sur la plante odorante, apportait dans la chambre un arome faible et doux.

Cet intérieur, aux murailles blanches garnies de quelques gravures populaires grossièrement coloriées, illuminé par la présence de Militona, avait un charme qui agissait sur Andrès. Cette chaste indigence, cette nudité virginale plaisaient à l'âme ; la pauvreté innocente et fière a sa poésie. Il faut donc réellement si peu de chose pour la vie d'un être charmant !

En comparant cette chambre si simple à l'appartement prétentieux et de mauvais goût de doña Feliciana, Andrès trouva la pendule, les rideaux, les statuettes et les petits chiens de verre filé de sa fiancée encore plus ridicules.

Un tintement argentin se fit entendre dans la rue.

C'était le troupeau des chèvres laitières qui passaient en agitant leurs sonnettes.

« Voilà mon déjeuner qui arrive, dit gaiement Militona en posant son ouvrage sur la table ; il faut que je descende pour l'arrêter au passage ; je vais aujourd'hui prendre un pot plus grand, puisque nous sommes deux et que le médecin vous a permis de manger quelque chose.

— Vous n'aurez pas en moi un convive difficile à nourrir, répondit Andrès en souriant.

— Bah ! l'appétit vient en mangeant, lorsque le pain est blanc et le lait pur ; et mon fournisseur ne me trompe pas. »

En disant ces mots, elle disparut en fredonnant à mi-voix un couplet de vieille chanson. Au bout de quelques minutes, elle revint, les joues roses, la respiration haute d'avoir monté si vite les marches du roide escalier, tenant sur la paume de sa main le vase plein d'un lait écumant.

« J'espère, monsieur, que je ne vous ai pas laissé longtemps seul. Quatre-vingts marches à descendre et surtout à monter !

— Vous êtes vive et preste comme un oiseau. Tout à l'heure, ce noir escalier devait ressembler à l'échelle de Jacob.

— Pourquoi ? demanda Militona avec la plus parfaite naïveté, ne se doutant pas qu'on lui tendait un madrigal.

— Parce qu'il en descendait un ange, répondit Andrès en attirant à ses lèvres une des mains de Militona, qui venait de faire deux parts du lait.

— Allons, flatteur, mangez et buvez ce qui vous revient ; vous m'appelleriez archange que vous n'en auriez pas davantage. »

Elle lui tendit une tasse brune, à demi pleine, avec un petit quartier de ce délicieux pain mat et serré, d'une blancheur éblouissante, particulier à l'Espagne.

« Vous faites maigre chère, mon pauvre ami ; mais, puisque vous avez pris un habit d'enfant du peuple, il faut vous résoudre aussi au déjeuner qu'aurait fait celui dont vous avez revêtu le costume : cela vous apprendra à vous déguiser. »

En disant cela, elle soufflait la mousse légère qui couronnait sa tasse, et buvait à petites gorgées. Une jolie raie blanche marquait au-dessus de sa lèvre rouge la hauteur atteinte par le lait.

« A propos, dit-elle, vous allez m'expliquer, maintenant que vous pouvez parler, pourquoi vous, que j'ai rencontré à la place des Taureaux, pincé dans une jolie redingote, habillé à la dernière mode de Paris, je vous ai retrouvé devant ma porte vêtu en manolo. Quand étiez-vous déguisé? Ici ou là-bas? Bien que je n'aie pas grand usage du monde, je crois que la première forme sous laquelle je vous ai vu était la vraie. Vos petites mains blanches qui n'ont jamais travaillé le prouveraient.

— Vous avez raison, Militona ; le désir de vous revoir et la crainte d'attirer sur vous quelque danger, m'avaient fait prendre cette veste, cette ceinture et ce chapeau ; mes vêtements habituels auraient trop vite appelé l'attention sur moi dans ce quartier. Avec les autres, je n'étais qu'une ombre dans la foule, où nul ne pouvait me reconnaître que l'œil de la jalousie.

— Et celui de l'amour, reprit Militona en rougissant. Votre travestissement ne m'a pas trompée une minute : j'aurais cru que la phrase que je vous avais dite au Cirque vous aurait arrêté ; je le désirais, car je prévoyais ce qui n'a pas manqué d'arriver, et pourtant j'eusse été fâchée d'être trop bien obéie.

— Et ce terrible Juancho, me permettez-vous quelques questions sur son compte ?

— Ne vous ai-je pas dit, sous la pointe de son couteau, que je vous aimais? N'ai-je pas ainsi répondu d'avance à tout ? » répliqua la jeune fille en tournant vers Andrès ses yeux illuminés d'innocence, son front radieux de sincérité.

Tous les doutes qui avaient pu s'élever dans son esprit à l'endroit de la liaison du torero et de la jeune fille s'évanouirent comme une vaine fumée.

« Du reste, si cela peut vous faire plaisir, cher malade, je vous raconterai mon histoire et la sienne en quatre mots. Commençons par moi. Mon père, obscur soldat, a été tué pendant la guerre civile en combattant comme un héros pour la cause qu'il croyait la meilleure. Ses hauts faits seraient chantés par les poètes si, au lieu d'avoir eu pour théâtre quelque gorge étroite de montagne dans une sierra de l'Aragon, ils avaient été accomplis sur quelque champ de bataille illustre. Ma digne mère ne put survivre à la perte d'un époux adoré, et je restai orpheline à treize ans, sans autres parents au monde qu'Aldonza, pauvre elle-même, et qui ne pouvait m'être d'un grand secours.

« Cependant, comme il me faut bien peu, j'ai vécu du travail de mes mains sous ce ciel indulgent de l'Espagne, qui nourrit ses enfants de soleil et de lumière ; ma plus grande dépense, c'était d'aller voir, les lundis, la course de taureaux ; car nous autres, qui n'avons pas, comme les demoiselles du monde, la lecture, le piano, le théâtre et les soirées, nous aimons ces spectacles simples et grandioses, où le courage de l'homme l'emporte sur l'impétuosité aveugle de la brute. Là, Juancho me vit et conçut pour moi un amour insensé, une passion frénétique. Malgré sa mâle beauté, ses costumes brillants, ses exploits surhumains, il ne m'inspira jamais rien.... Tout ce qu'il faisait, et qui aurait dû me toucher, augmentait mon aversion pour lui.

« Cependant, il avait une telle adoration pour moi que souvent je me trouvais ingrate de ne pas y répondre ; mais l'amour est indépendant de notre volonté : Dieu nous l'envoie quand il lui plaît. Voyant que je ne l'aimais pas, Juancho tomba dans la méfiance et la jalousie ; il m'entoura de ses obsessions, il me surveilla, il m'épia et chercha partout des rivaux imaginaires. Il me fallut veiller sur mes yeux et sur mes lèvres ; un regard, une parole, devenaient pour Juancho le prétexte de quelque affreuse querelle; il faisait la solitude autour de moi et m'entourait d'un cercle d'épouvante que bientôt nul n'eût osé franchir.

— Et que j'ai rompu à jamais, je l'espère; car je ne pense pas que Juancho revienne à présent.

— Pas de sitôt du moins; car il doit se cacher pour éviter les poursuites jusqu'à ce que vous soyez guéri. Mais vous, qui êtes-vous? il est bien temps de le demander, n'est-ce pas?

— Andrès de Salcedo est mon nom. J'ai assez de fortune pour ne faire que ce qui me paraît honorable, et ne dépends de personne au monde.

— Et vous n'avez pas quelque novia bien belle, bien parée, bien riche! » dit Militona avec une curiosité inquiète.

Andrès aurait bien voulu ne pas mentir; mais la vérité n'était pas aisée à dire. Il fit une réponse vague.

Militona n'insista pas, mais elle pâlit un peu et devint rêveuse.

« Pourriez-vous me faire donner un bout de plume et un carré de papier? Je voudrais écrire à quelques amis qui doivent être inquiets de ma disparition, et les rassurer sur mon sort. »

La jeune fille finit par trouver, au fond de son tiroir, une vieille feuille de papier à lettres, une plume tordue, une écritoire où l'encre desséchée formait comme un enduit de laque.

Quelques gouttes d'eau rendirent à la noire bourbe sa fluidité primitive, et Andrès put griffonner sur ses genoux le billet suivant, adressé à don Geronimo Vasquez de los Rios :

« Mon futur beau-père,

« Ne soyez pas inquiet de ma disparition; un accident qui n'aura pas de suites graves me retient pour quelque temps dans la maison où l'on m'a recueilli. J'espère, dans quelques jours, pouvoir aller mettre mes hommages aux pieds de dona Feliciana.

« ANDRÉS DE SALCEDO. »

Cette lettre, passablement machiavélique, n'indiquait pas l'adresse de la maison, ne précisait rien, et laissait à celui qui l'avait écrite la latitude de colorer plus tard les circonstances de la teinte nécessaire ; elle devait suffire pour calmer les craintes du bonhomme et de Feliciana et faire gagner du temps à Andrès, qui ne savait pas Geronimo si bien instruit, grâce à la sagacité d'Argamasilla et de Covachuelo.

La tia Aldonza porta la missive à la poste, et Andrès, tranquille de ce côté-là, s'abandonna sans réserve aux sensations poétiques et douces que lui inspirait cette pauvre chambre rendue si riche par la présence de Militona.

Il éprouvait cette joie immense et pure de l'amour vrai qui ne résulte d'aucune convention sociale, où n'entrent pour rien les flatteries de l'amour-propre, l'orgueil de la conquête et les chimères de l'imagination, de cet amour qui naît de l'accord heureux de la jeunesse, de la beauté et de l'innocence : sublime trinité.

Le brusque aveu de Militona, au dire des raffinés qui dégustent l'amour, comme une glace, par petites cuillerées, et attendent pour le mieux savourer.... qu'il soit fondu, aurait dû enlever à Andrès bien des nuances, bien des gradations charmantes par sa soudaineté sauvage. Une femme du monde eût préparé six mois l'effet de ce mot ; mais Militona n'était pas du monde.

Don Geronimo, ayant reçu la lettre d'Andrès, la porta à sa fille, et lui dit d'un air de jubilation :

« Tiens, Feliciana, une lettre de ton fiancé. »

IX

Feliciana prit d'un air assez dédaigneux le papier que lui tendait son père, fit la remarque qu'il n'était nullement glacé et dit :

« Une lettre sans enveloppe et fermée avec un pain à cacheter! Quelle faute de savoir-vivre! mais il faut pardonner quelque chose à la rigueur de la situation. Pauvre Andrès! quoi! pas même un cahier de papier à lettres Victoria! pas même un bâton de cire d'Alcroft Regents'-quadrant! Qu'il doit être malheureux! A-t-on idée d'une feuille de chou pareille, sir Edwards? ajouta-t-elle en passant, après l'avoir lue, la lettre au jeune gentleman du Prado, fort assidu dans la maison depuis l'absence d'Andrès.

— Ho! gloussa péniblement l'aimable insulaire, les sauvages en Australie font mieux que cela! c'est l'enfance de l'industrie ; à Londres, on ne voudrait pas de ce chiffon pour envelopper les bougies de suif.

— Parlez anglais, sir Edwards, dit Feliciana, vous savez que j'entends cette langue.

— No! je aime mieux perfectionner moi dans l'espagnol, langage qui est le vôtre. »

Cette galanterie fit sourire Feliciana. Sir Edwards lui plaisait assez. Il réalisait bien mieux qu'Andrès son idéal d'élégance et de confortable. C'était, sinon le plus civil, du moins le plus civilisé des hommes. Tout ce qu'il portait était fait d'après les procédés les plus nouveaux et les plus perfectionnés. Chaque pièce de ses vêtements relevait d'un brevet d'invention et était taillée dans une étoffe patentée imperméable à l'eau et au feu. Il avait des canifs qui étaient en même temps des rasoirs, des tire-bouchons, des cuillers, des fourchettes et des gobelets ; des briquets se compliquant de bougies, d'encriers, de cachets et de bâtons de cire ; des cannes dont on pouvait faire une chaise, un parasol, un pieu pour une tente et même une pirogue en cas de besoin, et mille autres inventions de ce genre, enfermées dans une quantité innombrable de ces boîtes à compartiments que charrient avec eux, du pôle arctique à l'équateur, les fils de la perfide Albion, les hommes du monde à qui il faut le plus d'outils pour vivre.

Si Feliciana avait pu voir la table-toilette du jeune lord, elle eût été subjuguée tout à fait. Les trousses réunies du chirurgien, du dentiste et du pédicure ne comptent pas plus d'aciers de formes alarmantes et singulières. Andrès, malgré ses essais de *high life*, avait toujours été bien loin de cette sublimité.

« Mon père, si nous allions faire une visite à notre cher Andrès, sir Edwards nous accompagnerait ; cela serait moins formel : car, j'ai beau être sa fiancée, l'action d'aller voir un jeune homme blesse toujours les convenances ou tout au moins les froisse.

— Puisque je serai là avec sir Edwards, quel mal peut-il y avoir ? répondit Geronimo, qui ne pouvait s'empêcher de trouver sa fille un peu bégueule. Si d'ailleurs tu penses qu'il ne soit pas régulier d'aller voir toi-même don Andrès, j'irai seul, et te rapporterai fidèlement de ses nouvelles.

— Il faut bien faire quelque sacrifice à ceux qu'on aime, » reprit Feliciana, qui n'était pas fâchée de voir les choses par ses propres yeux.

Mlle Vasquez, quelque bien élevée qu'elle fût, n'en était pas moins femme, et l'idée de savoir son fiancé, pour lequel elle n'avait du reste qu'une passion très modérée, chez une manola qu'on disait jolie, l'inquiétait plus qu'elle n'aurait voulu en convenir vis-à-vis d'elle-même. L'âme féminine la plus sèche a toujours quelque fibre qui palpite, pincée par l'amour-propre et la jalousie.

Sans trop savoir pourquoi, Feliciana fit une toilette exorbitante et tout à fait déplacée pour la circonstance : pressentant une lutte, elle se revêtit de pied en cap de la plus solide armure qu'elle put trouver dans l'arsenal de sa garde-robe, non que, dans son dédain de bourgeoise riche, elle crût pouvoir être battue par une simple manola, mais, instinctivement, elle voulait l'écraser par l'étalage de ses splendeurs, et frapper Andrès d'une amoureuse admiration. Elle choisit un chapeau de gros de Naples couleur paille, qui faisait paraître encore plus mornes ses cheveux blonds et sa figure fade ; un mantelet vert-pomme garni de dentelles blanches sur une robe bleu de ciel ; des bottines lilas et des gants de filet noir brodés de bleu. Une ombrelle rose entourée de dentelles et un sac alourdi de perles d'acier complétaient l'équipement.

Toutes les couturières et toutes les femmes de chambre du monde lui eussent dit : « Mademoiselle, vous êtes mise à ravir ! »

Aussi, lorsqu'elle donna un dernier coup d'œil à la glace de sa psyché, sourit-elle d'un air fort satisfait ; jamais elle n'avait ressemblé davantage à la poupée d'un journal de modes sans abonnés.

Sir Edwards, qui donnait le bras à Feliciana, n'était pas ajusté dans un style moins précieux ; son chapeau presque sans bord, son habit aux basques rognées, son gilet quadrillé bizarrement, son col de chemise triangulaire, sa cravate de satin *improved Moreen foundation*, faisaient un digne pendant aux magnificences étalées par la fille de don Geronimo.

Jamais couple mieux assorti n'avait cheminé côte à côte ; ils étaient faits l'un pour l'autre et s'admiraient réciproquement.

19.

On arriva à la rue del Povar, non sans de nombreuses plaintes de Feliciana sur le mauvais état des pavés, sur l'étroitesse des rues, l'aspect maussade des bâtisses, lamentations auxquelles le jeune Anglais faisait chorus en vantant les larges trottoirs de dalles ou de bitume, les immenses rues et les constructions correctes de sa ville natale.

« Quoi ! c'est devant cette masure que l'on a ramassé M. de Salcedo déguisé et blessé ? Que pouvait-il venir faire dans cet affreux quartier ? dit Feliciana d'un air de dégoût.

— Étudier philosophiquement les mœurs du peuple ou essayer sa force au couteau, comme à Londres je me fais, pour placer des coups de poing nouveaux, des querelles dans le Temple et dans Cheapside, répondit le jeune lord dans son jargon hispano-britannique.

— Nous allons bientôt savoir ce qui en est, » ajouta don Geronimo.

Les trois personnages s'engouffrèrent dans l'allée de la pauvre maison si fort méprisée par la superbe Feliciana, et qui pourtant renfermait un trésor qu'on chercherait souvent en vain dans les hôtels magnifiques.

Feliciana, pour franchir l'allée, tenait sa jupe précieusement ramassée dans sa main. Si elle eût connu l'agrafe-Page, elle eût, en ce moment, apprécié tout le mérite de cette invention.

Arrivée à la rampe, elle frémit à l'idée de poser sur cette corde huileuse son gant d'une fraîcheur idéale, et pria sir Edwards de lui prêter de nouveau l'appui de son bras.

Une voisine officieuse ouvrait la marche. La périlleuse ascension commença.

Lorsque don Geronimo eût répondu : *Gente de paz* (gens tranquilles) au qui-vive effrayé de la tia Aldonza, toujours en transes depuis l'algarade de Juancho, la porte s'ouvrit, et Andrès, déjà troublé par l'accent de cette voix connue, vit entrer d'abord sir Edwards, qui formait l'avant-garde, puis don Geronimo, et enfin Feliciana, dans l'état fabuleux de sa toilette super-coquenticuse.

Elle s'était réservée pour le bouquet de ce feu d'artifice de surprise, soit par instinct de la gradation des effets, soit qu'elle craignît d'inonder trop subitement l'âme d'Andrès d'un bonheur au-dessus de ses forces, ou bien encore parce qu'il n'eût pas été convenable d'entrer la première dans une chambre où se trouvait un jeune homme couché.

Son entrée ne produisit pas le coup de théâtre qu'elle en attendait. Non seulement Andrès ne fut pas ébloui, il n'eut pas l'air inondé de la félicité la plus pure, il ne versa pas de larmes d'attendrissement à l'idée du sacrifice surhumain de monter trois étages, que venait de faire en sa faveur une jeune personne si habillée ; mais encore un sentiment assez visible de contrariété se peignit sur sa figure.

L'effet avait été raté aussi complètement que possible.

A l'aspect de ces trois personnes, Militona s'était levée, avait offert une de ses chaises à don Geronimo, avec la déférence respectueuse qu'une jeune fille modeste a toujours pour un vieillard, et fait signe à la tia Aldonza de présenter l'autre à Mlle Vasquez.

Celle-ci, après avoir écarté la jupe de sa mirifique robe bleu de ciel, comme si elle eût craint de la salir, se laissa tomber sur le siège de joncs en poussant un soupir d'essoufflement et en s'éventant avec son mouchoir.

« Comme c'est haut ! j'ai cru que je n'aurais jamais assez de respiration pour arriver.

— La señora était sans doute trop serrée » dit Militona d'un air de naïveté parfaite.

Feliciana, qui, bien que maigre, se laçait au cabestan, répondit d'un ton aigre-doux que les femmes savent prendre en pareille circonstance :

« Je ne me serre jamais. »

Décidément, l'affaire s'engageait mal. La jeune fille du monde n'avait pas l'avantage.

Militona, avec sa robe de soie noire à la mode espagnole, ses jolis bras découverts, sa fleur posée sur l'oreille, faisait paraître encore plus ridicules la recherche et le luxe de mauvais goût de la toilette de Feliciana.

La señora Feliciana Vasquez de los Rios avait l'air d'une femme de chambre anglaise endimanchée ; Militona, d'une duchesse qui veut garder l'incognito.

Pour réparer son échec, la fille de Geronimo essaya de déconcerter la manola en faisant peser sur elle un regard suprêmement dédaigneux ; mais elle en fut pour ses peines, et finit par baisser les yeux devant le regard clair et modeste de l'ouvrière.

« Quelle est cette femme, se dit Militona : la sœur d'Andrès ? oh ! non, elle lui ressemblerait ; elle n'aurait pas cet air insolent.

— Eh bien ! Andrès, dit Géronimo d'une voix affectueuse, en s'approchant du lit, vous l'avez échappé belle ! Comment vous trouvez-vous maintenant ?

— Assez bien, répondit Andrès, grâce aux bons soins de mademoiselle.

— Que nous récompenserons convenablement de ses peines, interrompit Feliciana, par quelque cadeau, une montre d'or, une bague ou tout autre bijou à son choix. »

Cette phrase bénigne avait pour but de faire descendre la charmante créature du piédestal où la posait sa beauté.

Militona, ainsi attaquée, prit un air si naturellement royal et eut une telle fulguration de majesté, que Mlle Vasquez demeura toute interdite.

Edwards ne put s'empêcher de murmurer : « *It is a*

very pretty girl [1], » oubliant que Feliciana comprenait l'anglais.

Andrès répondit d'un ton sec :

« De pareils services ne se payent pas.

— Oh ! sans doute, reprit Geronimo. Qui parle de payer ? c'est un simple témoignage de gratitude, un souvenir de reconnaissance, voilà tout.

— Vous devez être bien mal ici, cher Andrès, continua Mlle Vasquez, en détaillant de l'œil tout ce qui manquait au pauvre logis.

— Monsieur a eu la bonté de ne pas se plaindre, » dit Militona en se retirant du côté de la fenêtre, comme pour laisser le champ libre à l'impertinence de Feliciana et lui dire tacitement : « Vous êtes chez moi, je ne vous chasse pas, je ne le puis ; mais je trace une ligne de démarcation entre vos insultes et ma patience d'hôtesse. »

Commençant à être assez embarrassée de sa contenance, Feliciana fouettait la pointe de sa bottine avec le bout d'ivoire de son ombrelle.

Il se fit un moment de silence.

Don Geronimo rechercha à l'angle de sa tabatière une pincée de *polvo sevillano* (tabac jaune), qu'il porta à son nez vénérable avec un geste d'aisance qui sentait le bon vieux temps.

Sir Edwards, pour ne pas se compromettre, prit un air bête si parfaitement imité, qu'on aurait pu le croire véritable.

La tia Aldonza, les yeux écarquillés, la lèvre tombante, admirait dévotement la vertigineuse toilette de Feliciana : ce tapage de bleu de ciel, de jaune, de rose, de vert-pomme, de lilas, la faisait tomber dans un ébahissement naïf. Jamais elle ne s'était trouvée face à face avec de pareilles splendeurs.

---

1. C'est une très jolie fille. (*Note de l'éditeur.*)

Quant à Andrès, il enveloppait d'un long regard de protection et d'amour Militona, qui, placée à l'autre bout de la chambre, rayonnait de beauté, et il s'étonnait d'avoir jamais eu l'idée d'épouser Feliciana, qu'il trouvait ce qu'elle était réellement : le produit artificiel d'une maîtresse de pension et d'une marchande de modes.

Militona se disait à elle-même :

« C'est singulier! moi qui n'ai jamais haï personne, dès le premier pas que cette femme a fait dans cette chambre, j'ai senti un tressaillement comme à l'approche d'un ennemi inconnu. Qu'ai-je à craindre? Andrès ne l'aime pas, j'en suis sûre; je l'ai bien vu à ses yeux. Elle n'est pas jolie, et c'est une sotte; autrement, serait-elle venue ainsi attifée voir un malade dans une pauvre maison? Une robe bleu de ciel et un mantelet vert-pomme, quel manque de sensibilité! Je la déteste, cette grande perche.... Que vient-elle faire ici? Repêcher son novio; car c'est sans doute quelque fiancée. Andrès ne m'avait pas parlé de cela... Oh! s'il l'épousait, je serai bien malheureuse! Mais il ne l'épousera pas; c'est impossible. Elle a de vilains cheveux blonds et des taches de rousseur, et Andrès m'a dit qu'il n'aimait que les cheveux noirs et les teints d'une pâleur unie. »

Pendant ce monologue, Feliciana en faisait un autre de son côté. Elle analysait la beauté de Militona avec le violent désir de la trouver en défaut sur quelque point. A son grand regret, elle n'y trouva rien à redire. Les femmes, comme les poètes, s'apprécient à leur juste valeur et connaissent leur force véritable, sauf à n'en convenir jamais. Sa mauvaise humeur s'en augmenta, et elle dit d'un ton assez aigre au pauvre Andrès :

« Si votre médecin ne vous a pas défendu de parler, racontez-nous donc un peu votre aventure; car c'est une aventure que nous ne savons que d'une manière fort embrouillée.

— Ho! tâchez de raconter l'histoire romanesque, ajouta l'Anglais.

— Tu veux le faire bavarder et tu vois bien qu'il est encore très faible, interrompit Geronimo avec une bonhomie paternelle.

— Cela ne le fatiguera pas beaucoup, et, au besoin, mademoiselle pourra venir à son aide; elle doit savoir toutes les circonstances. »

Ainsi interpellée, Militona se rapprocha du groupe.

« J'avais eu la fantaisie, dit Andrès, de me déguiser en manolo, pour courir dans les anciens quartiers et jouir de l'aspect animé des cabarets et des bals populaires; car, vous le savez, Feliciana, j'aime, tout en admirant la civilisation, les vieilles coutumes espagnoles. En passant par cette rue, j'ai rencontré un farouche donneur de sérénades, qui m'a cherché querelle et m'a blessé dans un combat au couteau, loyalement et dans toutes les règles. Je suis tombé, et mademoiselle m'a recueilli demi-mort sur le seuil de sa maison.

— Mais savez-vous bien, Andrès, que cela est fort romantique et ferait un sujet de complainte admirable, en poétisant un peu les choses? Deux farouches rivaux se rencontrent sous le balcon d'une beauté.... » Et en disant cela elle regardait Militona, et riait d'un méchant sourire forcé.... « Ils se cassent leur guitare sur la tête et se tracent des croix sur la figure. Cette scène, gravée sur bois et placée en tête de la romance, produirait le plus bel effet; ce serait à faire la fortune d'un aveugle.

— Mademoiselle, dit gravement Militona, deux lignes plus bas, et la lame entrait dans le cœur.

— Certainement; mais, comme toujours, elle a glissé de manière à ne faire qu'une blessure intéressante....

— Qui ne vous intéresse guère, en tous les cas, répondit la jeune fille.

— Elle n'a pas été reçue en mon honneur, et je ne puis y prendre un si vif intérêt que vous; cependant, vous voyez que je viens rendre visite à votre blessé. Si vous voulez, nous veillerons chacune notre tour : ce sera charmant.

— Jusqu'à présent je l'ai veillé seule, et je continuerai, répondit Militona.

— Je sens qu'à côté de vous, je puis paraître froide; mais il n'est pas dans mes mœurs de recueillir des jeunes gens chez moi, même pour une légère égratignure à la poitrine.

— Vous l'auriez laissé mourir dans la rue de peur de vous compromettre ?

— Tout le monde n'est pas libre comme vous; on a des ménagements à garder; celles qui ont une réputation ne sont pas bien aise de la perdre.

— Allons, Feliciana, tu dis des choses qui n'ont pas le sens commun; tu t'emportes à propos de rien, dit le conciliant Geronimo. Tout cela est purement fortuit; Andrès n'avait jamais vu mademoiselle avant l'accident ; ne va pas prendre de la jalousie et te mettre martel en tête sans le moindre motif.

— Une fiancée n'est pas une maîtresse, » continua majestueusement Feliciana, sans prendre garde à l'interruption de son père.

Militona pâlit sous cette dernière insulte. Un lustre humide illumina ses yeux, son sein se gonfla, ses lèvres se gonflèrent, un sanglot fut près de jaillir de sa gorge ; mais elle se contint, et ne répondit que par un regard chargé d'un mépris écrasant.

« Allons-nous-en, mon père, ma place n'est pas ici; je ne puis m'arrêter plus longtemps chez une fille perdue.

— Si ce n'est que cela qui vous fait sortir, restez,

mademoiselle, dit Andrès en prenant Militona par la main. Doña Feliciana Vasquez de los Rios peut prolonger sa visite à Mme Andrès de Salcedo, que je vous présente ; je serais désolé de vous avoir fait commettre une inconvenance.

— Comment ! s'écria Geronimo ; que dis-tu, Andrès? Un mariage arrangé depuis dix ans ! es-tu fou ?

— Au contraire, je suis raisonnable, répondit le jeune homme; je sais que je n'aurais pu faire le bonheur de votre fille.

— Chimères, fantaisie d'écervelé. Tu es malade, tu as la fièvre, continua Geronimo, qui s'était habitué à l'idée d'avoir Andrès pour gendre.

— Ho ! ne vous inquiétez pas, dit l'Anglais en tirant Geronimo par la manche, vous ne manquerez pas de gendres; votre fille est si belle et s'habille d'une façon si superbe !

— Vos fortunes se convenaient si bien, poursuivit Geronimo...

— Mieux que nos cœurs, répondit Andrès. Je ne pense pas que ma perte soit bien vivement sentie par Mlle Vasquez.

— Vous êtes modeste, répliqua Feliciana ; mais, pour vous ôter tout remords, je veux vous laisser cette persuasion. Adieu, soyez heureux en ménage, Madame, je vous salue. »

Militona répondit par une révérence pleine de dignité à l'inclination de tête ironique de Feliciana.

« Venez, mon père ; sir Edwards, donnez-moi le bras. »

L'Anglais, interpellé, arrondit gracieusement son bras en anse d'amphore, et ils sortirent très majestueusement.

Le jeune insulaire rayonnait. Cette scène avait fait naître dans son esprit des espérances qui, jusqu'alors, n'avaient pu ouvrir leurs ailes. Feliciana, pour laquelle il brûlait d'une flamme discrète, était libre! Ce mariage projeté depuis si longtemps venait de se rompre : « Oh! se disait-il en sentant sur sa manche le gant étroit de la jeune fille, épouser une Espagnole, c'était mon rêve! une Espagnole à l'âme passionnée, au cœur de flamme et qui fasse le thé dans mes idées.... Je suis de l'avis de lord Byron : arrière les pâles beautés du Nord; j'ai juré à moi-même de ne me marier qu'avec une Indienne, une Italienne ou une Espagnole. J'aime mieux l'Espagnole à cause du romancero et de la guerre de l'indépendance; j'en ai vu beaucoup qui étaient passionnées, mais elles ne faisaient pas le thé selon mes principes, commettant des impropriétés vraiment choquantes : au lieu que Feliciana est si bien élevée! Quel effet elle fera à Londres, aux bals d'Almack et dans les raouts fashionables! Personne ne voudra croire qu'elle est de Madrid. Oh! que je serai heureux! Nous irons passer les étés avec notre petite famille à Calcutta ou au cap de Bonne-Espérance, où j'ai un cottage. Quelle félicité! »

Tels étaient les songes d'or que faisait tout éveillé sir Edwards en reconduisant Mlle Vasquez chez elle.

De son côté, Feliciana se livrait à des rêveries analogues; sans doute, elle éprouvait un assez vif dépit de la scène qui venait de se passer, non qu'elle regrettât beaucoup Andrès, mais elle était piquée d'avoir été prévenue. Il y a toujours quelque chose de désagréable à être quittée même par un homme à qui l'on ne tient pas, et, depuis qu'elle connaissait sir Edwards, Feliciana avait envisagé sous un jour beaucoup moins favorable l'engagement qui la liait à Andrès.

La rencontre de son idéal personnifié dans sir Edwards lui avait fait comprendre qu'elle n'avait jamais aimé don Andrès!

Sir Edwards était si bien l'Anglais de ses rêves! l'Anglais rasé de frais, vermeil, luisant, brossé, peigné,

poncé, en cravate blanche dès l'aurore, l'Anglais
waterproof et mackintosh! l'expression suprême de la
civilisation!

Et puis, il était si ponctuel, si précis, si mathématiquement exact au rendez-vous! Il en aurait remontré
aux plus fidèles chronomètres! « Quelle vie heureuse
une femme mènerait avec un être pareil! se disait
tout bas M¹¹ᵉ Feliciana Vasquez de los Rios. J'aurais de
l'argenterie anglaise, des porcelaines de Wegwood,
des tapis dans toute la maison, des domestiques poudrés; j'irais me promener à Hyde-Park, à côté de mon
mari conduisant son *four in hand*. Le soir, au théâtre
de la Reine, j'entendrais la musique italienne dans ma
loge tendue de damas bouton d'or. Des daims familiers
joueraient sur la pelouse verte de mon château, et
peut-être aussi quelques enfants blonds et roses : des
enfants font si bien sur le devant d'une calèche, à côté
d'un king-charles authentique! »

Laissons ces deux êtres si bien faits pour s'entendre continuer leur route, et revenons rue del Povar
retrouver Andrès et Militona.

La jeune fille, après le départ de Feliciana, de don
Geronimo et de sir Edwards, s'était jetée au cou d'Andrès avec une effusion de sanglots et de larmes; mais
c'étaient des larmes de joie et de bonheur qui ruisselaient doucement en perles transparentes sur le duvet
de ses belles joues sans rougir ses divines paupières.

Le jour baissait, les jolis nuages roses du couchant
pommelaient le ciel. Dans le lointain l'on entendait
bourdonner les guitares, ronfler les panderos sous les
pouces des danseuses, frissonner les plaques de cuivre
des tambours de basque, et babiller les castagnettes.
Les ay! et les ola! des couplets de fandango jaillissaient par bouffées harmonieuses du coin des rues et
des carrefours, et tous ces bruits joyeux et nationaux
formaient comme un vague épithalame au bonheur

des deux amants. La nuit était venue tout à fait, et la tête de Militona reposait toujours sur l'épaule d'Andrès.

X

Nous avons un peu perdu de vue notre ami Juancho. Il serait convenable d'aller à sa recherche, car il était sorti de la chambre de Militona dans un état d'exaspération qui touchait à la démence. En grommelant des malédictions et en faisant des gestes insensés, il avait gagné, sans savoir où il allait, la porte de Hierro, et ses pieds l'avaient mené au hasard à travers la campagne.

Les environs de Madrid sont arides et désolés, une couleur terreuse revêt les murailles des misérables constructions clairsemées le long des routes, et qui servent à ces industries suspectes et malsaines que les grandes villes rejettent hors de leur sein. Ces terrains décharnés sont constellés de pierres bleuâtres qui grossissent à mesure qu'on approche du pied de la Sierra de Guadarrama, dont les cimes, neigeuses encore au commencement de l'été, apparaissaient à l'horizon comme de petits nuages blancs pelotonnés. A peine voit-on çà et là quelque trace de végétation. Les torrents desséchés rayent le sol d'affreuses cicatrices ; les pentes et les collines n'offrent aucune verdure et forment un paysage en harmonie avec tous les sentiments tristes. La gaieté s'y éteindrait, mais au moins le désespoir ne s'y sent raillé par rien.

Au bout d'une heure ou deux de marche, Juancho, ployant sous le poids de sa pensée, lui que n'eussent pas courbé les portes de Gaza enlevées par Samson, se laissa tomber à plat ventre sur le revers d'un fossé, s'appuya sur les coudes en se tenant le menton et les joues avec les mains, et demeura ainsi immobile, dans un état de prostration complète.

Il regardait défiler, sans les voir, les chariots, dont les bœufs, effrayés de voir ce corps couché sur le bord de la route, faisaient, en passant près de lui, un écart qui leur attirait un coup d'aiguillon de la part de leurs conducteurs ; les ânes chargés de paille hachée et retenue par des cordelettes de jonc ; le paysan à physionomie de bandit, fièrement campé sur son cheval, la main sur la cuisse et la carabine à l'arçon de la selle ; la paysanne à l'air farouche, trainant après soi un marmot en pleurs ; le vieux Castillan, coiffé de son casque de peau de loup ; le Manchègue, avec sa culotte noire et ses bas drapés, et toute cette population errante qui apporte de dix lieues au marché trois pommes vertes ou une botte de piment.

Il souffrait atrocement, et des larmes, les premières qu'il eût versées, tombaient de ses joues brunes sur la terre indifférente, qui les buvait comme de simples gouttes de pluie. Sa robuste poitrine, gonflée par des soupirs profonds, soulevait son corps. Jamais il n'avait été si malheureux ; le monde lui semblait près de finir ; il ne voyait plus de but à la création et à la vie. Qu'allait-il faire désormais ?

« Elle ne m'aime pas, elle en aime un autre, se répétait Juancho, pour se démontrer cette vérité fatale que son cœur refusait d'admettre. Est-ce possible ? est-ce croyable ? Elle si fière, si sauvage, avoir pris tout à coup une passion pour un inconnu, tandis que moi, qui ne vivais que pour elle, qui la suivais depuis deux ans comme son ombre, je n'ai pu obtenir un mot de pitié, un sourire indulgent ! Je me trouvais à plaindre alors, mais c'était le paradis à côté de ce que je souffre aujourd'hui. Si elle ne m'aimait pas, au moins elle n'aimait personne.

« Je pouvais la voir ; elle me disait de m'en aller, de ne plus revenir, que je l'ennuyais, que je la fatiguais, que je l'obsédais, qu'elle ne pouvait souffrir plus longtemps ma tyrannie ; mais au moins, quand je m'en allais, elle restait seule ; la nuit, j'errais sous sa fenêtre, fou d'amour, ivre de désirs ; je savais qu'elle reposait chastement sur son petit lit virginal ; je n'avais pas la crainte de voir deux ombres sur son rideau ; malheureux, je savourais cette douceur amère, que nul n'était mieux partagé que moi. Je ne possédais pas le trésor, mais aucun autre n'en avait la clef.

« Et maintenant, c'est fini, plus d'espoir ! Si elle me repoussait quand elle n'aimait personne, que sera-ce à présent que sa répulsion contre moi s'augmente de toute sa sympathie pour un autre ! Oh ! je le sens bien ! Aussi, comme j'écartais tous ceux qu'attirait sa beauté ! comme je faisais bonne garde autour d'elle ! Ce pauvre Luca et ce pauvre Ginès, comme je vous les ai arrangés, et cela pour rien ! et j'ai laissé passer l'autre, le vrai, le dangereux, celui qu'il fallait tuer ! Main maladroite, esclave imbécile qui n'a pas su faire ton devoir, sois punie ! »

En disant cela, Juancho mordit sa main droite si cruellement que le sang fut près de jaillir.

« Quand il sera guéri, je le provoquerai une seconde fois, et je ne le manquerai plus. Mais si je le tue, jamais Militona ne voudra me revoir ; de toute façon, elle est perdue pour moi. C'est à en devenir fou ; il n'y a aucun moyen. S'il pouvait mourir naturellement par quelque catastrophe soudaine, un incendie, un écroulement de maison, un tremblement de terre, une peste. Oh ! je n'aurai pas ce bonheur-là. Démons et furies ! Quand je pense que cette âme charmante, ce corps si parfait, ces beaux yeux, ce divin sourire, ce cou rond et souple, cette taille si mince, ce pied d'enfant, tout cela c'est à lui ! Il peut lui prendre la main, et elle ne la retire pas; faire pencher vers lui sa tête adorée, qu'elle ne détourne pas avec dédain. Quel crime ai-je commis pour être puni de la sorte? Il y a tant de belles filles en Espagne qui ne demanderaient pas mieux que de me voir à leurs genoux! Quand je parais dans l'arène, plus d'un cœur palpite sous une jolie gorge; plus d'une main blanche me salue d'un signe amical. Que de Sévillanes, de Madrilènes et de Grenadines m'ont jeté leur éventail, leur mouchoir, la fleur de leurs cheveux, la chaîne d'or de leur cou, transportées d'admiration pour mon courage et ma bonne mine! Eh bien! je les ai dédaignées; je n'ai voulu que celle qui ne voulait pas de moi; entre ces mille amours j'ai choisi une haine! Entraînement invincible! destin fatal! Pauvre Rosaura, toi qui avais pour moi une si naïve tendresse à laquelle je n'ai pas répondu, insensé que j'étais, comme tu as dû souffrir! Sans doute, je porte aujourd'hui la peine du chagrin que je t'ai fait. Le monde est mal arrangé : il faudrait que tout amour fît naître son pareil; alors on n'éprouverait pas de pareils désespoirs. Dieu est méchant! C'est peut-être parce que je n'ai pas fait brûler de cierges devant l'image de Notre-Dame, que j'ai éprouvé de telles disgrâces. Ah! mon Dieu! mon Dieu! que faire? Jamais je ne pourrai vivre une minute tranquille sur cette terre! Dominguez est bien heureux que le taureau l'ait tué, lui qui aimait aussi Militona! J'ai pourtant fait ce que j'ai pu pour le sauver! Et elle qui m'accusait de l'avoir abandonné dans le péril! car non seulement elle me hait, mais encore elle me méprise. O ciel! c'est à devenir fou de rage! »

Et, en disant ces mots, il se leva d'un bond et reprit sa course à travers les champs.

Il erra ainsi tout le jour, la tête perdue, l'œil hagard, les poings contractés; des hallucinations cruelles lui représentaient Andrès et Militona se promenant ensemble, se tenant la main, s'embrassant, se regardant d'un air de langueur, sous les aspects les plus poignants pour un cœur jaloux! Toutes ces scènes se peignaient de couleurs si vives, s'imprégnaient d'une réalité si frappante, qu'il s'élança plus d'une fois en avant comme pour percer Andrès; mais il n'atteignait que l'air et se réveillait tout surpris de sa vision.

Les formes des objets commençaient à se confondre à sa vue; il se sentait les tempes serrées; un cercle de fer lui pressait la tête, ses yeux brûlaient, et, malgré la sueur qui ruisselait sur sa figure et les rayons d'un soleil de juin, il avait froid.

Un bouvier dont la charrette avait versé, la roue ayant passé sur une grosse pierre, vint lui taper sur l'épaule et lui dit :

« Homme, vous me paraissez avoir des bras robustes; voulez-vous m'aider à relever ma charrette? Mes pauvres bêtes s'épuisent en vain. »

Juancho s'approcha, et, sans mot dire, se mit en devoir de relever la charrette; mais les mains lui tremblaient, ses jambes flageolaient, ses muscles invaincus ne répondaient plus à l'appel. Il la soulevait un peu et la laissait retomber, épuisé, haletant.

« Au juger, je vous aurais cru la poigne plus solide que cela, » dit le bouvier, étonné du peu de succès des efforts de Juancho.

Il n'avait plus de forces, il était malade.

Cependant, piqué d'honneur par la remarque du bouvier, et orgueilleux de ces muscles comme un gladiateur qu'il était, il réunit, par une projection de volonté effrayante, tout ce qui lui restait de vigueur et donna un élan furieux.

La charrette se retrouva sur ses roues comme par enchantement, sans que le bouvier y eût mis la main. La secousse avait été si violente que la voiture avait failli verser de l'autre côté.

« Comme vous y allez, mon maître ! s'écria le bouvier émerveillé ; depuis l'hercule d'Ocaña, qui emportait les grilles des fenêtres, et Bernard de Carpio, qui arrêtait les meules du moulin avec le doigt, on n'a pas vu un gaillard pareil. »

Mais Juancho ne répondit pas, et tomba évanoui tout de son long sur le chemin, comme tombe un corps mort, pour nous servir de la formule dantesque.

« Est-ce qu'il se serait brisé quelque vaisseau dans le corps ? dit le bouvier tout effrayé. N'importe, puisque c'est en me rendant service que l'accident lui est arrivé, je vais le charger sur ma charrette et je le déposerai à San Agustin, ou bien à Alcobendas dans quelque auberge. »

L'évanouissement de Juancho dura peu, bien qu'on n'eût employé pour le faire cesser ni sels ni esprits, choses dont les bouviers sont généralement dépourvus ; mais le torero n'était pas une petite maîtresse.

Le bouvier le couvrit de sa mante. Juancho avait la fièvre, et il éprouvait une sensation inconnue jusqu'alors à son corps de fer, la maladie !

Arrivé à la posada de San Agustin, il demanda un lit et se coucha.

Il dormit d'un sommeil de plomb, de ce sommeil invincible qui s'empare des prisonniers indiens au milieu des tortures que leur inflige l'ingénieuse cruauté des vainqueurs, et dont s'endorment les condamnés à mort le matin du jour de leur exécution.

Les organes brisés refusent à l'âme de lui donner les moyens de souffrir.

Ce néant de douze heures sauva Juancho de la folie ; il se leva sans fièvre, sans mal de tête, mais faible comme dans la convalescence d'une maladie de six mois. Le sol se dérobait à ses pieds, la lumière étonnait ses yeux, le moindre bruit l'étourdissait ; il se sentait l'esprit creux et l'âme vide. Un grand écroulement s'était fait en lui. A la place où s'élevait autrefois son amour, il y avait un gouffre que rien désormais ne pouvait remplir.

Il resta un jour dans cette auberge, et se trouvant mieux, car son énergique nature reprenait le dessus, il se fit donner un cheval et se dirigea vers Madrid, rappelé par cet instinct étrange qui ramène aux spectacles douloureux : il éprouvait le besoin d'inonder ses blessures de poison, d'élargir ses plaies et de se retourner lui-même le couteau dans le cœur ; il était trop loin de son malheur : il voulait s'en rapprocher, pousser son martyre jusqu'au bout, s'enivrer de son absinthe, se faire oublier la cause du mal par l'excès de la souffrance.

Pendant que Juancho promenait sa douleur, des alguazils le cherchaient de tous côtés, car la voix publique le désignait comme étant celui qui avait donné le coup de couteau au seigneur Andrès de Salcedo. Celui-ci, comme vous le pensez bien, n'avait pas porté plainte ; c'était bien assez d'avoir pris au pauvre Juancho celle qu'il aimait, sans encore lui prendre la liberté ; Andrès ignorait même les poursuites dirigées contre le torero.

Argamasilla et Covachuelo, cet Oreste et ce Pylade de l'arrestation, s'étaient mis en campagne pour découvrir et arrêter Juancho ; mais ils procédèrent avec beaucoup de délicatesse, vu les mœurs notoirement farouches du compagnon ; on pouvait même croire, et des envieux qui jalousaient la position des deux amis l'affirmaient hautement, que Covachuelo et Argamasilla prenaient des informations pour ne pas se rencontrer avec celui qu'ils étaient chargés de prendre ; mais un espion maladroit vint dire qu'on avait vu entrer le coupable dans la place des Taureaux, d'un air aussi calme que s'il n'avait rien sur la conscience.

Il fallut donc s'exécuter. Tout en marchant à l'endroit désigné, Argamasilla disait à son ami :

« Je t'en prie en grâce, Covachuelo, ne fais pas d'imprudence; modère ton héroïsme; tu sais que le gaillard a la main leste ; n'expose pas la peau du plus grand homme de police qui ait jamais existé à la furie d'un brutal.

— Sois tranquille, répondit Covachuelo, je ferai tous mes efforts pour te conserver ton ami. Je ne serai brave qu'à la dernière extrémité, lorsque j'aurai épuisé tous les moyens parlementaires. »

Juancho, en effet, était entré dans le Cirque, afin de voir les taureaux qu'on venait d'enfermer pour la course du lendemain, plutôt par la force de l'habitude que par un dessein bien arrêté.

Il y était encore et traversait l'arène, lorsque Argamasilla et Covachuelo arrivèrent suivis de leur petite escouade.

Covachuelo, avec la plus grande politesse et les formules les plus cérémonieuses, notifia à Juancho qu'il eût à le suivre en prison.

Juancho haussa dédaigneusement les épaules et poursuivit son chemin.

Sur un signe de l'alguazil, deux agents se jetèrent sur le torero, qui les secoua comme un grain de poussière qu'on fait tomber de sa manche.

Toute la bande se rua alors sur Juancho, qui en envoya trois ou quatre rouler à quinze pas, les quatre fers en l'air ; mais, comme le nombre finit toujours par l'emporter sur la force personnelle, et que cent pygmées ont raison d'un géant, Juancho, tout en rugissant, s'était peu à peu rapproché du toril, et là, se débarrassant par une brusque secousse des mains qui s'accrochaient à ses habits, il en ouvrit la porte, se précipita dans ce dangereux asile et s'y enferma, à peu près comme ce belluaire qui, poursuivi par des gardes de commerce, se réfugia dans la cage de ses tigres.

Les assaillants essayèrent de le forcer dans cette retraite ; mais la porte qu'ils tâchaient d'enfoncer se renversa tout à coup, et un taureau, chassé de son compartiment par Juancho, s'élança tête basse sur la troupe effrayée.

Les pauvres diables n'eurent que le temps bien juste de sauter par-dessus les barrières : l'un d'eux ne put éviter un large accroc à ses chausses.

« Diable ! dirent Argamasilla et Covachuelo, cela va devenir un siège dans les règles.

— Tentons un nouvel assaut. »

Cette fois, deux taureaux sortirent ensemble et fondirent sur les assaillants ; mais comme ceux-ci se dispersèrent avec la légèreté que donne la peur, les bêtes farouches, ne voyant plus d'ennemis humains, se tournèrent l'une contre l'autre, croisèrent leurs cornes, et, le mufle dans le sable, firent de prodigieux efforts pour se renverser.

Covachuelo cria à Juancho, en tenant avec précaution le battant de la porte :

« Camarade, vous avez encore cinq taureaux à lâcher nous connaissons vos munitions. Après cela, il faudra vous rendre, et vous rendre sans capitulation. Sortez de votre propre mouvement, et je vous accompagnera à la prison avec tous les égards possibles, sans menottes ni poucettes, dans un calesin à vos frais, et je ne ferai aucune mention sur le rapport de la résistance que vous avez faite aux agents de l'autorité, ce qui aggraverait votre peine ; suis-je gentil ?

Juancho, ne voulant pas disputer plus longtemps une liberté qui lui était indifférente, se remit aux mains d'Argamasilla et de Covachuelo, qui le conduisirent à la prison de la ville avec tous les honneurs de la guerre.

Lorsque les clefs eurent fini de grincer dans les serrures, il s'étendit sur son grabat et se dit : « Si je a tuais ! ne songeant plus qu'il était au cachot. Oui, c'est ce que j'aurais dû faire le jour où j'ai trouvé Andrès chez elle. Ma vengeance eût été complète ; oh ! quelle atroce angoisse il eût soufferte en voyant sa maîtresse poignardée sous ses yeux ; faible, cloué au lit, ne pouvant la défendre ; car je ne l'aurais pas tué, lui ! je n'aurais pas commis cette faute ! Je me serais sauvé dans la montagne ou livré à la justice. Je serais tranquille. maintenant, d'une façon ou d'une autre. Pour que je puisse vivre, il faut qu'elle soit morte ; pour qu'elle puisse vivre, il faut que je meure ; j'avais ma navaja à la main, un coup, et tout était fini ; mais elle avait dans les yeux une lueur si flamboyante, elle était si désespérément belle que je n'ai plus eu ni force, ni volonté, ni courage, moi qui fais baisser la paupière aux lions quand je les regarde dans leurs cages, et ramper les taureaux sur le ventre comme des chiens battus.

« Eh quoi ! j'aurais déchiré son sein charmant ! fait sentir à son cœur le froid de l'acier, et ruisseler sur sa blancheur son beau sang vermeil ! Oh ! non, je ne commettrai pas cette barbarie. Il vaudrait mieux l'étouffer avec son oreiller, comme fait le nègre à la jeune dame de Venise dans la pièce que j'ai vue au théâtre del Circo. Mais pourtant, elle ne m'a pas trompé, elle ne m'a pas fait de faux serment ; elle a toujours été vis-à-vis de moi d'une froideur désespérante. C'est égal, je l'aime assez pour avoir droit de mort sur elle ! »

Telles étaient, à quelques variantes près, les idées qui occupaient Juancho dans sa prison.

Andrès revenait à la santé à vue d'œil ; il s'était levé, et, appuyé sur le bras de Militona, avait pu faire le tour de la chambre et aller respirer l'air à la fenêtre ; bientôt ses forces lui avaient permis de descendre dans la rue et d'aller chez lui faire les dispositions nécessaires pour son prochain mariage.

Sir Edwards, de son côté, s'était déclaré ; il avait

demandé dans les règles la main de Feliciana Vasquez de los Rios à don Geronimo, qui la lui avait accordée avec empressement. Il s'occupait de la corbeille et faisait venir de Londres des robes et des parures d'une richesse fabuleuse et d'un goût exorbitant. Les cachemires, choisis dans la gamme jonquille, écarlate et vert-pomme, eussent défié les investigations de M. Biétry. Ils avaient été rapportés de Lahore, cette métropole de châles, par sir Edwards lui-même, qui possédait une ou deux fermes dans les environs; ils étaient faits avec le duvet de ses propres chèvres : l'âme de Feliciana nageait dans la joie la plus pure.

Militona, quoique bien heureuse aussi, n'était pas sans quelques appréhensions; elle avait peur d'être déplacée dans le monde où son union avec Andrès allait la faire entrer. Chez elle, une maîtresse de pension n'avait pas détruit l'ouvrage de Dieu, et l'éducation remplacé l'instinct; elle avait le sentiment du bien, du beau, de toutes les poésies de l'art et de la nature, mais rien que le sentiment. Ses belles mains n'avaient jamais pétri l'ivoire du clavier; elle ne lisait pas la musique, quoiqu'elle chantât d'une voix pure et juste; ses connaissances littéraires se bornaient à quelques romances, et, si elle ne faisait pas de fautes en écrivant, il fallait en remercier la simplicité de l'orthographe espagnole.

« Oh! se disait-elle, je ne veux pas qu'Andrès rougisse de moi. J'étudierai, j'apprendrai, je me rendrai digne de lui. Pour belle, il faut bien croire que je le suis, ses yeux me le disent; et quant aux robes, j'en ai assez fait pour les savoir porter aussi bien que les grandes dames. Nous irons dans quelque retraite où nous resterons jusqu'à ce que la pauvre chrysalide ait eu le temps de déployer ses ailes et de se changer en papillon. Pourvu qu'il ne m'arrive pas quelque malheur! ce ciel trop bleu m'effraye. Et Juancho, qu'est-il devenu? Ne fera-t-il pas quelque tentative insensée?

— Oh! pour cela, non, répondit la tia Aldonza à cette réflexion de Militona achevée à haute voix. Juancho est en prison, comme accusé de meurtre sur la personne de M. de Salcedo, et, vu les antécédents du gaillard, son affaire pourrait prendre mauvaise tournure.

— Pauvre Juancho! je le plains maintenant. Si Andrès ne m'aimait pas, je serais si malheureuse! »

Le procès de Juancho prenait une mauvaise tournure. Le fiscal présentait le combat nocturne sous forme de guet-apens et d'homicide, n'ayant pas donné la mort par cause indépendante de la volonté de Juancho. La chose ainsi considérée devenait grave.

Heureusement Andrès, par les explications et le mouvement qu'il se donna, réduisit l'assassinat à un simple duel, à une arme autre, il est vrai, que celle employée par les gens du monde, mais qu'il pouvait accepter, puisqu'il en connaissait le maniement. La blessure, d'ailleurs, n'avait rien eu de grave; il en était parfaitement rétabli, et, dans cette querelle, il avait eu, en quelque sorte, les premiers torts. Les résultats en avaient été trop heureux pour croire les avoir payés trop cher d'une égratignure.

Une accusation d'assassinat dont la victime se porte bien et plaide pour le meurtrier ne peut pas être soutenue longtemps, même par le fiscal le plus altéré de vindicte publique.

Aussi Juancho fut-il relâché au bout de quelque temps, avec le regret de devoir sa liberté à l'homme qu'il haïssait le plus sur terre, et dont, à aucun prix, il n'eût voulu recevoir un service.

En sortant de prison, il dit d'un air sombre :

« Maintenant, me voilà misérablement lié par ce bienfait. Je suis un lâche et un infâme, ou désormais cet homme est sacré pour moi. Oh! j'aurais préféré aller aux galères ; dans dix ans, je serais revenu et me serais vengé. »

A dater de ce jour, Juancho disparut. Quelques personnes prétendirent l'avoir vu galoper du côté de l'Andalousie sur son cheval noir. Le fait est qu'on ne le rencontra plus dans Madrid.

Militona respira plus à l'aise ; elle connaissait assez Juancho pour ne plus rien craindre de sa part.

Les deux mariages se firent en même temps et à la même église. Militona avait voulu faire elle-même sa robe de mariée : c'était son chef-d'œuvre ; on l'aurait dite taillée dans les feuilles d'un lis ; elle était si bien faite, que personne ne la remarqua.

Feliciana avait une toilette extravagante de richesse.

En sortant de l'église, tout le monde disait de Feliciana : « Quelle belle robe ! » et de Militona : « Quelle charmante personne ! »

XI

Non loin de l'ancien couvent de Santo-Domingo, dans le quartier de l'Antequerula de Grenade, sur le penchant de la colline, s'élevait une maison d'une blancheur étincelante, qui brillait comme un bloc d'argent entre le vert foncé des arbres qui l'entouraient.

Par-dessus les murailles du jardin débordaient, comme d'une urne trop pleine, de folles guirlandes de vigne et de plantes grimpantes qui retombaient en larges nappes du côté de la rue.

A travers la grille de la porte, on apercevait d'abord une espèce de péristyle, orné d'une mosaïque de cailloux de différentes couleurs, ensuite, une cour intérieure, un *patio*, pour nous servir de l'expression propre, une architecture évidemment moresque.

Ce patio était entouré de sveltes colonnes de marbre blanc d'un seul morceau, de la plus gracieuse proportion, dont les chapiteaux, d'un corinthien capricieux, portaient, entremêlées à leurs volutes, des inscriptions en lettres arabes fleuries, où brillaient encore quelques restes de dorure.

Sur ces chapiteaux retombaient des arcs évidés en cœur, pareils à ceux de l'Alhambra, qui formaient sur les quatre faces de la cour une galerie couverte.

Au milieu, dans un bassin bordé de vases de fleurs et de caisses d'arbustes, grésillait un mince jet d'eau qui couvrait de perles les feuilles lustrées, et semblait chuchoter, de sa voix de cristal, quelque amoureux secret à l'oreille des myrtes et des lauriers-roses.

Un tendido de toile plafonnait la cour et en faisait comme un salon extérieur où régnaient une ombre transparente et une fraîcheur délicieuse.

Au mur était accrochée une guitare et, sur un canapé de crin, traînait un large chapeau de paille, orné de rubans verts.

Tout homme, en passant par cette rue et en jetant l'œil dans cet intérieur, quelque mauvais observateur qu'il fût, n'eût pu manquer de dire : « Là vivent des gens heureux. » Le bonheur illumine les maisons et leur donne une physionomie que n'ont pas les autres. Les murailles savent sourire et pleurer; elles s'amusent ou elles s'ennuient; elles sont revêches ou hospitalières, selon le caractère de l'habitant qui leur sert d'âme : celles-ci ne pouvaient être animées que par de jeunes amants ou de nouveaux époux.

Puisque la grille n'est pas fermée, poussons-la et pénétrons dans l'intérieur.

Au fond du *patio*, une autre porte, ouverte aussi, nous donnera entrée dans un jardin qui n'est ni français ni anglais, et dont le type n'existe qu'à Grenade ; une vraie forêt vierge de myrtes, d'orangers, de grenadiers, de lauriers-roses, de jasmins d'Espagne, de pistachiers, de sycomores, de térébinthes, dominée par quelques cyprès séculaires s'élevant silencieusement dans le bleu du ciel, comme une pensée de mélancolie au milieu de la joie.

À travers ces fouillis de fleurs et de parfum s'élançaient en fusées d'argent les eaux du Darro, amenées du sommet de la montagne par les merveilleux travaux hydrauliques des Arabes.

Des plantes rares s'épanouissaient en gerbe dans de vieux vases moresques, aux ailes découpées à jour, au galbe plein de sveltesse, historiés de versets du Coran.

Mais ce qu'il y avait de plus remarquable était une allée de lauriers aux troncs polis, aux feuilles métalliques, le long de laquelle régnaient deux bancs à dossiers et à sièges de marbre, et couraient deux ruisseaux d'une eau diamantée dans une rigole d'albâtre.

Au bout de cette allée, sur le pavé de laquelle le prodigue soleil de l'Andalousie pouvait à peine jeter quelques ducats d'or à travers le réseau serré des feuilles, s'élevait un petit bâtiment de forme élégante, une espèce de pavillon, de ceux qu'on appelle à Grenade *tocador* ou *mirador*, et d'où l'on jouit d'une vue étendue et pittoresque.

L'intérieur du *mirador* était un bijou de ciselure moresque. La voûte, de celles que les Espagnols désignent sous le nom de *media-naranja* (demi-orange), offrait une si prodigieuse complication d'arabesques et d'ornements, qu'elle semblait plutôt un madrépore ou un gâteau d'abeilles que l'œuvre de la patience humaine ; les grottes à cristallisations offrent seules cette abondance de stalactites sculptées.

Au fond, dans le cadre de marbre de la fenêtre, qui s'ouvrait sur un abîme, étincelait le plus splendide tableau qu'il soit donné à l'œil humain de contempler.

Sur les premiers plans, à travers un bois de lauriers énormes, parmi des rochers de marbre et de porphyre, le Genil accourait, par sauts et par bonds, de la Sierra, et se dépêchait d'aller retrouver Grenade et le Darro; plus loin, s'étendait la riche Vega avec sa végétation opulente, et, tout au fond, mais si près qu'il semblait qu'on pût les toucher, s'élevaient les montagnes de la Sierra-Nevada.

Dans ce moment, le soleil se couchait et teignait les cimes neigeuses d'un rose à qui rien ne peut se comparer : un rose tendre et frais, lumineux et vivant, un rose idéal, divin, d'une nuance introuvable ailleurs qu'au paradis ou à Grenade; un rose de vierge écoutant pour la première fois un aveu d'amour.

Un jeune homme et une jeune femme, appuyés l'un près de l'autre au balcon, admiraient ensemble ce sublime spectacle : le bras du jeune homme reposait sur la taille de la jeune femme, avec le chaste abandon de l'amour partagé.

Après quelques minutes de contemplation silencieuse, la jeune femme se releva et fit voir un visage charmant, qui n'était autre, comme nos lecteurs l'ont sans doute deviné, que celui de Mme Andrès de Salcedo, ou Militona, si ce nom, sous lequel ils l'ont connue plus longtemps, leur plaît davantage.

Il n'est pas besoin de dire que ce jeune homme était Andrès.

Aussitôt le mariage conclu, Andrès et sa femme étaient partis pour Grenade, où il possédait une maison venant d'héritage d'un de ses oncles. Feliciana avait suivi sir Edwards à Londres. Chaque couple cédait ainsi à son instinct : le premier cherchait le soleil et la poésie, le second la civilisation et le brouillard.

Ainsi qu'elle l'avait dit, Militona n'avait pas voulu entrer tout de suite dans le monde, où son union avec Andrès lui donnait droit de tenir un rang ; elle aurait craint de faire rougir Andrès par quelque charmante ignorance ; et, dans cette heureuse retraite, elle était venue oublier les étonnements naïfs de la pauvreté.

Elle avait gagné singulièrement au physique et au moral. Sa beauté, qu'on aurait pu croire parfaite, avait augmenté. Quelquefois, dans l'atelier d'un grand sculpteur, on voit une statue admirable qui vous semble finie, mais l'artiste trouve encore moyen d'ajouter de nouvelles perfections à ce que l'on croyait achevé.

Il en était ainsi de la beauté de Militona ; le bonheur lui avait donné le suprême poli ; mille détails charmants étaient devenus d'une délicatesse exquise par les recherches et les soins que permet la fortune. Ses mains, d'une forme si pure, avaient blanchi ; les quelques maigreurs causées par le travail et le souci du lendemain s'étaient comblées. Les lignes de son beau corps ondulaient plus moelleuses, avec la sécurité de la femme et de la femme riche. Son heureuse nature s'épanouissait en toute liberté et jetait ses fleurs, ses parfums et ses fruits ; son esprit vierge recevait toutes les notions et se les assimilait avec une facilité extrême. Andrès jouissait du plaisir de voir naître, pour ainsi dire, dans la femme qu'il aimait, une femme supérieure à la première.

Au lieu du désenchantement de la possession, il trouvait chaque jour en Mme de Salcedo une qualité nouvelle, un charme inconnu, et s'applaudissait d'avoir eu le courage de faire ce que le monde appelle une sottise, c'est-à-dire d'épouser, étant riche, une jeune fille sage, admirablement belle et passionnément amoureuse de lui.

Ne devrait-ce pas être pour les gens qui ont de la fortune une espèce de devoir de retirer de l'ombre et de la misère les belles filles vertueuses, les reines de beauté sans royaume, et de les faire monter sur le trône d'or qui leur est dû?

Rien ne manquait à la félicité d'Andrès et de Militona. Seulement elle pensait quelquefois au pauvre Juancho, dont personne n'avait plus entendu parler; elle aurait bien voulu que son bonheur ne fît le désespoir de personne, et l'idée des souffrances éprouvées par ce malheureux la troublait au milieu de sa joie : « Il m'aura sans doute oubliée, se disait-elle comme pour s'étourdir; il sera allé dans quelque pays étranger, loin, bien loin. »

Juancho avait-il, en effet, oublié Militona? La chose est douteuse. Il n'était pas si loin que le pensait la jeune femme; car, au moment où elle s'abandonnait à cette pensée, si elle eût regardé à la crête du mur, du côté du précipice, elle eût vu, à travers le feuillage, scintiller une prunelle fixe, phosphorescente comme celle d'un tigre, qu'elle eût reconnue à son éclat.

« Veux-tu venir faire notre promenade au Généralife? dit Andrès à Mme de Salcedo, respirer les parfums amers des lauriers-roses et entendre miauler les paons sur les cyprès de Zoraïde et de Chaîne-des-Cœurs ?

— Il fait encore bien chaud, mon ami, et je ne suis pas habillée, répondit la jeune femme.

— Comment! tu es charmante avec ta robe blanche, ton bracelet de corail, et la fleur de grenade qui éclate à ton oreille. Jette une mantille là-dessus, et les rois maures seront capables de ressusciter, quand tu traverseras l'Alhambra. »

Militona sourit, ajusta les plis de sa mantille, prit son éventail, cet inséparable compagnon de la femme espagnole, et les deux époux se dirigèrent du côté du Généralife, situé, comme chacun sait, sur une éminence reliée à celle que couronnent les tours rouges de l'Alhambra par un ravin, le plus pittoresque qui soit au monde, et où serpente un sentier bordé d'une végétation luxuriante dans lequel nous devancerons de quelques pas M. et Mme de Salcedo, qui s'avancent lentement sous la voûte de feuillage en se tenant par le bout de la main et en balançant leurs bras comme des enfants joueurs.

Derrière le tronc de ce figuier, dont les feuilles vertes et sombres font comme une nuit sur le sentier qui s'étrangle, est-ce une erreur? Il nous semble avoir vu luire comme le canon d'une arme à feu, comme l'éclair de cuivre d'un tromblon qui s'abaisse.

Un homme est couché à plat ventre dans les lentisques et les azeroliers, comme un jaguar à l'affût de sa proie et qui mesure en pensée le saut qu'il doit faire pour lui tomber sur les épaules : c'est Juancho, qui vit depuis deux mois à Grenade, caché dans les tanières des troglodytes des Gitanos, creusées le long des escarpements de Monte-Sagrado, où sont les caves des martyrs. Ces deux mois l'ont vieilli de dix ans ; il a le teint noir, les joues creuses, les yeux ardents, comme un homme que dévore une pensée unique : cette pensée est celle de tuer Militona !

Vingt fois déjà, car il rôde sans cesse autour d'elle, invisible et méconnaissable, épiant l'occasion, il aurait pu mettre à exécution son projet ; mais toujours au moment, le cœur lui avait manqué.

En venant à son embuscade, car il avait remarqué que tous les jours, à peu près à la même heure, Andrès et Militona passaient par ce chemin, il s'était juré par les serments les plus formidables d'accomplir sa funeste résolution et d'en finir une fois pour toutes.

Il était donc là, son arme chargée à côté de lui,

épiant, écoutant les bruits de pas dans le lointain, se disant pour raison suprême et dernier encouragement au meurtre :

« Elle a tué mon âme, je puis bien tuer son corps ! »

Un son de voix rieuses et claires se fit entendre au bout du sentier.

Juancho tressaillit et devint livide ; puis il arma le chien du tromblon.

« N'est-ce pas, disait Militona à son mari, on dirait le sentier qui mène au paradis terrestre ; ce ne sont que fleurs et parfums, chants d'oiseaux et rayons.... Avec un chemin pareil, on serait fâché d'arriver même au plus bel endroit ! »

Elle était, en disant ces mots, parvenue près du figuier fatal.

« Qu'il fait bon, qu'il fait frais ici ! Je me sens toute légère, toute heureuse. »

La gueule du tromblon invisible était orientée parfaitement dans la direction de sa tête, qui n'avait jamais été plus rose et plus souriante.

« Allons, pas de faiblesse, murmura Juancho en mettant le doigt sur la gâchette de la détente. Elle est heureuse, elle vient de le dire, jamais moment ne fut plus favorable. Qu'elle meure sur cette phrase ! »

C'en était fait de Militona : la bouche du tromblon, caché par le feuillage, touchait presque à son oreille ; une seconde de plus, et cette tête charmante allait voler en éclats, et toute cette beauté ne former qu'un mélange de sang, de chair et d'os broyés.

Au moment de briser son idole, le cœur de Juancho se gonfla ; un nuage passa sur ses yeux ; cette hésitation ne dura que l'espace d'un éclair, mais elle sauva Mme de Salcedo, qui ne sut jamais quel péril elle avait couru, et qui acheva sa promenade au Généralife avec la plus parfaite tranquillité d'esprit.

« Allons, décidément, je suis un lâche, dit Juancho en

s'enfuyant à travers les broussailles ; je n'ai de courage que contre les taureaux et les hommes. »

Quelque temps après, la renommée se répandit d'un torero qui faisait des prodiges d'adresse et de valeur ; jamais on n'avait vu une témérité pareille : il disait venir d'Amérique, de Lima, et, en ce moment, donnait des représentations à Puerto de Santa Maria.

Andrès, qui se trouvait avec sa femme à Cadix, où il avait été dire adieu à un ami en partance pour Manille, eut le désir, bien naturel pour un aficionado comme lui, d'aller voir ce héros tauromachique ; Militona, quoique douce et sensible, n'était pas femme à refuser une semblable proposition, et tous deux descendirent sur la jetée, afin de prendre le bateau à vapeur qui fait la traversée de Cadix à Puerto, ou, à son défaut, une de ces petites barques qui ont un œil ouvert, peint de chaque côté de leur taille-mer, ce qui donne à leur proue une apparence de visage humain des plus singulières.

Il régnait sur le port une activité et un mouvement extraordinaires ; les patrons des barques s'arrachaient les pratiques et passaient alternativement des flatteries aux menaces ; les cris, les jurons, les quolibets croisaient leurs feux roulants, et, de minute en minute, un esquif, livrant au vent sa voile latine, était emporté comme une plume de cygne sur le bleu cristal de la rade.

Andrès et Militona prirent place à la poupe de l'une d'elles, dont le patron fredonnait gaiement, en tendant le coude à la jeune femme pour la faire monter à son bord, le vers de la chanson des taureaux de Puerto :

Levez un peu ce petit pied !

Cadix présente un aspect admirable du côté de la mer, et mérite tout à fait les éloges que Byron lui adresse dans ses strophes. On dirait une ville d'argent posée entre deux coupoles de saphir : c'est la patrie des belles femmes, et ce n'est pas faire un médiocre éloge de Militona que de dire qu'elle y était regardée et suivie sur l'Alameda de plusieurs attentifs.

Aussi, c'est qu'elle était adorable avec sa mantille de dentelles blanches, sa rose dans les cheveux, son mouchoir de col assujetti aux épaulettes par deux camées, son corsage garni de passementeries et de franges aux poignets et aux entournures, sa jupe aux larges volants, ses bas à jour plus minces que des toiles d'araignées, enfermant une jambe faite au tour, ses jolis souliers de satin chaussant le pied le plus mignon du monde et dont on eût pu dire, comme dans la chanson espagnole : « Si la jambe est une réalité, le pied est une illusion. »

En changeant de fortune, Militona avait conservé son amour pour les modes et les usages espagnols ; elle ne s'était faite ni Française ni Anglaise, et, quoiqu'elle pût avoir des chapeaux aussi jaune-soufre que qui que ce soit dans la Péninsule, elle n'abusait pas de cette facilité. Le costume que nous venons de décrire montre qu'elle s'inquiétait assez peu des modes de Paris.

Cette population vêtue de couleurs brillantes, car le noir n'a pas encore envahi tout à fait l'Andalousie, qui fourmillait sur la place ou s'attablait à l'auberge de Vista-Alegre et dans les cabarets voisins en attendant la course, formait un spectacle des plus gais et des plus animés.

Aux mantilles se mêlaient ces beaux châles écarlates et posés sur la tête, qui encadrent si bien les visages d'une pâleur mate des femmes de Puerto de Santa Maria et de Xérès de la Frontera.

Les majos, laissant pendre un mouchoir de chacune des poches de devant de leur veste, se dandinaient et prenaient des poses en s'appuyant sur leur vara, espèce de canne bifurquée, ou s'adressaient des andaluçades dans leur patois désossé et presque entièrement composé de voyelles.

L'heure de la course approchait, et chacun se dirigeait du côté de la place en racontant des merveilles du torero, qui, s'il continuait et n'était pas embroché subitement tout vif, ne tarderait pas à dépasser Montès lui-même, car il avait certainement tous les diables au corps.

Andrès et Militona s'assirent dans leur loge, et la course commença.

Ce fameux torero était vêtu de noir; sa veste, toute garnie de jais et d'ornements de soie, avait une richesse sombre en harmonie avec la physionomie farouche et presque sinistre de celui qui la portait ; une ceinture jaune tournait autour de ses flancs maigres ; dans cette charpente, il n'y avait que des muscles et des os.

Sa figure brune était coupée de deux ou trois rides tracées plutôt par l'ongle tranchant d'un souci que par le soc des années; car, bien que la jeunesse eût disparu de ce masque, l'âge mûr n'y avait pas mis son empreinte.

Ce visage, cette tournure ne semblaient pas inconnus à Andrès; mais cependant il ne pouvait démêler ses souvenirs.

Militona n'avait pas hésité un seul instant. Malgré son peu de ressemblance avec lui-même, elle avait tout de suite reconnu Juancho!

Ce profond changement opéré en si peu de temps l'effraya, en lui montrant quelle passion terrible était celle qui avait ravagé à ce point cet homme de bronze et d'acier.

Elle ouvrit précipitamment son éventail pour cacher

sa figure et se jeter en arrière, en disant à Andrès d'une voix brève : « C'est Juancho. »

Mais elle s'était reculée trop tard ; le torero l'avait vue ; il lui fit de la main comme une espèce de salut.

« Tiens, c'est Juancho, reprit Andrès ; le pauvre diable est bien changé, il a vieilli de dix ans. Ah ! c'est lui qui est la nouvelle épée dont on parle tant ; il a repris le métier.

— Mon ami, allons nous-en, dit Militona à son mari ; je ne sais pourquoi, je me sens toute troublée ; il me semble qu'il va se passer quelque chose de terrible.

— Que veux-tu qu'il arrive, répondit Andrès, si ce n'est les chutes de picadores et les éventrements de chevaux obligatoires?

— Je crains que Juancho ne fasse quelque extravagance, ne se laisse aller à quelque acte de fureur.

— Tu as toujours ce méchant coup de navaja sur le cœur. Si tu savais le latin, et heureusement tu l'ignores, je te dirais que cela ne peut arriver, d'après la loi, *non bis in idem*. D'ailleurs, ce brave garçon a dû avoir le temps de se calmer. »

Juancho fit des prodiges ; il agissait comme s'il eût été invulnérable à la façon d'Achille ou de Roland ; il prenait les taureaux par la queue et les faisait valser ; il leur posait le pied entre les cornes et les franchissait d'un saut ; il leur arrachait les devises, se plantait droit devant eux, et se livrait avec une audace sans exemple aux plus dangereux manèges de cape.

Le peuple, enthousiasmé, applaudissait avec frénésie et disait qu'on n'avait jamais vu course pareille depuis le Cid Campeador.

La quadrille des toreros, électrisés par l'exemple, semblait ne plus connaître aucun péril. Les picadores s'avançaient jusqu'au milieu de la place ; les banderillos posaient leurs flèches entourées de découpures de papier, sans en manquer une. Juancho secondait tout le monde à temps, savait distraire la bête farouche et l'attirer sur lui. Le pied avait glissé à un chulo, et le taureau allait lui ouvrir le ventre, si Juancho ne l'avait fait reculer au péril de sa vie.

Toutes les estocades qu'il donnait étaient portées de haut en bas, entre les épaules de la bête, entrées jusqu'à la garde, et les taureaux tombaient foudroyés à ses pieds, sans que le cachetero ait eu besoin de venir terminer leur agonie avec son poignard.

« Tudieu, disait Andrès, Montès, le Chiclanero, Arjona, Labi et les autres n'ont qu'à se bien tenir; Juancho les dépassera tous, si ce n'est déjà fait. »

Mais une semblable fête ne devait pas se renouveler; Juancho atteignit cette fois aux plus hautes sublimités de l'art; il fit des prodiges qu'on ne reverra plus. Militona elle-même ne put s'empêcher de l'applaudir; Andrès trépignait; le délire était au comble, des exclamations frénétiques saluaient chaque mouvement de Juancho.

On lâcha le sixième taureau.

Alors il se passa une chose extraordinaire, inouïe; Juancho, après avoir ménagé supérieurement le taureau et fait des passes de muleta inimitables, prit son épée, et au lieu de l'enfoncer dans le col de l'animal, comme on s'y attendait, la jeta en l'air avec tant de force qu'elle fut se planter dans la terre en pirouettant à vingt pas de lui.

« Que va-t-il faire ? s'écria-t-on de toutes parts. Ce n'est pas du courage, c'est de la folie ! quelle nouvelle invention est-ce là ? Va-t-il tuer le taureau en lui donnant une croquignole sur le nez ?... »

Juancho lança sur la loge où se trouvait Militona un regard ineffable où se fondaient tout son amour et toutes ses souffrances, et resta immobile devant le taureau.

L'animal baissa la tête. La corne entra tout entière

dans la poitrine de l'homme et en sortit rouge jusqu'à la racine.

Un colossal cri d'horreur, composé de dix mille voix, monta vers le ciel.

Militona se renversa sur sa chaise, pâle comme une morte. Pendant cette minute suprême, elle avait aimé Juancho.

JEAN ET JEANNETTE

I

La marquise de Champrosé est à sa toilette; ses femmes l'accommodent. Le galant édifice de sa coiffure touche à sa fin. Des houppes de cygne s'échappe un nuage de poudre à la maréchale dont la marquise préserve ses yeux en tenant cachée sa charmante figure dans un cornet de maroquin vert-pomme, au grand désespoir de M. l'abbé, qui proteste contre cette éclipse.

Enfin l'opération est terminée! Les cheveux blond cendré de la marquise, relevés, en hérisson sur le sommet de la tête, crêpés en neige sur chaque face, ont disparu sous cette poussière blanche qui s'allie si bien aux tons de pastel de sa peau. Un long *repentir*, faiblement bouclé, descend le long de son col et vient jouer sur sa poitrine un peu découverte.

Mme de Champrosé abaisse le fatal cornet, et son joli visage, frais comme une rose pompon, apparaît dans tout son éclat; l'abbé ne se sent pas d'aise, il s'est levé brusquement de la duchesse où il était étendu et papillonne dans la chambre.

Dans sa joie, il heurte les meubles, renverse les porcelaines, gêne les femmes, fait japper le petit chien et glapir le sapajou effrayés de sa turbulence ; il jette au loin le malencontreux cornet, qu'il appelle l'éteignoir des grâces, et va se placer au bon point pour détailler les charmes de la marquise.

« Au vrai, marquise, dit l'abbé dans son enthousiasme, cette coiffure vous sied à ravir ; les Amours ont pétri votre teint, et vous avez aujourd'hui les yeux d'un lumineux particulier.

— Vous trouvez, l'abbé ? répond la marquise en minaudant et en jetant un coup d'œil à sa glace, entourée de dentelles, posée sur sa toilette ; cependant j'ai passé une nuit affreuse et j'ai une migraine horrible.

— Je souhaiterais à la baronne de ces migraines-là, qui vous mettent la joue en fleur et vous font plus fraîche qu'Hébé : la vraie migraine a l'œil battu et le teint plus jaune qu'un coing, et je m'inscris en faux contre la vôtre.

— Eh bien ! soit, je n'ai pas eu la migraine, mais j'ai eu des vapeurs.

— Par la cerise de votre bouche, par les roses de vos pommettes, par le brillant humide de vos prunelles, je soutiens que vous allez au mieux et que vos vapeurs sont de pures chimères.

— L'abbé, vous êtes d'une barbarie insoutenable. Je suis mourante, et vous me brutalisez de compliments à brûle-pourpoint sur ma fraîcheur et mon air de santé. Allons, dites-moi tout de suite que je suis potelée et rougeaude ; comparez-moi à quelque divinité mythologique de plafond qui a des joues de pommes d'api et des appas de nourrice.

— Là là, ne vous fâchez point : j'avais mal vu et vous admirais d'habitude et de confiance. Je m'aperçois, en effet, que vous avez une mine d'enterrement et de lendemain de bal. Allons, tendez-moi votre petite main blanchette, que je vous tâte le pouls ; je me pique un peu de médecine, et je donne des avis qui ne sont pas à mépriser. »

D'un air languissant qui fait un contraste parfait avec les lis et les roses de son teint, Mme de Champrosé tend à l'abbé, qui le prend délicatement entre le pouce et l'index, un joli bras fait au tour, qui sort d'un sabot de dentelle.

L'abbé paraît écouter et compter les pulsations avec une attention profonde, et si sa bonne figure rebondie, où le rire a creusé deux fossettes, pouvait se prêter à une expression grave, il eût semblé sérieux en ce moment.

La marquise le regarde, émue, retenant sa respiration, de l'air de quelqu'un qui attend son arrêt.

« Êtes-vous convaincu maintenant? dit-elle en voyant la mine pleine de componction de l'abbé.

— Hem! hem! fit l'abbé, voilà un pouls qui ne dit rien de bon : cette gentille veine bleue ne se comporte pas bien sous mon pouce; elle est capricieuse en diable.

— Serais-je grièvement malade? soupira la marquise.

— Oh! non pas, répliqua l'abbé d'un ton rassurant, il ne s'agit pas ici de ces grosses maladies, comme rhumes, fièvres ou fluxions de poitrine, qui regardent Tronchin ou Bordeu, mais je vous soupçonne véhémentement d'avoir le moral affecté.

— Le moral, c'est cela! s'écria la marquise, enchantée d'être si bien comprise.

— Il y a là-dessous quelque peine de cœur, continue l'abbé, et Cupidon a fait des siennes. Ce petit dieu malin ne respecte pas toujours les marquises. »

A cette assertion, Mme de Champrosé prit un air suprêmement dédaigneux et dit à l'abbé :

« Des peines de cœur, fi donc! Me prenez-vous pour quelqu'un de bas lieu, ou bien ai-je l'air d'une grisette amoureuse?

— Ce n'était qu'une supposition ; je la retire.

— J'ai peur que vous ne voyiez depuis quelque temps mauvaise compagnie, et que vous ne donniez dans la fréquentation des bourgeois, pour m'accuser de pareilles choses.

— Peut-être le veuvage vous pèse-t-il, et avez-vous de ces mélancolies qui viennent d'être seule le soir dans un vaste hôtel?

— Décidément votre esprit est en baisse, dit la marquise en modulant un petit éclat de rire clair, argentin, vibrant, plein d'une naïve insolence de grande dame.

— Alors qu'avez-vous donc, car les diagnostics me trompent et ma science est en défaut?

— Je m'ennuie! » répond la marquise avec un air d'accablement et en se laissant aller sur son fauteuil.

A ce mot, la figure de l'abbé prit une expression d'étonnement extrême : ses fossettes se comblèrent, et ses yeux restèrent fixés sur Mme de Champrosé, pleins d'inquiétude et d'interrogation. Le dix-huitième siècle ne s'ennuyait pas avec ses magots, ses porcelaines, ses trumeaux tarabiscotés, ses petits soupers, ses faciles conquêtes, ses couplets égrillards, ses gouaches libertines, ses sofas, ses tabatières, ses nymphes, ses carlins et ses philosophes.

Il n'avait guère le temps de s'attrister, ce joyeux dix-huitième siècle! Aussi le mot de la marquise consterna-t-il l'abbé et lui parut-il incompréhensible.

« Qu'une marquise riche de deux cent mille livres de rente, et charmante, veuve à dix-huit ans du mari que voilà, fit l'abbé en tendant la main vers un pastel oval où grimaçait, sous le harnois du dieu Mars, une figure jaune, sèche, ridée et plus que sexagénaire, dise qu'elle s'ennuie, cela manque de toute vraisemblance.

— Cela est pourtant...

— Vous dont l'existence coule parmi les ris, les jeux et les plaisirs, vous ennuyer!

— Que pourrai-je faire pour sortir d'un état si funeste?

— Si vous changiez votre sapajou contre un ouistiti, et votre carlin contre un gredin?

— C'est une idée que vous me donnez là; j'essayerai; mais j'ai bien peur que ce moyen ne me suffise pas.

— A votre place, je renouvellerai la tenture de ce cabinet; le bleu a quelque chose de trop langoureux qui pousse à la rêverie; une nuance plus égayée conviendrait mieux à la situation de votre âme : rose tendre, par exemple?

— Oui, rose tendre glacé d'argent, cela me tirerait un peu de mes idées noires; je manderai mon tapissier. En attendant, trouvez-moi quelque chose qui m'amuse.

— Voulez-vous que je vous fasse la lecture? la table est couverte de brochures, de livres et d'ana de toutes sortes d'auteurs. Ce n'est pas que je fasse le moindre cas de ces grimauds, de ces gratte-papier; mais quelquefois, parmi les saugrenuités que ces espèces tirent de leurs cervelles biscornues, il se trouve des drôleries dont on peut rire sans conséquence. Voici *le Grelot*, *l'Écumoire*, *les Matines de Cythère*, dit l'abbé en feuilletant les volumes. Vous plairait-il d'entendre le discours où la fée Moustache, métamorphosée en taupe par la rancune du génie Jonquille, énumère à Tanzaï et à Néadarné les perfections du prince Cormoran, son amoureux? C'est un beau morceau. »

La marquise de Champrosé fit un signe d'assentiment, s'arrangea dans sa bergère, allongea sur un tabouret ses petits pieds chaussés de mules qu'une Chinoise n'eût pas trouvées trop grandes, et parut résignée à l'audition du chef-d'œuvre.

L'abbé commença le panégyrique de Cormoran, par Moustache, d'un ton minaudier et superlicocantieux :

« C'était le plus beau danseur du monde. Personne ne faisait la révérence de meilleure grâce ; il devinait toutes les énigmes, jouait bien tous les jeux, tant de force que d'adresse, depuis le trou madame jusqu'au ballon. Sa figure était charmante et empaquetée, si l'on peut le dire, dans les agréments les plus rares ; il savait accompagner de toutes sortes d'instruments une voix charmante qu'il avait.

« Outre les talents que je viens de nombrer, il faisait joliment les vers. Sa conversation enjouée et sérieuse satisfaisait également par ses grâces et sa solidité. Austère avec la prude, libre avec la coquette, mélancolique avec la tendre, il n'y avait pas à la cour une dame dont il n'excitât la jalousie.

« La supériorité de son esprit ne le rendait pas insociable ; complaisant avec finesse, il savait se plier à tout ; il possédait mieux que pas un le jargon brillant, et il n'y avait personne qui ne fût comblé de l'entendre ; et, quoique cet être farouche, intitulé de bon sens, n'agît pas toujours civilement avec ce qu'il disait, l'élégance insoutenable de ses discours faisait qu'il n'y perdait rien, ou que le bon sens caché derrière une multitude miraculeuse de mots placés au mieux aurait paru d'une insipidité affadissante à ses sectateurs les plus absurdes, s'il eût été vêtu moins légèrement. »

Un imperceptible bâillement, réprimé par politesse, contracta la mâchoire de M™ᵉ de Champrosé, qui d'abord avait souri aux aimables qualités de Cormoran.

« En effet, continua l'abbé, la raison est vulgaire : elle paraît toujours ce qu'elle est ; elle craint de se noyer dans l'enjouement, et ne manque pas de faire un saut en arrière quand une idée singulièrement tournée se présente ou qu'une imagination lumineuse se place commodément dans le cœur.

« Après cela, si elle triomphe, c'est d'une façon si insultante pour l'humanité, l'amour-propre le mieux élevé y trouve tant de décri, y perd tant de ses grâces, prend si mauvaise opinion de lui-même, qu'il faudrait qu'il fût bien ridicule pour ne pas lui rompre en visière.

— Grâce! abbé, dit la marquise, en laissant voir toutes ses belles dents blanches dans un bâillement coquet. Ce que vous lisez là est sans doute le plus joli du monde, mais je n'y saurais rien comprendre et n'ai guère envie de m'y efforcer. »

Le volume fut replacé sur la table. On annonça des visites : le petit chevalier de Verteuil, le gros commandeur de Livry; le financier Bafogne, un Midas qui n'avait pas d'oreilles d'âne, bien qu'il les méritât, et qui changeait en or tout ce qu'il touchait...

On s'accorda à trouver l'œil de Mme de Champrosé légèrement battu et sa mine inquiétante, quoique toujours jolie; seulement, le petit chevalier se récria et dit qu'il était déshonorant, pour la jeunesse française, qu'une charmante marquise se mourût d'ennui au milieu du joyeux règne de Louis XV le Bien-Aimé.

Il fut décidé qu'une promenade serait de bon effet, et que l'air du boudoir, chargé de parfum d'ambre, portait aux nerfs, causait des vapeurs et faisait donner dans milles bizarreries que le grand air dissiperait infailliblement. Le chevalier promit d'être de la dernière folie; le commandeur jura de ne point parler de ses conquêtes; Bafogne prétendit qu'il comprendrait les turlupinades du chevalier en se les faisant répéter seulement trois fois; quant à l'abbé, une affaire l'appelait ailleurs; il devait retrouver la compagnie chez le garde, au pont tournant, où l'on dînerait en revenant du Cours-la-Reine, avant d'aller à l'Opéra.

II

Ce qui fut dit fut fait : l'on attela les quatre chevaux soupe de lait à la calèche lilas tendre, vernie par Martin, qui, par sa coupe, représentait la conque de Vénus.

La marquise étala ses grâces languissantes sur les coussins de velours blanc. Le chevalier dit des choses de l'autre monde en termes d'une singularité piquante et d'un inattendu merveilleux : il déchira le tiers et le quart, la cour et la ville, raconta des histoires scandaleuses avec des détails d'une vivacité incroyable et juste assez gazés pour ne pas forcer la pudeur de la marquise à se réfugier derrière l'éventail.

Le commandeur allait commencer le récit d'une de ses bonnes fortunes avec une demoiselle de l'espalier, mais il s'arrêta à temps. Le financier ne fut que suffisamment stupide pour l'emploi.

Le cocher coupa toutes les voitures avec une insolence inouïe, et qui sentait son cocher de bonne maison, sûr de ses maîtres. Tout alla au mieux. Le garde s'était surpassé ; les mets furent déclarés exquis, et les vins de choix, par l'abbé, qui se piquait d'être gourmet et de ne laisser point surprendre sa religion en pareille matière.

A l'Opéra, *les Indes galantes* furent chantées avec moins de cris que d'habitude, grâce aux critiques de Jean-Jacques Rousseau, citoyen de Genève, qui avait tympanisé dans ses écrits le *urlo francese;* et les danseurs exécutèrent un ballet où le sentiment de l'amour était peint par des attitudes voluptueuses, mais décentes, qui jetaient une douce langueur dans l'âme et arrivaient au cœur par le chemin des yeux ; et cependant, lorsque Mᵐᵉ de Champrosé rentra chez elle, assez tard dans la soirée, elle s'ennuyait toujours!

La marquise avait-elle donc une de ces humeurs atrabilaires et sauvages, un de ces esprits insociables qui prennent tout au rebours et se forgent dans la solitude de lugubres chimères?

On ne peut mieux née, et ayant toujours vécu dans l'extrêmement bonne compagnie, débarrassée des préjugés gothiques d'une vertu ignoble qui l'eût empêchée de demander le bonheur au plaisir, Mᵐᵉ de Champrosé ne donnait pas dans le travers des idées romanesques; pourtant elle ne pouvait se dissimuler qu'elle connaissait d'avance les plaisanteries du chevalier et les ariettes des *Indes galantes*.

Bien des fois déjà elle était allée se promener au Cours-la-Reine en calèche découverte, précédée de son coureur Almanzor, Basque dératé et léger comme un cerf. Ce n'était pas non plus la première fois qu'elle soupait chez le garde, et, sans avoir l'esprit tourné aux nouveautés de mauvais goût, la marquise eût souhaité quelque divertissement d'un régal plus vif.

Lorsque Justine vint pour mettre sa maîtresse au lit, elle lui trouva l'air excessivement abattu, et en femme de chambre favorite à qui la fidélité de ses services donne des droits à une certaine familiarité, elle hasarda quelques questions auxquelles la marquise répondit avec cette ouverture de cœur d'une personne qui souffre et se veut soulager de sa peine en la contant; veuve depuis deux ans d'un homme pour qui l'extrême différence d'âge ne lui permettait d'avoir que du respect, la marquise de Champrosé, sans avoir eu personne en pied, s'était laissé faire la cour d'assez près, et peut-être Justine, si elle n'eût été la discrétion même, eût-elle pu affirmer que, si sa maîtresse ressemblait à quelque femme de l'antiquité, assurément ce n'était point à la belle Arthémise, veuve de Mausole.

Après avoir écouté le récit des douleurs de sa maîtresse, Justine dit avec le ton le plus respectueux :

« Il semble que madame n'a pas d'amant en ce moment-ci.

— Non, ma pauvre Justine, répondit Mme de Champrosé d'un air découragé.

— C'est la faute de madame, car les soupirants ne lui manquent pas, et j'en sais un tas des mieux situés qui font le pied de grue devant ses perfections.

— Oh! sans doute, on n'est point encore laide à faire peur, dit la marquise en lançant un coup d'œil à un trumeau de glace.

— Le chevalier de Verteuil est fou de madame.

— Combien de louis t'a-t-il donnés pour me le souffler dans le tuyau de l'oreille, à mon coucher ou à mon lever?

— Madame sait que je suis le désintéressement même. La passion du chevalier me touche, voilà tout. Mais s'il ne plaît pas à madame, il y a encore le commandeur de Livry qui l'adore.

— Oui, il m'aime un peu plus que Rose ou la Désobry. Que le chevalier et le commandeur perdent la tête pour moi, cela m'est bien égal si je ne la perds pas pour eux.

« Je voudrais aimer quelqu'un de jeune, de frais, de pur, de naïf, qui croie encore au sentiment et dont je sois la première flamme; il m'ennuie de partager avec les filles d'Opéra et les impures!

— Ce que madame demande là est bien difficile, répondit Justine, pour ne pas dire impossible.

— Et pourquoi cela, Justine?

— MM. les ducs, marquis, vicomtes et chevaliers n'ont pas les mérites qu'il faut pour aimer de la sorte que madame désire.

— Tu crois?

— Oh! j'en suis sûre; les femmes se jettent à leur tête par vanité, coquetterie ou intérêt: ils ont leurs poches pleines de poulets, de miniatures et de tresses de cheveux, et puis, comme dit madame, l'Opéra est un lieu terrible pour la commodité des soupirs.

— Ainsi, à ton avis, Justine, les gens de qualité ne sont point capables d'une flamme au goût dont je la voudrais?

— En aucune façon; et, à moins que madame la marquise ne déroge, j'ai bien peur qu'elle ne puisse se satisfaire l'imagination.

— Déroger! y penses-tu, Justine?

— Ce n'est point un conseil que je donne, c'est une réflexion que je fais.

— Je ne saurais descendre plus bas qu'un baron.

— Les barons manquent totalement de naïveté, et il y en a qui sont pires que des ducs.

— Eh bien! je choisirai mon soupirant parmi les écuyers.

— Les écuyers se font si retors par les morales qui courent!

— Je ne puis cependant pas aimer un roturier.

— Un roturier seul vous aimera.

— Quelle folie étrange!

— L'amour est notre richesse, à nous gens de rien qui ne possédons ni titres, ni châteaux, ni carrosses, ni diamants, ni petites maisons au faubourg.

— Comme tu dis cela?

— Il faut nous en tenir à l'amour; le plaisir est trop cher.

— Tu as donc un amoureux bien épris, bien tendre, bien fidèle!

— Puisque madame le dit, je ne la démentirai pas.

— Sans doute quelque prince de la livrée, mon coureur Almanzor, ou Azolan, le chasseur du marquis ?

— Pardonnez-moi, madame ; des domestiques de grande maison deviennent presque aussi vicieux que des maîtres.

— Qui est-ce donc ?

— Un pauvre garçon très ordinaire, courtaud de boutique de son état, et qui n'a d'autre beauté qu'une santé vermeille, et d'autre mérite que de m'aimer comme une bête.

— Cet amour-là est le bon. Que tu dois être heureuse !

— Oui, surtout les jours où madame n'a pas besoin de moi et m'accorde la permission de sortir. Ce soir, par exemple, si vous m'en donniez le congé, j'irais à un petit bal, au Moulin-Rouge, pour les noces de ma cousine.

— Est-elle jolie, ta cousine ?

— Comme un cœur ! Des yeux bleus, des cils longs comme le doigt et un air de rosière.

— Quelles gens y aura-t-il à ce bal ?

— Oh ! des gens très huppés, des bourgeois ayant pignons sur rue, des fils et des filles de marchands, des clercs d'huissier et de procureur ; il y aura un violon, un fifre et un tambourin ; on soupera, et le matin on ira cueillir des lilas dans les prés Saint-Gervais.

— Tu me donnes envie d'aller à ce bal, cela me distrairait. Quelle drôle de mine doivent avoir tous ces gens-là !

— Si cela pouvait amuser madame, rien ne serait plus aisé ; je lui mettrais un de mes costumes et la ferais passer pour une de mes amies.

« Avec mon fourreau et mon casaquin de poult de soie rayé rose et blanc, un fichu de linon, un chignon plat et un bavolet de dentelles, elle sera parfaitement déguisée et cependant toujours belle.

— Flatteuse... et tu crois que tes habits m'iront bien?

— Nous sommes à peu près de même taille, seulement madame a le corsage plus fin que moi, mais avec un pli et deux épingles on arrangera cela. »

Mme de Champrosé, éveillée par le piquant d'une fantaisie, n'était plus la femme nonchalante de tout à l'heure ; elle avait quitté son air languissant et ses poses endormies. Son œil brillait, sa petite narine rose frémissait.

Elle aidait elle-même Justine à tirer, sur sa jambe faite au tour, de fins bas gris de perle à coins rouges ; à chausser des souliers mignons ornés de petites boucles d'argent. Le savant édifice, élevé le matin avec tant de soin et de travail, fut démoli en quelques coups de peigne. Mme de Champrosé n'en fut pas moins jolie.

Le déshabillé de Justine se trouvait aller au mieux à la marquise : en ce temps-là, les femmes de chambre, se modelant sur les soubrettes de comédie, se permettaient d'être aussi bien faites que leurs maîtresses, quelquefois mieux, ce qui n'était point le cas de Justine; car Mme la marquise de Champrosé ne devait point ses charmes aux ressources mystérieuses d'une toilette savante.

Elle n'avait rien à cacher, rien à réparer, et restait jolie, même pour sa soubrette, à l'encontre de ces héros qui n'en sont plus pour leur valet de chambre.

Justine envoya chercher une voiture de place qu'on fit approcher de la petite porte du jardin, et la marquise, bien emmitouflée d'une calèche en taffetas gorge de pigeon dont le capuchon lui rabattait sur les yeux, s'élança joyeuse dans le char de louage, et le cocher fouetta les haridelles dans la direction du Moulin-Rouge, croyant emmener deux femmes de chambre allant en partie fine.

III

À peu près à l'heure où Mme de Champrosé venait de quitter son hôtel, déguisée en grisette endimanchée, un souper avait lieu chez la Guimard, célèbre sujet de l'Académie royale de musique et de danse.

Ce souper réunissait plusieurs seigneurs des plus beaux noms de France, qui ne dédaignaient pas de venir se délasser chez cette belle damnée, comme l'appelle M. de Marmontel, de l'ennui que leur avait causé des sociétés plus décentes.

La salle à manger, décorée avec un goût qui faisait honneur à l'esprit de l'illustre impure, et une richesse qui faisait honneur à la magnificence de M. de S***, réunissait tout ce qu'un luxe délicat peut mettre au service d'une élégance raffinée : les marbres les plus précieux avaient été rassemblés à grands frais pour en revêtir les lambris où des dorures placées à propos, mais sans cette surcharge qui sent son traitant et son financier, encadraient des peintures ajustées à la destination du lieu, et dues au pinceau moelleux et léger de M. Fragonard, l'élève des Grâces et le peintre ordinaire de Terpsichore; de petits culs nus d'Amours fouettés de roses entassaient dans des corbeilles les dons de Cérès, de Bacchus et de Pomone; l'un d'eux même acceptait des mains d'Amphitrite différents poissons de couleurs variées, entre autres un homard qui lui pinçait le doigt et lui faisait faire la plus gentille grimace du monde; des guirlandes de fleurs et de fruits d'une touche spirituelle autant que fraîche rattachaient entre eux ces médaillons auxquels leur auteur avait mis tous ses soins, par reconnaissance pour son aimable protectrice.

La table était servie avec une délicatesse inouïe : ce n'étaient que raretés, primeurs, mets exquis à profusion ; le vin d'Aï et de Sillery, ce vin vraiment français qui rit dans la fougère et semble pétiller de bons mots, refroidissait au milieu de la glace dans des urnes d'argent ciselées par Germain, et, fréquemment renouvelé, animait la gaieté des convives.

Des personnes moins habituées à de pareilles magnificences auraient oublié la bonne chère pour contempler le surtout, merveille de Clodion, où ce statuaire, qui excelle dans ces sortes d'ouvrages, s'était vraiment surpassé.

Ce surtout de bronze doré représentait l'histoire de la nymphe Syrinx poursuivie à travers les roseaux par le grand dieu Pan ; l'exemple du dieu libertin était suivi par une foule d'égipans, de satyres et de faunes qui agaçaient, lutinaient, embrassaient et renversaient les nymphes compagnes de Syrinx sur des joncs et des feuillées formant de jolis motifs d'ornement.

Ces figurines avaient une liberté dans l'exécution, une volupté dans les attitudes, une passion dans les gestes qui les faisaient paraître vivantes, et décelaient chez le sculpteur un grand feu d'imagination et une facilité merveilleusement tournée aux choses de galanterie ; les nymphes surtout étaient charmantes ; leur pudeur, bien qu'effarouchée, n'avait rien d'outrageusement sauvage.

Dans son trouble, Syrinx faisait les trahisons les plus utiles aux charmes qu'elle essayait de cacher. Les roseaux et les herbages, se fermant ou s'ouvrant à propos, laissaient tout voir sans montrer rien.

Dans les figures de ces nymphes, les connaisseurs prétendaient reconnaître les traits de plusieurs des beautés à la mode (cette supposition n'avait rien d'invraisemblable), et, dans les masques des satyres et des égipans, ceux de traitants, de financiers, et même de certains vieux seigneurs fort connus par leur luxure.

La société n'était pas des plus nombreuses, mais elle était choisie; quatre ou cinq hommes, et à peu près autant de femmes, la composaient.

Comme nous l'avons dit, les hommes appartenaient au plus grand monde, aux familles les mieux situées à la cour; quant aux femmes, c'étaient des impures, des damnées, des comédiennes, pour qui la scène n'était qu'un prétexte, car on ne sait pas pourquoi la bonne compagnie, lorsqu'elle veut se divertir, est forcée d'avoir recours à la mauvaise, ce qui ferait croire que le vice a plus d'agréments que la vertu, conclusion que doit réprouver la morale.

La Guimard présidait le souper avec cette grâce spirituelle, cette volupté et ce feu qui faisaient d'elle la grande prêtresse du plaisir, religion qui comptait bien peu d'athées dans ce galant dix-huitième siècle.

Sa maigreur célèbre s'expliquait par l'entraînement de la danseuse, qui avait bien voulu sacrifier quelques-unes des rondeurs de la femme à la légèreté de son art : cette maigreur, qui n'avait rien de désagréable, ne se traduisait que par des élégances, des grâces et des finesses. Sa taille, dégagée d'appas superflus, s'enchâssait naturellement dans un corsage fluet comme le corps d'un papillon, dont sa jupe étincelante semblait former les ailes.

Sa main frêle et diaphane se jouait dans des bagues de diamants qu'une petite fille de dix ans n'eût pu mettre à son doigt.

Sa poitrine, intrépidement décolletée, étalait les plus délicieux néants, et l'on peut dire que jamais le rien ne fut plus joli.

Son col mince et blanc avait beaucoup de noblesse

et lui faisait porter la tête comme un oiseau ou comme une fleur.

Ce qu'il avait fallu de millions jetés au vent et de fortunes absorbées pour arriver à cette ardente maigreur, on pouvait le supputer dans les yeux dévorants illuminés de fantaisies impossibles qui animaient cette figure, dont le fard rougissait, sans l'altérer, la pâleur délicate.

Beaucoup de femmes ont eu le goût du luxe et des plaisirs; la Guimard en avait le génie.

Les trois autres avaient ce teint de pastel fait d'un nuage rose et blanc veiné d'azur, cet œil en coulisse tout chargé de moquerie et de désir, ce nez irrégulier, ni grec, ni romain, plein de caprice et d'esprit; cette bouche en cœur prête pour le baiser ou le sarcasme, ces fossettes où les Ris donnent l'hospitalité aux Amours, cette physionomie mobile, éveillée et piquante si bien en accord avec les mœurs, les arts et les modes du temps, et dont le type est aujourd'hui perdu.

Leur ajustement, de la plus charmante folie, plein de nœuds de rubans et de papillons, de pierreries et de fleurs, égayait les yeux par ses couleurs agréables et tendres, car, vu la saison, ces dames étaient en habit de printemps vert-pomme, rose et bleu de ciel; la Guimard, seule, était en blanc, comme une vestale, sans doute par antiphrase; il n'y avait de coloré dans toute sa personne que ses lèvres et le haut de ses pommettes.

Toute la lumière se concentrait sur elle et semblait la désigner comme reine de la fête.

M. Fragonard lui-même, s'il eût voulu faire un tableau de cette fête, n'eût pas autrement disposé les groupes et contrasté les nuances.

Certes, si l'on demandait à un jeune homme, et même à un homme d'âge mûr, s'il connaît un moyen plus agréable de tuer le temps que de faire un excellent souper dans une salle éclairée par un incendie de bougies, avec les plus gens d'esprit de la cour et les plus jolies femmes de l'Opéra et de la Comédie, il répondrait que non, et que rien n'est comparable au plaisir de porter des santés à la plus belle avec du vin de Champagne, assis entre deux nymphes brillamment parées, dont le rire éclate et dont la joue rougit sur le fard, d'aise et de plaisir.

IV

Eh bien! ce divertissement paraissait très peu réjouir le vicomte de Candale, qui, renversé sur sa chaise, attendait, d'un air triste et nonchalant, que la mousse qui écumait dans le cornet de cristal de son verre se fût éteinte pour le porter à ses lèvres et répondre à la santé que la belle Guimard, debout et sa jolie main appuyée sur la table, venait de porter en ces termes :

« A M. le vicomte de Candale, autrement dit le Beau ténébreux.

— Oui, à la santé du nouvel Amadis des Gaules! » crièrent en chœur les autres convives en tendant leurs verres du côté du vicomte de Candale.

Le vicomte, après avoir choqué son verre avec celui de chaque convive, le vida silencieusement et le reposa près de lui.

« Ce cher vicomte, dit en souriant une jolie femme dont l'œil déjà vif était allumé par une touche de fard placée à propos sous la paupière; ce cher vicomte, a-t-il reçu quelque mauvaise nouvelle? Est-ce que, par hasard l'oncle dont il hérite et qui paraissait sentir le ridicule qu'il y a de ne pas mourir à soixante et dix ans, aurait renvoyé ses médecins et se remettrait à vivre?

— Tais-toi, Cidalise, reprit une grande fille en taffetas vert-pomme glacé d'argent et qui faisait avec sa voisine un contraste parfait; M. de Candale n'est point encore si bas percé qu'il en soit à soupirer après les héritages ; cet incomparable fils de famille mange à même sa légitime, et il a encore de quoi être aimé à l'Opéra pendant un lustre.

— Oh! dit Cidalise, quand il n'aura plus d'argent on lui fera crédit et on l'aimera sur billets payables avec la dot de sa femme.

— Et moi, dit une blonde fort jolie en se penchant à l'oreille du vicomte avec un abandon voluptueux, je l'aimerai pour rien.

— C'est bien cher, Rosette, répondit Candale en donnant une petite tape amicale sur l'épaule nue et frémissante de la jeune femme. Je préférerais, je crois, dans une extrémité pareille, déclarer ma flamme à Cidalise en engageant mes héritages futurs sur papier timbré ; mais rassurez-vous, je ne suis pas beaucoup plus ruiné qu'à l'ordinaire, et j'ai toujours quelques milliers de louis en réserve pour les choses inutiles.

— Alors, qu'avez-vous donc, Candale? dit la Guimard, intervenant dans la conversation ; vous êtes d'un morne inouï, et l'on ne vous reconnaît pas.

« Vous, d'habitude si vif aux reparties, vous donnez dans la gravité à faire peur, et vous vous tenez à ce souper comme quelqu'un de robe siégeant sur les fleurs de lis. Nous ne jugeons personne, mon cher.

— C'est vrai que ce pauvre Candale a la plus piteuse mine du monde et fait piètre contenance devant les flacons et les beautés, cria, de l'autre bout de la table, le marquis de Valnoir, qui se sentait déjà de ses nombreuses libations à Bacchus, et s'était plusieurs fois fait donner de l'éventail sur les doigts par une voisine peu sévère pourtant.

— Je vais le confesser, moi, » dit la blonde Rosette en prenant le vicomte par la main et en l'entraînant vers une riche paphos qui se contournait sur ses pieds rocaille, au fond de la salle, et offrait aux entretiens amoureux toutes les facilités désirables.

« Cher frère, il faut d'abord vous mettre à genoux, c'est l'attitude obligée au tribunal de la pénitence, dit Rosette avec un air de componction tout à fait édifiant.

— Je n'y dérogerai pas, répondit le vicomte, surtout lorsque le confesseur a l'œil si tendre et la voix si douce. »

Et il s'agenouilla devant Rosette, qui pencha sur lui sa tête charmante.

« Quel remords vous agite, que vous portez de par le monde cette physionomie lugubre et pitoyable?

« Quelle conquête avez-vous manquée? à quelle innocence, à quel mari avez-vous fait grâce dans un moment de vertu ridicule? car ce sont là des fautes dont on ne se console point.

— Je n'ai rien de ce genre à me reprocher. D'innocence, je n'en ai rencontré nulle part. Quant aux époux, ils sont trop Vulcains pour qu'on en ait pitié; ma conscience est donc en règle de ce côté-là.

— Dès que vous n'avez pas commis de ces péchés-là, je vous absous, et il n'est pas nécessaire que vous restiez agenouillé; prenez place à côté de moi, et baisez ma main pour toute pénitence. »

Candale se releva et posa galamment ses lèvres sur la main fine et potelée de Rosette.

« Alors expliquez-moi cette physionomie funèbre.

« Si ce n'est pas le remords qui l'assombrit, c'est le chagrin, et quel chagrin pouvez-vous avoir? un amour malheureux? Il ne doit pas y en avoir pour vous.

— Vous me flattez; mais je n'ai point les conditions

qu'il faut pour ce malheur-là, puisque je n'aime personne.

— Savez-vous que ce n'est ni galant ni français, ce que vous venez de dire, monsieur?

« Apprenez qu'à Paris, un homme du monde est toujours censé amoureux de la femme à laquelle il parle.

— Vous n'êtes pas une femme, puisque vous êtes mon confesseur.

— Nullement. Vous vous êtes relevé et nous causons. Fi! monsieur le vicomte... Je suis femme et très femme.

— Eh bien, petite, si j'étais amoureux de toi, ce n'est pas cela qui me rendrait triste, car tu ne me recevrais pas en tigresse d'Hyrcanie, si j'en crois ce que tu me chuchotais tout à l'heure à l'oreille.

— Qu'ai-je donc dit tout à l'heure?

— Que tu m'aimerais quand même je serais ruiné.

— Oui, mais comme vous n'êtes pas ruiné, je ne vous aime plus; j'aurais fait cette générosité à votre indigence.

« Nous qui recevons toujours, il nous plaît quelquefois de donner; c'est une douceur non pareille. »

Et, en disant cela, la voix enjouée et moqueuse de Rosette avait pris un ton d'attendrissement, et ses beaux yeux bleus s'étaient illuminés d'une douce lueur dont Candale fut frappé.

« Quel regret j'ai de ne pas être aussi pauvre qu'un poète! J'ai bien envie, pour me mettre dans l'état qu'il faut pour être aimé de vous, de jouer toutes les nuits.

— Vous pourriez gagner.

— De marier des rosières, de doter des académies, de faire faire des cascades dans le jardin de mon château, ce qui ruine même les rois.

— Tout cela ne serait pas nécessaire, continua Rosette en faisant bouffer sa jupe étalée: si vous m'aimiez un peu, je me résignerais à souffrir votre richesse;

mais vous n'avez pas la moindre flamme à mon endroit.

— C'était vrai tout à l'heure ; maintenant, peut-être, ce ne l'est plus, répondit Candale en se rapprochant de Rosette autant que le permettait le panier, et en saisissant sa main qu'elle abandonna sans résistance.

— Eh bien ! savez-vous le secret de Candale ? cria le marquis de Valnoir en s'avançant d'un pas mal assuré, que maintenait encore l'habitude de l'ivresse, vers le groupe qui s'était isolé pendant quelque temps du tumulte général de l'orgie.

— Oui, je le sais, répondit Rosette en se levant et sans retirer la main que tenait le vicomte ; il m'a confié ses malheurs, et je vous le ramène tout consolé.

— Peste ! quelle consolatrice ! il faudra lui confier la guérison des désespoirs, » grommela le marquis de Valnoir en reconduisant d'un air ironique le couple vers la table.

Le vicomte de Candale, s'il n'était pas guéri radicalement de sa tristesse, avait l'air à coup sûr beaucoup moins mélancolique ; son œil avait repris du brillant, et il répondit avec beaucoup de grâce et d'esprit à toutes les plaisanteries qu'on lui lançait des quatre coins de la table, et la Guimard avoua que les malfaisantes vapeurs qui offusquaient la gaieté du jeune gentilhomme étaient dissipées complètement, et qu'elle reconnaissait son Candale d'autrefois.

Une santé générale fut votée en l'honneur de Rosette, qui avait opéré ce miracle, et les verres furent vidés religieusement jusqu'à la dernière goutte, grâce à la vigilante police du marquis de Valnoir, qui mettait une solennité ponctuelle à ces sortes de libations, et ne permettait à personne d'être moins ivre que lui.

Au milieu de la bacchanale qui suivit cette santé, sans que personne prît garde à eux, tant chacun était occupé de ses propres affaires, Candale et Rosette s'éclipsèrent.

Rosette, qui ne devait s'en aller que plus tard avec l'amie qui l'avait amenée, monta dans le vis-à-vis du vicomte de Candale.

Ce genre de char semble avoir été inventé par l'amour pour la facilité des aveux et des larcins galants ; beaucoup d'amants timides y ont dû au hasard d'un choc un bonheur qu'ils n'eussent point eu l'audace de demander.

Le pied rencontre le pied, le genou frôle le genou, les mains se touchent, les bouches et les joues viennent au-devant les unes des autres. Pour peu que l'énorme cocher, plus ivre que de coutume, coupe brusquement un ruisseau, peu de vertus sortent d'un vis-à-vis comme elles y sont entrées.

Rosette, comme on a pu le voir, n'était pas d'une vertu bien farouche et Candale ne péchait pas par un rigorisme outré ; eh bien ! nous pouvons affirmer, ce qui ne paraîtrait croyable à personne, que, pendant le trajet, qui fut assez long, le cocher du vicomte étant trop spirituel pour pousser ses chevaux quand son maître était en vis-à-vis avec une jolie femme, Candale ne se permit pas la moindre liberté, bien que Rosette se penchât souvent vers lui et montrât son émotion par ses soupirs étouffés et le mouvement de sa gorge qui faisait trembler son bouquet.

Oui, ce fait, invraisemblable au dix-huitième siècle, se produisit ce soir-là.

Candale remit Rosette chez elle sans lui avoir pris un seul baiser, et la quitta après l'avoir saluée au seuil de son appartement.

Lorsqu'il fut remonté dans sa voiture, il dit en bâillant :

« Dieu ! que ces filles et ces soupers m'assomment ! Mais comment vais-je finir ma nuit ?

« Si j'essayais de m'encanailler un peu et d'aller incognito à ce bal dont Bonnard m'a parlé, et où il doit se trouver quelques jolis minois de la bourgeoisie et du peuple, plus frais que tous ces museaux célèbres, lustrés de pommade et de fard, qui semblent s'être polis comme les idoles sous les baisers des dévots ! »

Rosette, à qui pareille aventure n'était jamais arrivée, s'abandonna toute rêveuse aux mains de ses femmes, qui l'accommodèrent, et se coucha dans une solitude dont elle paraissait étonnée et chagrine.

« Ah ! Candale ! Candale ! » murmura-t-elle en s'endormant.

V

Mme de Champrosé, que nous avons laissée en fiacre avec sa fidèle Justine, s'amusa fort des cahots du sapin qui vacillait sur ses ressorts fatigués, et pendant le trajet, qui dura longtemps, bien que le cocher, grassement payé, fouettât ses deux rossinantes avec toute la conscience imaginable, elle poussait de petits cris mêlés de rire chaque fois que la machine chancelante penchait d'un côté ou d'un autre, suivant les inégalités d'un pavé détestable, car monseigneur le lieutenant de police s'occupait beaucoup plus alors de chercher des histoires scandaleuses pour l'amusement du roi son maître, que de la commodité des citadins.

Enfin l'on arriva, car on finit toujours par là, même quand on est parti en fiacre.

Un petit Savoyard, porteur d'un falot, tendit galamment le coude aux dames, qui descendirent par le marchepied glissant avec une maladresse affectée, qui leur laissa le temps de faire voir aux gens attroupés à la porte une cheville bien tournée et un bas bien tendu.

Le bal était commencé, les fenêtres de la guinguette du Moulin-Rouge, vivement illuminées, montraient que les ordonnateurs de la fête, quoique bourgeois, n'avaient pas lésiné sur l'huile, fournie d'ailleurs par quelques-uns d'entre eux, qui exerçaient la noble profession d'épicier ; des tapissiers avaient apporté des banquettes et des festons de fleurs de papier, de sorte que la salle n'avait pas si mauvaise grâce qu'on eût pu se l'imaginer d'abord.

L'orchestre, grimpé sur un tréteau recouvert d'une housse passementée de paillon, occupait l'embrasure d'une porte dont on avait enlevé les battants : il se composait d'un violon, qui, après avoir râclé sa partie au spectacle d'Audinot ou des Grands Danseurs du roi, n'était pas fâché de gagner un petit écu de trois livres, dans le reste de sa nuit, à faire danser des bourrées et des rigodons ; d'un tambourin, qui marquait fortement la mesure pour la rappeler à des oreilles disposées à la mettre en oubli ; et d'une flûte, qui ne se permettait qu'un nombre suffisant de couacs.

Certes, M. Rameau, qui sait inventer de si savantes combinaisons musicales, eût pu trouver cet orchestre un peu maigre et barbare ; mais il suffisait de reste à ce qu'on exigeait de lui : il suppléait au nombre par le zèle ; le violon grattait les boyaux de son instrument avec furie, et faisait les démanchés les plus extravagants du monde, accompagnés de grimaces de possédé ; la flûte gonflait ses joues comme un suppôt d'Éole dans le ballet des vents, et soufflait dans son turlututu de manière à se rendre la face du plus beau cramoisi ; le tambourin, agitant ses bras en démoniaque, battait sa peau d'âne à la crever, et tous trois, de peur de perdre la mesure, la battaient fortement du pied, comme des ménétriers de village, et faisaient lever un nuage de poussière de la planche qui les supportait.

Un broc de vin où ils buvaient tour à tour de larges lampées, était placé à côté de ces Amphions ; et l'hôte du Moulin-Rouge le remplissait complaisamment, ayant appris par expérience que rien n'est salé comme la musique, à en juger par l'altération inextinguible des musiciens.

Cette harmonie qu'on entendait de l'escalier divertissait Mme de Champrosé qui, jouant elle-même fort proprement du clavecin, était à même de distinguer les licences que cet orchestre sauvage se permettait avec les règles de la musique.

Dans le trajet, Mme de Champrosé avait permis et recommandé à Justine de ne la point traiter avec un respect qui n'eût pas été naturel entre cousines.

Elle lui ordonna même de la tutoyer, et comme elle ne pouvait pas s'appeler de son nom véritable, elle avait choisi celui de Jeannette comme simple, pastoral et candide au possible.

Quand Justine parut accompagnée de Jeannette, tout le monde se précipita vers elle avec beaucoup d'empressement ; elle présenta sa fausse cousine le plus naturellement du monde, et les galanteries de l'assemblée éclatèrent en compliments qui, pour être mal tournés, n'en furent pas moins acceptés avec plaisir : les dieux, les rois et les jolies femmes avalent tout dans ce genre, et madame la marquise trouva que ces petits bourgeois étaient plus gens de goût qu'on ne le supposait : un peu de balourdise, en matière de madrigal, ne nuit pas toujours, cela prouve la sincérité. Trop de facilité inspire la défiance.

Aussi Mme de Champrosé, qui était peu flattée d'entendre l'abbé ou le commandeur la comparer à Hébé, rougit-elle de plaisir en entendant un jeune fils de droguiste de la rue Sainte-Avoie dire, en passant près d'elle : « Quelle joue de pêche !... On y mordrait ! »

Il est vrai qu'on ne pouvait rien voir de plus joli, de plus mignon, de plus frais et de plus fin que la fausse Jeannette.

Quoiqu'elle portât l'habit de cour avec un air de princesse et la noble impudence d'une personne des mieux nées, le simple costume de la grisette lui seyait encore mieux.

Le cotillon lui donnait encore plus de grâce que le panier de six aunes.

Débarrassée de tous les attifets que la mode entasse, elle en était cent fois plus charmante : ses beaux cheveux, d'un blond cendré, au lieu d'être crêpés, pommadés, étagés en édifice extravagant sur carcasse de fil de fer et surchargés de nœuds, de plumes, de fleurs et de papillons de porcelaine, à peine nuagés d'un œil de poudre, retombaient sur un col blanc en large chignon, et, relevés à la chinoise sur le haut de la tête, marquaient les sept pointes et découvraient un front poli et d'une forme parfaite.

Mme de Champrosé n'était pas de ces ennuyeuses beautés à la grecque ou à la romaine, qui sont meilleures pour le marbre que pour l'amour. Ses yeux charmants, pleins d'esprit, animaient une physionomie éveillée, bien que capable, à cause, de son extrême jeunesse, de jouer la naïveté en perfection.

Son nez, à la Roxelane, manquait heureusement de ces régularités qu'on célèbre, mais qui ne plaisent point; quant à sa bouche, c'était, pour le dessin, une miniature de l'arc de Cupidon, et, pour la couleur, une de ces cerises doubles que Jean-Jacques Rousseau jetait du haut de l'arbre sur le sein de Mlle Gallet.

Quoique fort grande dame, elle n'avait rien d'invraisemblable en grisette.

Son pied était bien petit et son soulier bien mignon; mais il est reconnu que les grisettes parisiennes, qui trottent comme des perdrix, valent, pour la petitesse du pied, les marquises andalouses, et mettent beaucoup de coquetterie à se chausser.

Pour les mains, dont les doigts effilés et roses dépassaient une petite mitaine de filet noir, leur délicatesse s'expliquait naturellement.

Mlle Justine n'avait-elle pas dit que sa cousine était ouvrière en dentelles, et certes ce n'est point à entrelacer des fils d'Arachné que l'on peut s'érailler les doigts et se casser les ongles.

Jeannette devint tout de suite l'héroïne du bal; à peine pouvait-elle s'asseoir sur la banquette appuyée à la muraille, à côté de Justine, qu'elle était aussitôt invitée : un galant avait été lui chercher un gros bouquet de roses du roi, qu'elle tenait en dansant, et dont elle avait placé un bouton sur son sein, à l'endroit où les pointes de son fichu se rejoignaient. Dorat, le poëte mousquetaire, eût dit que c'était pour parfumer la fleur. Un autre, clerc d'huissier de son état, lui avait fait le régal de deux oranges et d'un éventail de papier vert, au dos duquel était gravé un air d'Ernelinde.

Ces galanteries réjouissaient fort Jeannette, qui recevait tout d'un air riant, et s'amusait des gros roulements d'yeux et des grands soupirs du jeune droguiste et du troisième clerc; elle ne s'était pas imaginée que ces espèces ressemblassent autant à des hommes que cela.

Ces bourgeois et petites gens que jusqu'alors elle avait à peine entrevus du haut de son carrosse, fourmillant dans la crotte ou éclaboussés par son cocher, ou fuyant sous un déluge de pluie, la surprenaient par des façons presque humaines; elle n'aurait pas cru que ces animaux-là sussent s'exprimer en langage intelligible, dire des choses sensées et même galantes.

Elle éprouvait le même étonnement que si son carlin eût un jour, au lieu de japper, pris subitement la parole, ou que son sapajou se fût mêlé à la conversation, et encore cela l'eût beaucoup moins surprise : son carlin était si intelligent et son sapajou si spirituel, ayant été élevés par M. l'abbé.

Ce n'est pas que Mme de Champrosé eût des hauteurs affectées et fût méprisante le moins du monde; elle n'était pas entichée de sa noblesse, ne parlait jamais de ses aïeux et se souciait fort peu de son arbre généalogique; mais elle n'avait jamais été en rapport avec d'autres gens que ceux de sa classe, qui tous se croyaient d'une argile choisie et d'un sang particulier.

Elle remarqua que le troisième clerc d'huissier avait la jambe aussi bien tournée que celle du chevalier de Verteuil, qui la dandinait perpétuellement pour la faire remarquer.

Ce qui l'étonna profondément, c'est que le fils du droguiste, bien qu'il ne rît pas à tout propos et hors de tout propos, avait les dents d'un aussi bel orient que les perles dont M. l'abbé tirait si fort vanité, qu'il eût ri en apprenant les nouvelles les plus désastreuses.

VI

« Ces maroufles sont aussi bien faits que des gentils hommes et ne disent pas beaucoup plus de sottises, » pensa Mme de Champrosé, en acceptant une invitation pour la contredanse suivante.

Entraînée par l'élan et la naïveté du plaisir général, la fausse Jeannette s'abandonnait de tout cœur à la danse et tendait sans façon ses pâles mains aristocratiques aux pattes rougeaudes de ses compères, lorsqu'il s'agissait de former la ronde, surprise d'avoir, malgré son extrêmement bonne naissance, la trivialité de s'amuser elle-même comme une personne de peu ou de rien.

On eût dit qu'avec les paniers, les diamants et le rouge, elle avait dépouillé cette langueur qui ne s'attache qu'aux gens qui sont de qualité, et dédaigne les constitutions plus massives de la bourgeoisie.

L'admiration naïve de ces patauds la flattait! Si elle n'était pas des plus finement exprimée, elle avait du moins le mérite de la sincérité.

Pour toutes ces bonnes gens, elle n'était que Jeannette, cousine d'une femme de chambre, soubrette en haut lieu, il est vrai, mais nullement titrée.

Là, point de marquisat autre que celui de ses beaux yeux, et point de richesses que celles de son corsage.

Elle fut heureuse de ne pas déchoir en prenant l'anonyme, qui n'est pas favorable à beaucoup de personnes, même des plus haut placées.

Elle dansait la gavotte, le menuet, la bourrée, en tâchant de ne pas laisser trop voir les grâces que lui avait apprises Marcel, et de se restreindre aux naturelles, qui lui allaient encore mieux.

Cependant, quoiqu'elle s'amusât fort, elle n'avait encore rien vu qui répondît particulièrement à son projet, et, parmi ces bonnes figures, elle n'en trouvait pas une qui produisît l'effet désiré.

Les coups de foudre étaient à la mode en ce temps où l'on avait beaucoup abrégé les formalités gothiques dont s'entourait la pruderie de nos aïeux, et il était convenu que les cœurs faits l'un pour l'autre pouvaient s'entendre à première vue sans se faire languir par tous ces soins mortels.

Mais Mᵐᵉ de Champrosé, quelque désir qu'elle eût d'être foudroyée, ne trouvait pas un tel charme à la conversation de l'aimable droguiste présomptif et aux œillades du délicieux troisième clerc d'huissier, qu'elle ne jouît de sa parfaite liberté d'esprit et de cœur; et comme, dans une figure de la contredanse, Justine, en passant auprès de sa maîtresse, semblait l'interroger de l'œil et lui demander si sa fantaisie avait fait un choix parmi ces galants, d'un imperceptible mouvement de tête elle lui fit signe que non.

Si elle restait insensible, elle avait fait d'effroyables ravages dans les cœurs de cette petite bourgeoisie, et les beautés du lieu, qui brillaient d'un éclat passable avant le lever de l'astre nouveau, se trouvaient presque à demi éteintes par sa lumière.

Mˡˡᵉˢ Javotte, Nanette et Denise, presque abandonnées de leurs adorateurs habituels, restaient dans une solitude maussade, comme si elles eussent été des douairières ou des aïeules destinées par la multitude de leurs automnes à faire tapisserie de haute-lice le long de la muraille.

Elles avaient pourtant de fortes couleurs sur leurs joues de pommes d'api, des corsages remplis à craquer, et des bas de soie à coins rouges tirés sur leurs jambes dodues, et s'étonnaient qu'une petite personne, à peine potelée, presque pâle, pût lutter contre d'aussi robustes appas et des avantages si palpables.

Pour ramener à elles leurs amoureux envolés, elles faisaient les avances les plus marquées, louchaient à force d'œillades en coulisse, riaient bruyamment d'un rire un peu jaune, et même Denise, en passant près du jeune droguiste, qui, jusque-là, s'était posé sur le pied de son soupirant ordinaire, et acquitté fort régulièrement de cet office, ne put s'empêcher, pour ramener à elle une attention qui s'éloignait, de lui faire ce qu'en termes vulgaires on appelle un pinçon; mais le passionné droguiste, qui parlait en ce moment à Jeannette, aussi stoïque que le petit garçon spartiate qui se laissait ronger le ventre par le renard, ne témoigna point par un cri ou par un geste qu'il eût la chair tordue par des doigts qui ne manquaient pas de vigueur, et à qui la colère en eût donné quand même ils eussent été faibles.

Il ne retourna même pas la tête, et Denise fut obligée de revenir à sa banquette sans recueillir de sa démarche l'aumône d'un coup d'œil ou le fruit d'un sourire.

En vain Javotte étendait le pied aux yeux du troisième clerc et faisait briller sa boucle de marcassite ou de cailloux du Rhin pour s'attirer le compliment que le jeune suppôt de Thémis ne manquait pas de lui faire à cette occasion; cela ne servit de rien, les regards du clerc étaient trop occupés ailleurs pour s'abaisser jusque-là, et mademoiselle Javotte en fut pour ses frais de coquetterie.

Nanette, qui d'ordinaire n'avait pas le temps de s'asseoir, tant elle était poursuivie, perdit au moins une demi-douzaine de contredanses.

Bien que personne, dans cette réunion, ne soupçonnât la qualité de la marquise, on eût dit que la force de la naissance et du sang plus pur produisait son effet sur ces braves gens qui, certes, avaient à l'endroit de la fausse Jeannette, des attentions et des délicatesses involontaires que ne leur eût pas inspirées une grisette d'égale beauté.

Plaire à ces espèces n'était pas le but de la marquise, bien qu'elle fût flattée de l'admiration qu'elle inspirait.

Des reines, dit-on, et des plus sévères, ont été quelquefois plus sensibles aux grossiers compliments d'un matelot qu'aux madrigaux étudiés des courtisans et des poëtes de cour.

Il y a, dans certaines brutalités, quelque chose qui ne déplaît pas aux personnes les plus délicates, et Mme de Champrosé jouissait délicieusement des compliments adressés à Jeannette.

La grisette répondait à la marquise de la sincérité des galanteries du chevalier, du commandeur et de l'abbé.

Cependant, tourner des têtes de roturiers ne lui suffisait pas ; elle aurait voulu être touchée elle-même de caprice ou de passion, et ne pas borner son escapade à de simples rigodons dans une guinguette.

L'air modeste de la mariée, chez qui la pudeur modérait l'amour et qui cherchait à contenir l'ardeur de son jeune époux, dont les baisers bruyants, accueillis par les rires de l'assemblée, la faisaient rougir jusqu'au blanc des yeux, ramenait l'imagination de la marquise à des idées de bonheur simple et vrai comme la nature le dispense à ceux qui ne méconnaissent pas ses lois.

Elle songeait à cette main tordue par la goutte, dans laquelle elle avait mis sa main au sortir du couvent, à cette figure morne, ridée et froide du marquis de Champrosé, espèce de momie desséchée par l'ambition et la débauche, qu'elle avait trouvée si laide et si ridicule sans perruque, sous le baldaquin de son lit de noces, et elle ne pouvait pas s'empêcher de dire que la cousine de sa femme de chambre était mieux traitée par l'hymen qu'elle ne l'avait été elle-même.

Il est vrai que le marié n'avait pas soixante quartiers, mais il n'avait pas soixante hivers, ce qui est une compensation.

Pendant que la marquise faisait ces réflexions, en s'éventant de son éventail de papier vert avec une aisance qui eût pu la trahir à des yeux plus expérimentés, le fils du droguiste et le troisième clerc, méditant des aveux dont la rédaction compliquée s'embrouillait dans leur tête, restaient fichés devant elle comme des pieux, avec l'air le plus piteux et le plus risible du monde; Mᵐᵉ de Champrosé s'en amusait sous cape, et, par une malicieuse cruauté, ne les aidait pas le moins du monde, en sorte qu'ils roulaient des yeux comme des nègres qui ont une pendule dans le ventre.

Justine, voyant sa maîtresse ainsi bloquée, vint à elle, et, lui prenant le bras, fit quelques tours dans le bal en causant à voix basse.

« Madame s'est-elle ennuyée au bal de ma cousine, et que lui semble de ces petites gens?

— Non, je me suis amusée comme une femme qui danse, et ces bourgeois me semblent assez joyeux.

— Est-ce là tout.

— Oui.

— Le fils du droguiste est pourtant bien vu dans la rue Sainte-Avoie, et les plus jolies filles ne dédaignent pas son coup de chapeau.

— C'est possible, mais il ne m'inspire nullement l'envie de déroger.

— Et le troisième clerc?

— A tout ce qu'il faut pour passer second clerc, rien de plus.

— Je suis désolée que madame en soit pour ses frais de dérangement.

— J'ai presque envie de faire avancer le fiacre et de retourner à l'hôtel.

— Si madame me permettait de lui donner un conseil, ce serait de rester encore un peu.

— Tu t'amuses donc beaucoup?

— Je ne m'amuse pas si madame s'ennuie, mais ce sera peut-être lorsque nous serons parties que ce que nous cherchons arrivera. On attend encore quelques jeunes gens, et d'ailleurs, d'un bal comme d'un feu d'artifice, le plus beau c'est la fin, le bouquet. »

Mme de Champrosé se rendit à de si bonnes raisons, et n'eut pas tort, comme on le verra tout à l'heure.

Comme la vie est faite et que le train du monde est bizarre !

Si Mme de Champrosé avait quitté sa place un quart d'heure plus tôt, elle n'eût jamais été amoureuse.

VII

Les prévisions de Justine ne tardèrent pas à se justifier, et montrèrent toute la sagesse de cette femme de chambre modèle, que M. de Marivaux n'eût pas manqué d'introduire dans une de ses comédies, sous le nom de Lisette; et Mme de Champrosé n'eut qu'à se louer d'avoir écouté le conseil de sa suivante.

Le bal était à peu près à la moitié d'un bal raisonnable, c'est-à-dire à deux heures du matin, et déjà l'on passait les rafraîchissements, consistant en cidre doux, vin de Suresnes et châtaignes grillées à la poêle, lorsqu'il se fit grand bruit à la porte, et un personnage, qui paraissait d'importance, opéra son entrée d'une façon superbe et triomphante : c'était l'intendant du marquis de***, qui, bon prince ce soir-là, ne dédaignait pas de venir se dérider un instant, et se reposer des soucis de la grandeur dans cette petite fête.

L'intendant, qui frisait la cinquantaine, avait une trogne vermeille sous sa petite perruque à boudins serrés, qui montrait que le culte de Bacchus possédait en lui un desservant plein de ferveur, en même temps que ses mollets nerveux, enfermés dans des bas chinés, et sa carrure qui se moulait dans un large habit marron, montraient qu'il était encore, malgré son âge, un vert-galant, et ce qu'on appelle à Cythère un payeur d'arrérages.

Ce personnage, auquel toute l'assemblée marquait beaucoup de déférence, et à qui on donnait du M. de Bonnard gros comme le bras, en amenait un autre qu'il annonça sous le nom modeste de M. Jean, un parent de province qui venait à Paris dans l'espoir d'entrer commis aux gabelles, par sa toute-puissante protection.

« Il est un peu timide, ajouta à cette explication reçue avec toute la bénignité possible le majestueux M. de Bonnard, secouant d'un air d'aisance aristocratique, à la manière des grands seigneurs, qu'il tâchait de singer, quelques grains de tabac d'Espagne arrêtés aux plis de son jabot; mais j'espère que ces dames ne le traiteront pas trop en provincial et voudront être indulgentes pour les débuts d'un jeune garçon tout frais débarqué par le coche d'Auxerre, et qui ne demande pas mieux que de se former aux belles manières de Paris.

Cette petite harangue terminée, maître Bonnard pirouetta sur son talon avec assez de prestesse, et, croyant avoir fait tout ce qu'il fallait pour son protégé, l'abandonna à lui-même, — lâchant le coq parmi les poulettes, — et s'en alla dire des gaudrioles aux mères et pincer la joue aux filles, d'un air semi-paternel, semi-libertin, dont le secret est perdu.

M. Jean, que Jeannette regardait de son coin avec beaucoup d'attention, n'avait pas autant de disgrâce qu'on aurait pu l'attendre d'un provincial; il se tenait même avec assez d'aisance, surtout en pensant à l'embarras qu'il devait éprouver de se trouver seul dans un bal où il ne connaissait âme qui vive, au milieu de bourgeois ayant pignon sur rue, de droguistes, de clercs d'huissier, de femmes de chambre de grandes maisons, mises comme des princesses, et de marchandes cossues, toutes vêtues de soies flamboyantes et portant des coques de perles aux oreilles ; il avait la taille bien prise pour une taille de province ; son habit de droguet tourterelle à boutons d'acier, sur une veste de soie rayée lilas, ne faisait pas trop mauvaise figure pour avoir été coupé dans une petite ville.

Le nouveau-venu, à ce que remarqua Jeannette, avait la jambe belle et le pied petit, et son soulier, ciré à l'œuf, où scintillait une boucle d'acier, le chaussait à merveille.

Quant à sa figure, il avait une physionomie charmante, à laquelle ne nuisait pas un certain air d'ingénuité que les femmes, même les moins usagées, ne haïssent pas de trouver aux jeunes gens ; son œil, quoique doux, ne manquait pas de feu, et à la vivacité de son regard, on devinait que, s'il n'eût été retenu par sa timidité, il se fût montré aisément spirituel ; cette timidité n'allait cependant pas jusqu'à cette bêtise qui étrangle les débutants, leur fait commettre bévues sur bévues, et les rend les plus ridicules du monde.

Quoique de province, il ne paraissait pas éprouver ces vertiges de niaiserie qui poussent un malheureux jeune homme brûlant d'inviter une jolie cousine dont il est amoureux, comme il convient, à demander pour la contredanse un affreux laideron qu'il abhorre.

Il alla, de l'air le plus humblement poli, mais toutefois sans trop de confusion, inviter du premier coup la plus jolie, la plus élégante et la plus fêtée du bal, c'est-à-dire Mlle Jeannette en personne.

Ce coup d'éclat stupéfia trois ou quatre dadais à tournure d'échalas, à cheveux de filasse et à mains rouges, qui tournaient depuis une heure autour de Jeannette comme des hérons en peine, changeant de patte de temps en temps, et méditant le projet chimérique et fabuleux d'inviter la belle ouvrière en dentelles... pour la prochaine.

Un soupir plein de mélancolie s'échappa de la poitrine des quatre imbéciles, qui, bien que nés rues du Puits-qui-Parle, de la Femme-sans-Tête, de l'Homme-Armé et du Petit-Musc, ne purent s'empêcher d'envier la facilité avec laquelle ce petit gringalet débarqué d'Auxerre se présentait aux jolies filles.

L'aimable droguiste, qui croyait n'avoir pas produit une impression désagréable sur Mlle Jeannette, et qui, depuis le commencement du bal, se torturait l'esprit pour en tirer des madrigaux et des compliments qui ne sentissent pas trop leur rue Saint-Avoie, ne vit pas entrer dans la lice ce nouveau concurrent sans en éprouver du déplaisir.

Car on a beau dire que l'amour-propre aveugle l'homme, il n'aveugle pas assez les droguistes pour ne pas leur faire redouter la présence d'un joli garçon auprès de l'objet de leur préférence.

Le troisième clerc ne put s'empêcher non plus de regarder d'un œil farouche et de maudire *in petto* M. Bonnard d'avoir amené ce jouvenceau propret et tiré à quatre épingles, qui réussissait, au bout d'une phrase, mieux que lui au bout de deux heures de soins et de galanteries, car le sourire avec lequel Jeannette accueillit la demande de M. Jean avait quelque chose de si gracieux, de si doux et de si bienveillant, que le bazochien en éprouva de la jalousie; il n'avait jamais obtenu, lui, que de petits sourires du bout des lèvres et comme accordés par grâce, et pourtant sa gaieté intarissable eût déridé les morts, et cette soirée avait été pour lui la soirée suprême.

M. Jean prit délicatement Mlle Jeannette par le bout de ses jolis doigts, et la conduisit à sa place dans la danse.

Il ne s'acquitta pas mal des figures, ne se montra

nullement emprunté, et si M. Bonnard n'avait pas dit que ce jeune homme arrivait de province depuis peu, l'on ne s'en serait vraiment pas douté.

« Vous n'avez jamais vu Paris, monsieur Jean? dit Jeannette à son partenaire dans l'intervalle d'une contredanse.

— Non, mademoiselle, c'est la première fois que je viens dans cette grande ville.

— Et que vous en semble : répond-elle à ce que vous imaginiez ?

— Oui et non : j'y trouve des monuments superbes qui attestent la puissance de nos rois et la richesse des particuliers; mais tout cela mêlé à tant de misère, de boue et de fumée, que je ne sais pas si je dois admirer ou blâmer. Ce que j'ai vu de plus remarquable à Paris, jusqu'à présent, c'est vous, soit dit sans vous flatter.

— Oh ! si vous n'avez vu que moi de remarquable, c'est qu'il n'y a pas longtemps que vous êtes débarqué, et vous n'avez pas eu le temps de pousser vos observations bien loin.

— J'ai trouvé ! Je ne chercherai plus. Quoique de province, je sais apprécier la beauté, la décence et les grâces, ce qu'elles valent.

— Taisez-vous, vilain flatteur, vous allez me faire rougir.

— Quel plus joli fard pourrait colorer vos joues que le sang de votre cœur ému par l'accent honnête d'un garçon qui vous aime ?

— A qui je plais, je le veux bien... Quoique modeste, on sait qu'on n'est point faite à inspirer de l'horreur ; mais comment pouvez-vous dire que vous m'aimez !... Vous me connaissez à peine depuis une heure.

— Une heure ! il n'en faut pas tant. Je ne vous ai pas plutôt aperçue, que j'ai senti là que je vous appartenais.

« Je ne vous connais pas, grands dieux ! N'ai-je pas vu l'expression céleste de votre regard, la grâce charmante de votre sourire, entendu le son argenté de votre voix ?

« N'ai-je pas touché votre main avec une pression légère ? N'ai-je pas, en dansant, respiré votre bouquet parfumé par votre sein ? Ne sais-je pas que vous avez les cheveux blonds, la taille souple et nonchalante, que vous dansez à ravir ?

« Qu'aurai-je appris de plus sur vous, quand je vous aurai suivie pas à pas pendant plusieurs mois, comme votre chien ou comme votre ombre ?

« Une existence claire et limpide comme la vôtre se pénètre d'un seul coup d'œil.

— Vous croyez ? répondit la fausse Jeannette, qui ne put réprimer un imperceptible sourire à ces dernières paroles de M. Jean ; j'ai des yeux bleus et les cheveux blonds, comme vous l'avez très bien remarqué ; mais que je ne sois pas perfide, acariâtre, méchante, insupportable ? Toute jeune fille est charmante au bal, et la danse adoucit les caractères les plus revêches.

— Calomniez-vous à plaisir ; les divinités peuvent mal parler d'elles sans blasphémer ; mais vous ne me ferez pas changer d'avis.

— Eh bien ! soit ; je suis un composé de perfections ; je ne contesterai pas là-dessus avec vous, quoiqu'il y ait bien de l'exagération dans ce que vous venez de dire ; mais, de tout cela, il ne s'ensuit pas que je doive accepter votre amour aussi vite qu'il est né.

— Qui vous demande cela ? Je veux, si vous me le permettez, vous prouver combien peut être durable un sentiment qui n'a eu besoin que d'une minute pour naître et d'une heure pour se développer.

— Oh ! je vous en préviens, si cette fantaisie née avec le bal ne meurt pas avec lui, et si vous vous souvenez de la petite ouvrière en dentelles que le contraste de plusieurs laiderons vous a fait trouver gentille, vous serez obligé de me faire une cour dans les règles, de filer le parfait amour comme un héros de roman d'autrefois, et il n'est pas dit qu'au bout de toutes ces épreuves je ne vous rie au nez et ne vous fasse une belle révérence en vous disant : Votre servante. »

VIII

Un nouveau rigodon interrompit cette conversation à propos, et Justine, qui se tenait discrètement à l'écart et chaperonnait assez négligemment sa prétendue cousine, comprit bien vite, avec cette profonde entente du cœur humain en général, et de celui de leur maîtresse en particulier, qu'ont les femmes de chambre dignes de ce nom, que Mme de Champrosé s'intéressait à M. Jean d'une façon assez suivie, et n'était pas loin de voir son vœu exaucé.

Le bal tirait sa fin ; les ménétriers, fatigués de râcler, de souffler et de taper leurs instruments, tâchaient vainement de réveiller un reste d'ardeur en profitant des poses de la musique pour s'humecter le gosier ; le sommeil et l'ivresse les gagnaient ; les quinquets commençaient à manquer d'huile, et les bougies, arrivées à leur fin, menaçaient de faire éclater leurs bobèches.

L'Aurore, qui venait de quitter la couche du vieux Tithon, jetait à travers les rideaux ses tons de pastel bleuâtres.

Quelqu'un de bien avisé proposa, avant de rentrer se coucher, d'aller dans les prés Saint-Gervais voir le lever de l'aurore, boire du lait chez le nourrisseur, et cueillir des lilas. On était au commencement de mai, qui est l'époque de ces fleurs si chères aux Parisiens, et dont ils admirent avec raison les jolis thyrses violets.

La proposition fut accueillie comme elle le méritait, et tout le bal, même les gens d'âge plus mûr, à qui le lit aurait mieux convenu qu'une course dans la rosée, partit avec des cris de joie pour les fameux prés, une des plus fraîches verdures des environs de Paris.

M. Jean offrit son bras à Mlle Jeannette, qui l'accepta, sous la sauvegarde toutefois de Mlle Justine, qui répondait de sa vertu.

Le droguiste offrit le sien à Denise, qui, tout heureuse de reprendre son captif, ne jugea pas à propos d'entrer dans des récriminations inutiles.

Le troisième clerc fut tout heureux que Nanette, la belle aux boucles de marcassite, voulût bien marcher à côté de lui, et, ainsi appareillée, la bande s'enfonça couple à couple dans les petits sentiers qui séparent les massifs odorants.

Parmi ces groupes, la plupart d'amants et de fiancés, quelques baisers, grâce aux détours des allées, avaient été pris et rendus, car ces choses-là ne se gardent pas.

M. Jean, lui, n'osa pas s'émanciper jusqu'à de telles hardiesses; mais il serra quelquefois contre son cœur le bras de Mme de Champrosé, pour laquelle il fit la plus énorme gerbe de lilas blancs et violets que jamais grisette ait emportée des prés Saint-Gervais dans sa mansarde. Il avait renversé pour elle toute la corbeille de Flore.

C'eût été un charmant sujet de tableau pour M. Lancret, peintre des fêtes galantes, que ces groupes d'amoureux qui se perdaient exprès dans les étroites allées.

Ces jupes de soie et de pékin, aux couleurs riantes, tranchant sur le fond de la verdure; ces corsages qui, sans être échancrés avec la noble impudence des femmes de la cour, laissaient apercevoir ou plutôt deviner des charmes naissants, mais déjà mûrs pour l'amour; ces bras jetés nonchalamment autour des tailles; ces têtes rapprochées, sous prétexte de se parler bas; ces lèvres adressant à la joue la confidence destinée à l'oreille; tout cela invitait le pinceau d'un artiste accoutumé à sacrifier aux Grâces, et formait un coup d'œil aussi agréable pour les yeux que pour le cœur.

Un peu en arrière, marchaient des groupes de parents et de personnes entre deux âges, les papas, en grand habit à la française à larges basques, à gros boutons miroitants, d'une coupe pleine de bonhomie, la main fortement appuyée sur la canne à bec de corbin, le lampion carrément enfoncé sur la tête; les mamans, dodues et vermeilles, encore appétissantes, vêtues de leurs robes de noces rélargies et d'étoffes à grands ramages et à grandes fleurs, à la mode au commencement du règne, écoutant les gaudrioles de leurs compères en guignant leurs filles du coin de l'œil, bien qu'elles fussent sûres de la sagesse de leurs enfants.

Ces groupes, que le peintre eût pu colorer de tons plus chauds et plus mûrs, faisaient ressortir à merveille toute cette jeunesse éclatante et fraîche, que l'aurore baignait de sa lueur rose, l'aurore, cette jeunesse du jour!

M. Lancret eût assurément mis Jean et Jeannette au centre de sa composition.

Pour se garder de la fraîcheur, Jeannette avait jeté sur ses épaules la calèche de taffetas gorge de pigeon; mais la soie avait glissé, et, comme elle penchait la tête, on voyait sa nuque blanche et polie, où brillaient quelques petits cheveux follets échappés au peigne d'acier qui mordait son chignon; elle se tenait serrée contre M. Jean, pour éviter les branches emperlées de rosée qui dégouttaient sur sa robe et semblaient vouloir lui barrer le passage pour la retenir plus longtemps.

C'était du moins la raison qu'elle se donnait à elle-même; car il était sûr qu'elle pesait sur le bras de M. Jean plus que ne l'exigeaient un chemin parfaitement uni et sa légèreté naturelle.

Pour se donner une contenance, elle faisait prendre à sa figure un bain de fleurs en la plongeant dans la grosse touffe qu'on avait cueillie pour elle, noyant ainsi les roses dans les lilas.

On arriva chez le nourrisseur, qui se hâta de traire ses vaches, étonnées de voir leur étable envahie par cette joyeuse troupe, et qui retournaient la tête tandis que leur lait écumeux tombait dans des jattes d'une propreté fabuleuse.

Comme le nourrisseur n'avait pas une quantité de tasses suffisante, Jean et Jeannette, qui formaient un couple que déjà l'on ne séparait plus, tant la nature les avait bien assortis, n'eurent qu'une tasse pour eux deux; Jeannette but la première, et Jean put retrouver sur le bord de la coupe l'empreinte des lèvres charmantes de la jeune ouvrière en dentelles.

Les vieux et M. de Bonnard se firent apporter du vin, préférant le jus de la vigne à ce régal arcadique et fait pour des morveux sevrés depuis peu de temps.

Puis enfin l'on se sépara.

Au moment de se quitter, M. Jean demanda s'il aurait le bonheur de revoir Mlle Jeannette, et celle-ci, s'étant consultée quelques minutes avec Justine, lui répondit qu'elle irait le surlendemain reporter de l'ouvrage à une pratique, et que si M. Jean se voulait trouver rue Saint-Martin, à trois heures du soir, on pourrait faire un bout de chemin ensemble.

Puis le fiacre qui les avait amenées vint les reprendre, et Mme de Champrosé, rentrant dans son appartement par l'escalier dérobé, qui ne manquait jamais aux maisons, même les plus vertueuses, du dix-huitième siècle, se livra, sous le ciel armorié de son lit, à un sommeil que traversa plus d'une fois l'image de M. Jean.

IX

La belle dormeuse s'éveilla à midi passé, heure qui n'avait rien d'invraisemblable, et avant laquelle il était rare qu'elle sonnât jamais.

Pour tout le monde, excepté pour la fidèle Justine, elle avait bien réellement passé la nuit à l'hôtel, et qui que ce soit au monde ne pouvait soupçonner son équipée, à laquelle personne d'ailleurs n'avait le droit de trouver à redire, puisqu'elle était veuve et libre de ses actions ; mais il est si facile de faire ce que l'on veut en gardant les bienséances les plus étroites, qu'il n'y a que les maladroits qui s'ôtent volontairement ce vernis de bonne réputation toujours agréable et nécessaire.

La discrétion de Justine était assurée ; la marquise possédait un secret que, pour tout au monde, sa femme de chambre n'eût voulu voir divulguer ; en outre, une rente assez considérable promise à Justine, au bout d'un certain nombre d'années, si l'on était content d'elle, répondait de sa fidélité.

Mme de Champrosé ne risquait donc rien avec elle.

Les rideaux doubles et les volets rembourrés qui protégeaient ce temple du sommeil contre la lumière et le bruit furent ouverts, et Phœbus, admis au petit lever de la marquise, vint lui faire sa cour et papillonner dans la ruelle.

Justine leva sa maîtresse un peu fatiguée ou plutôt allanguie de ses prouesses du bal, car Terpsychore, qui donne de si fortes courbatures aux hommes, n'a pu parvenir encore à lasser véritablement une femme, tant ce sexe charmant et léger est fait pour la danse.

Un bain était préparé; Justine y plongea sa maîtresse, et si quelque indiscret se fût trouvé là, sans être couronné de bois de cerf et dévoré par les chiens, comme Actéon, il eût vu des appas bien plus parfaits que ceux de Diane, car il n'est point croyable qu'une déesse vraiment bien faite se fût gendarmée à ce point d'avoir été surprise nue ; il fallait qu'elle y perdît et ne se souciât point qu'on fît de ses charmes un détai qui ne leur eût point été favorable.

Ce n'était pas le cas de Mme de Champrosé, de qui l'on pouvait dire que la parure ne lui ajoutait rien, et même qu'elle lui ôtait.

Quand le corps de Mme de Champrosé se fut déroulé dans l'eau parfumée et tiède, une conversation s'établit entre la maîtresse et la suivante : on pense bien qu'il y fut question de M. Jean.

« N'as-tu pas remarqué, disait la marquise à Justine, combien ce jeune homme diffère des autres qui se trouvaient là, et ne trouves-tu pas qu'il a le meilleur air du monde?

— Je suis de l'avis de madame, répondit la complaisante Justine; ce garçon paye effectivement de mine.

— Il n'est point emprunté ni gauche dans ses manières.

— Oh! pour cela, non; il a les façons fort bonnes.

— Il s'exprime agréablement; ses mots, pour être simples, n'en sont pas moins choisis.

— Pour cela, je m'en rapporte à l'avis de madame, qui s'y connaît mieux que moi; et d'ailleurs ce jeune homme parlait trop bas et trop près de l'oreille de Mlle Jeannette pour que je l'entendisse.

— Penses-tu qu'il soit amoureux de moi?

— Je crois que madame n'a pas besoin de mes lumières là-dessus.

— Il m'a dit des galanteries; il m'a fait même une déclaration; mais ce n'est point assez : je veux savoir s'il sent à mon endroit une de ces passions fortes et soutenues, comme tu dis que les roturiers en éprouvent.

— Autant que je puis me fier à mes faibles connaissances, M. Jean me semble avoir dans le cœur le germe d'un amour véritable.

— Le germe seulement?

— Un peu de vertu et de résistance feraient de cela une de ces passions dont je parlais à madame, et qui n'existent point dans le grand monde.

— Justine, il me paraît que vous êtes un peu bien impertinente; il semblerait, à ton dire, que nous autres, duchesses et marquises, nous n'ayons pas la défense qu'il faut dans les choses d'amour.

— On n'est pas grande dame pour se gêner en tout, et les règles de morale, faites pour les petites gens, n'ont rien qui doive gêner les personnes de qualité; mais je voulais insinuer que c'était peut-être grâce à cela que les marquis, vicomtes et chevaliers ne sont amoureux que superficiellement.

— Ainsi donc, si je veux être aimé de M. Jean, tu me conseillerais la vertu?

— Je n'aurais pas osé dire cela formellement à madame, de peur de lui paraître ridicule; mais telle est mon idée.

— Quelle fille singulière tu fais, Justine! tu as vraiment des imaginations de l'autre monde; mais je m'y conformerai, ne fût-ce que pour voir.

— Madame veut-elle sortir du bain?

— Oui; roule-moi dans un peignoir, et porte-moi à mon lit; nous continuerons la conversation. »

Quand Mme de Champrosé se fut établie sur les oreillers que Justine faisait bouffer d'une main légère, l'entretien se poursuivit de la sorte entre la maîtresse et la femme de chambre :

« Justine, cela contrariera peut-être tes idées de vertu, mais j'ai donné rendez-vous à M. Jean, rendez-vous en plein vent, il est vrai, et qui ne peut tirer à conséquence; mais un rendez-vous, enfin.

— Madame, je ne vous blâmerai point de cela. Puisque vous désirez poursuivre cette aventure, il ne fallait pas en perdre tout d'abord la trace.

« Sans ce rendez-vous, comment aurions-nous retrouvé M. Jean, que nous ne connaissons pas, à moins de le demander à M. Bonnard, qui le connaît.

— Tu as l'esprit judicieux, Justine, mais ce projet, quoique bien conçu, ne laisse pas que d'être assez embarrassant à l'exécution.

— Que madame la marquise daigne se reposer sur moi des détails et des fatigues de l'exécution ; je m'en vais lui dérouler mon plan de campagne : d'abord, il me faudrait vingt-cinq louis.

— Prends-les. Il y a de l'or dans le tiroir du petit bureau en bois de rose, là-bas, près de la fenêtre.

— Je les ai.

— Continue, maintenant.

— Avec ces vingt-cinq louis, je vais louer une jolie chambre très virginale et très modeste, et je la garnirai de meubles tels que peut les avoir une ouvrière en dentelles qui a les doigts agiles et à qui l'ouvrage ne manque pas, car si vous voulez voir plus tard M. Jean avec un peu plus de commodité et de mystère que dans la rue, vous ne pourrez, à moins de détruire complètement son illusion, le recevoir à l'hôtel de

Champrosé, où votre suisse ne serait pas médiocrement étonné de s'entendre jeter un nom si uni.

— Tu raisonnes à merveille, cette chambre me paraît le plus nécessaire du monde.

— Je l'arrêterai dans la journée, puisque madame en tombe d'accord ; il faudrait ensuite un trousseau complet : fourreaux, déshabillés, casaquins, cornettes, car la garde-robe de Mme de Champrosé, toute bien fournie qu'elle soit, ne peut servir à Mlle Jeannette. Abondance de bien nuit quelquefois.

— Tu es sentencieuse comme un philosophe ; mais tu as raison : ce qui n'arrive pas toujours aux philosophes.

« Le trousseau est accordé ; mais que tout cela soit de bon goût. Je ne veux pas pousser le travestissement jusqu'à n'être pas jolie.

— Soyez tranquille, on vous aura des toiles fines qui ne vous blesseront point, des milleraies rose et blanc, ou blanc et bleu, des indiennes à petits bouquets et autres étoffes printanières fraîches et de peu de prix, que la saison autorise, et comme madame est blonde, et que ses cheveux sans poudre vont paraître davantage, il lui faudra de petits bonnets simples et coquets, où, vu l'état de Jeannette, nous pourrons mettre de la dentelle.

— Ce sera charmant, dit en frappant ses petites mains l'une contre l'autre, la marquise déjà tout enthousiasmée de ces toilettes, dont l'idée lui souriait comme à un gourmet celle d'un repas de pain bis, de crème et de fraises fait sur l'herbe, au printemps, devant quelque métairie.

— Madame serait du dernier mieux, même en torchon ; elle pare tout ce qu'elle porte, et d'ailleurs les choses n'ont pas toujours besoin de coûter beaucoup pour être jolies, et elle ne sera pas, je l'espère, trop rebutée de sa garde-robe de grisette.

— Ce qui va me coûter beaucoup, ce sera de ne pas être chaussée de soie.

— Il y a des bas de fil, ou de coton, si fins que madame ne s'apercevra pas de la différence.

« L'on pourrait même risquer le bas de soie sans pécher contre la vraisemblance, car quelques-unes d'entre les plus huppées des grisettes se permettent cette coquetterie.

— Tu me rassures; mais comment nous arrangerons-nous demain pour aller à ce rendez-vous? Je ne puis sortir d'ici à trois heures en grisette.

— Assurément, non; mais madame n'a qu'à se faire conduire par son carrosse à quelque église ou à quelque magasin ayant une double issue où un fiacre nous attendra; nous y monterons, et nous irons à la chambre de Jeannette, où j'habillerai madame de façon à lui faire croire qu'elle n'a jamais fait toute sa vie que de la dentelle. »

X

Les choses ainsi convenues, Justine leva la marquise de Champrosé, et, après l'avoir remise aux mains des autres femmes pour finir de l'accommoder, la quitta après lui avoir demandé le congé de sortir.

L'abbé fut introduit et admis comme de coutume à faire sa cour; malgré les souffrances que devait lui causer l'amour qui le brûlait, il avait le teint rose et paraissait très frais pour un homme rôti, calciné, tombé en cendres; le chevalier ne tarda pas à paraître, suivi du commandeur, qui précédait le financier, de sorte que la ménagerie familière de Mme de Champrosé se trouva au grand complet.

Ils furent tous enchantés de voir la marquise dans de meilleures dispositions, qu'ils attribuèrent d'un commun accord à l'influence salutaire de la promenade au Cours-la-Reine.

Mais pas un parmi ces hommes perspicaces ne devina que la fraîcheur de Mme de Champrosé venait de ce qu'elle avait passé la nuit au bal, et le feu de ses prunelles de ce qu'elle n'aimait aucun d'eux.

Justine ne perdit pas de temps, et, en effet, il n'y en avait pas à perdre, puisque tout devait être prêt pour le lendemain.

Elle loua près d'une église une chambre et un cabinet fort convenables, au prix de cent cinquante livres par an, dont elle paya sur-le-champ un quartier; puis, elle alla chez un marchand de meubles d'occasion où elle acheta ce qu'il fallait pour garnir les appartements de Mlle Jeannette, ayant soin de ne rien choisir que de très propre, mais qui n'eût point l'air trop neuf; et, avec l'aide de deux garçons tapissiers assez adroits, elle eut bientôt mis le nid en état de recevoir l'oiseau.

Elle se procura aussi, chez une lingère de ses amies, du linge tout fait et assez bon, et quatre couturières largement payées eurent bientôt coupé, bâti et cousu les étoffes qu'elle leur avait livrées, sur un patron à la taille de Mme de Champrosé.

Le lendemain, tout se passa comme il avait été réglé.

Sortie de chez elle, dans sa voiture et avec les habits de sa condition, Mme de Champrosé se fit conduire à l'église Saint-It..., entra par une porte, se déroba par une autre, et trouva dans le fiacre qui l'attendait une mante que Justine y avait mise pour qu'elle la pût jeter sur son costume de grande dame, et monter à la chambretto sans qu'on la remarquât.

L'escalier était un peu roide et fait en échelle de

moulin; une grosse rampe de bois le bordait d'un côté, et, de l'autre, une corde aidait à l'ascension.

Il y avait loin de là à l'escalier de l'hôtel de Mme de Champrosé, si commodément ménagé par le sieur Ledoux, architecte de la favorite, orné de bas-reliefs représentant des bacchanales d'enfants, par Lecomte, et côtoyé d'une rampe ouvrée et fleuronnée par le célèbre serrurier Amour; mais ce contraste plut à la marquise, qui posait en chancelant, sur des marches raboteuses, un pied habitué à fouler les degrés de marbre et des tapis moelleux.

En entrant dans la chambre, Mme de Champrosé fut on ne peut plus satisfaite du zèle du Justine, car ce petit asile, tout en ne dépassant en rien la médiocrité, avait tout ce qu'il fallait pour nicher convenablement l'innocence ou l'amour.

Si Mme de Champrosé eût été philosophe (mais elle ne l'était pas), elle eût pu faire mille réflexions fastidieuses sur la folie des mortels qui se tourmentent de mille manières pour acquérir un luxe qui n'est point nécessaire au bonheur.

En effet, cet intérieur que le peintre Chardin, si vanté à bon droit par M. Diderot, eût aimé à reproduire, formait avec sa boiserie grise, son carreau recouvert d'un tapis usé, sa cheminée de faux marbre surmontée d'un camaïeu, sa fenêtre aux vitres étroites et dont quelques-unes avaient un bouillon au milieu, son pot de faïence de Vincennes où trempe une fleur, sa lumière sobre, tranquille, discrète, concentrée sur la table à ouvrage, un fond tout aussi favorable à la beauté de la marquise que son opulent boudoir encombré de cabinets de laque, de magots de la Chine, de biscuits de Sèvres, d'impostes de Boucher, de gouaches de Baudoin et de mille superfluités coûteuses.

Le mobilier était des plus simples, mais Justine n'avait rien oublié.

Une couchette de bois ordinaire, peinte en gris et rechampie de blanc, se cachait à demi sous de pudiques rideaux de perse ; quelques chaises à pieds de biche, une bergère en velours d'Utrecht vert un peu passé, un peu miroité, mais sans tache ni déchirure, où l'on eût pu jurer que la grand'mère s'était assise pendant dix ans ; une commode en marqueterie à dessus de marbre, à tiroirs garnis de poignées de cuivre rocaille, une petite table bien luisante, bien cirée à faire honneur à la propreté d'une ménagère flamande, et sur laquelle étaient placés les planchettes, les écheveaux de fil, les pelotes d'épingles et les bobines qui servent à faire la dentelle, un trumeau garni de sa glace, car il faut bien à la fillette la plus modeste et la plus pauvre un bout de miroir pour se regarder, composaient un ameublement qui fit voir plus tard à Mme de Champrosé qu'il ne fallait pas de grandes dépenses pour loger le bonheur.

La fenêtre, car cette chambre avait été celle d'une véritable grisette, était entourée d'un cadre de pois de senteur, de liserons et de capucines, les uns en fleur, les autres en train de faire, en attendant mieux, grimper leurs feuilles découpées en cœur, et d'entortiller leurs vrilles après les ficelles tendues par une main prévoyante.

Cette fenêtre donnait sur les jardins d'un vaste hôtel du voisinage, et, par cet accident heureux, la fenêtre de Jeannette échappait à ces horizons de Paris composés d'angles de toits, de tuyaux de cheminées, de grands murs maussades délavés par la pluie, et qui ne sont pas faits à souhait pour le plaisir des yeux.

Les cimes des marronniers, panachés de fleurs, ondoyaient, et le zéphyr en apportait l'amer parfum sur le bout de son aile.

L'examen du logis achevé, l'on procéda à la toilette qui fut faite en un tour de main : il ne s'agissait que de changer de robe et de coiffure, d'aller du composé au simple.

Grâce à l'habileté consommée de Justine, la métamorphose fut complète.

Il n'est peut-être pas si aisé que l'on croit de changer une marquise en grisette; le contraire serait peut-être plus facile.

Aussi Justine a-t-elle avoué plus tard que cette toilette avait été son coup de génie, son œuvre suprême, et elle a dit que pas une des grandes toilettes de madame ne lui avait coûté de si vifs efforts de conception, et ne lui avait semblé plus impossible à exécuter.

Mme de Champrosé jeta un coup d'œil dans la glace, qu'elle n'avait pas regardée jusque-là, cédant à la prière de Justine qui lui avait demandé de ne point se mirer en détail, mais d'une seule fois pour jouir de la surprise du changement à vue.

La marquise fut à la fois étonnée et ravie; elle se trouvait une beauté inconnue; quoique plus charmante que jamais, elle se reconnaissait à peine : tout en elle était changé, jusqu'à la couleur des cheveux et du teint; par l'absence de rouge et de poudre, l'air, l'expression n'étaient plus les mêmes; au lieu de cette grâce piquante, de ce grand air, insolence de la beauté, elle avait une physionomie douce, modeste, virginale presque enfantine, car cette simplicité fraîche la rajeunissait de deux ou trois ans; elle était une fois plus belle qu'au bal de la veille, où, vêtue des habits de Justine, elle avait nécessairement pris quelque chose de moins pur et de moins distingué, car les habits se moulent sur le caractère, et l'âme de ceux qui les portent leur font prendre certains plis, et Justine avait une âme de femme de chambre.

« Madame voit qu'elle peut perdre sa fortune sans risque pour sa beauté, et que ses charmes ne sont ni chez la marchande de modes, ni chez le bijoutier, dit

Justine avec un légitime sentiment d'orgueil; tout ce que madame porte ne vaut pas trente livres.

— Mais aussi, c'est Justine qui m'a habillée, répondit Mme de Champrosé, rendant le compliment à sa camériste.

« Mais il est plus de trois heures. Donne-moi ce petit carton, et conduis-moi jusqu'à l'angle de la rue Saint-Martin, où tu m'abandonneras à mon sort. »

XI

Le travestissement achevé, Mme de Champrosé descendit l'escalier, suivie de sa fidèle camériste, qui la soutenait par le coude avec une sollicitude obséquieuse.

Cela sembla singulier à la marquise, de marcher elle-même dans la rue; c'était la première fois qu'elle se trouvait en contact avec le pavé de Paris, si boueux, si inégal, si glissant, et pourtant si plein de charmes pour l'observateur et le moraliste, qui savent y glaner mille anecdotes bizarres ou philosophiques.

Elle voyait le peuple de plain-pied, elle qui, jusqu'alors, ne l'avait aperçu que du haut de son carrosse, et s'étonnait parmi beaucoup de figures tristes et hâves, sur lesquelles la misère ou le malheur avait laissé leur empreinte, d'en rencontrer plusieurs qui ne différaient pas beaucoup des visages ayant leurs grandes et petites entrées à Versailles.

Contrairement aux habitudes des grisettes qui trottent menu et se faufilent à travers les embarras, la marquise marchait avec une gaucherie adorable; elle hésitait à chaque pas et semblait essayer chaque pavé, comme une danseuse novice qui tâte la corde de sa semelle frottée de blanc d'Espagne.

Les voitures l'effrayaient et lui arrachaient de petits cris.

Le cœur lui battait fort comme celui de toute jolie femme qui va en aventure, et, sans donner dans les rigueurs des Vestales, la marquise n'avait pas tellement l'habitude de ces équipées qu'elle n'en éprouvât quelque émotion.

Il est vrai que les médisants eussent pu dire que Mme de Champrosé n'avait pas vingt ans, et que sans doute elle se formerait, comme la duchesse de B., la baronne de C. et la présidente de T.

Tout en marchant, elle se représentait la hardiesse de sa démarche, qui lui avait paru toute simple en projet, tant il y a loin du projet à l'exécution.

Le rêve est toujours charmant, mais la réalité a ses exigences grossières, faites pour blesser les âmes délicates, que la même situation pensée n'effrayerait pas.

Les passants la regardaient sous le nez avec un air de curiosité et un sans façon qui l'eussent indignée, si Justine ne lui avait rappelé à propos que ces œillades, impertinentes pour Mme de Champrosé, ne devaient pas offenser Mlle Jeannette allant porter de l'ouvrage en ville.

Au bout de quelques rues, la fausse Jeannette, mieux entrée dans l'esprit de son rôle, sautillait sur les pavés sans moucheter de boue ses jolis bas de soie gris de perle, et soutenait assez bien les madrigaux un peu vifs des amateurs qui croisaient son chemin.

Justine, hardie et délurée comme une soubrette de comédie, formait l'aile et l'arrière-garde, et empêchait les brusques entreprises des jeunes libertins et de ces vieillards luxurieux qui n'ont pas changé de caractère depuis le bain de Suzanne.

On arriva de la sorte rue Saint-Martin, lieu du rendez-vous.

Là, Justine dut quitter Mme de Champrosé, car il n'est pas d'usage que les grisettes aient des dames de compagnie ou des suivantes lorsqu'elles trottent par la ville.

Cependant elle ne s'éloigna pas tout à fait et se tint à l'écart, en observation, pour accourir en cas où son assistance serait nécessaire.

Mme de Champrosé, quand Justine l'eut quittée, bien qu'elle fût au milieu d'une rue populeuse, se trouva aussi seule qu'au milieu d'un désert d'Afrique ou d'Amérique, et, prenant son courage à deux mains, se mit à raser les maisons comme une hirondelle furtive.

Sa solitude ne fut pas de longue durée. M. Jean, bien que l'heure indiquée par le rendez-vous n'eût pas encore sonné à l'horloge de la paroisse, faisait depuis longtemps pied de grue, car si l'exactitude est la politesse des rois, la politesse des amoureux consiste à devancer le temps; si l'on n'arrive pas trop tôt, l'on arrive trop tard.

M. Jean, qui avait aperçu de loin Mlle Jeannette, tout en semblant examiner avec beaucoup d'attention, pour se donner une contenance, un barbouilleur qui ornait d'une couche de peinture l'enseigne du *Chat qui pêche*, s'avança d'un pas vif, mais mesuré, vers la belle ouvrière en dentelles qu'il salua très respectueusement lorsqu'il se trouva nez à nez avec elle.

Jeannette joua l'étonnement lorsque M. Jean lui parla, comme si cette rencontre eût été l'effet du hasard, et la plus aimable rougeur vint colorer ses joues; car, bien qu'elle fût du monde, Mme de Champrosé avait cette particularité de rougir à la moindre émotion.

Lorsque Justine vit M. Jean cheminer auprès de Mlle Jeannette, et le couple remonter vers le boulevard d'un air de parfaite intelligence, elle crut que sa surveillance devenait inutile et se retira discrètement pour laisser le champ libre à sa maîtresse.

Rien n'était plus charmant que ce groupe : on eût dit l'Amour déguisé en commis cherchant à faire la conquête de Psyché travestie en grisette.

En les voyant passer, les hommes disaient : Qu'elle est jolie! Les femmes : Qu'il est bien fait! c'est Cupidon, c'est Vénus!

Et chacun se souhaitait une telle maîtresse, chacune un tel amant.

La rue Saint-Martin, qui voit voltiger le long de ses boutiques tant de gentilles ouvrières et d'agréables coureurs d'aventures, semblait émerveillée de tant de grâces.

En effet, il était difficile de rêver quelque chose de plus charmant que Jeannette; la venue de M. Jean, bien qu'elle l'attendît, avait fait épanouir spontanément sur ses joues deux bouquets de roses que Flore eût enviés pour sa corbeille; un feu modeste animait ses prunelles bleues voilées sous de longs cils blonds, comme sous un éventail d'or, et son sein, agité par les battements de son cœur, soulevait le linon de son corsage.

Quant à M. Jean, il avait, sous ses habits simples et propres, un air de distinction à faire douter de la vertu de sa mère, car il était difficile de supposer qu'un pareil Adonis fût sorti d'une souche provinciale, et il fallait que quelqu'un du bel air, en passant par là, eût conté fleurette à Mme Jean.

C'était le raisonnement que se faisait Mme de Champrosé, persuadée de la roture de M. Jean.

Quant au lecteur, il ne s'étonnera pas de la bonne mine du jeune homme, en se rappelant l'ennui du vicomte de Candale au souper de la Guimard, sa froideur avec Rosette dans le vis-à-vis, et le caprice qui lui avait pris d'aller au Moulin-Rouge terminer sa nuit par des plaisirs de moins bon ton, mais plus vifs.

« J'avais peur que vous ne vinssiez pas, dit Jean, entrant en matière sans trop d'embarras. »

Un regard de Jeannette contenant un doux reproche et qu'il était impossible de traduire autrement que : « Vous saviez bien que je viendrais, » fut sa seule réponse.

« Le cœur me bat bien fort, car il y a plus d'une heure que je fais semblant de regarder les enseignes des boutiques.

— Je n'étais cependant pas en retard, répliqua Jeannette en levant son doigt effilé vers le cadran de l'église devant laquelle le couple passait en ce moment.

— L'amour avance toujours, et pour lui les horloges les mieux réglées retardent quand elles ont à sonner les rendez-vous.

— Monsieur Jean, vous êtes d'une galanterie...

— Galant, non ; amoureux, oui. Les beaux messieurs du grand monde sont galants, ils savent dire mille impertinences aimables ! mais nous autres petites gens nous sommes passionnés et sincères ; ce n'est pas notre esprit, c'est notre cœur qui parle. »

A ces paroles débitées avec feu, Mme de Champrosé pensa que Justine avait eu raison de prétendre qu'en amour il fallait déroger pour trouver un cœur neuf au sentiment et capable d'aimer de la bonne façon.

— Eh bien ! oui, j'admets que vous êtes amoureux, mais il ne faut pas gesticuler de manière à nous faire regarder des passants.

— Pardon, mademoiselle, permettez-moi de vous offrir le bras : à marcher près de vous, j'ai l'air d'un inconnu qui cherche à vous aborder, et qui peut-être vous importune.

« Si vous l'acceptez, vous êtes sous ma sauvegarde,

et si votre beauté attire encore les regards, du moins ma présence les forcera d'être respectueux. »

La marquise de Champrosé, qui sentait que ce raisonnement était juste, et qui s'y serait rendue quand même il n'eût pas été juste, appuya le bout de sa main délicate et gantée d'une petite mitaine de filet sur la manche bien brossée de M. Jean; ainsi appuyée, elle marcha d'un pied plus sûr sur le pavé glissant, et parvint bientôt au boulevard.

« Mais je voudrais bien retourner chez moi, répondit du ton le plus naïf et le plus modeste du monde Jeannette, qui n'était pas fâchée de prolonger ainsi le rendez-vous et donner d'une façon naturelle son adresse à M. Jean.

— Chez vous? rien de mieux; mais où est-ce chez vous? »

Jeannette nomma la rue.

Seulement, comme elle ne connaissait nullement les rues de Paris, n'étant jamais sortie qu'en voiture, il lui fut impossible d'en trouver le chemin.

Il eût paru invraisemblable à quelqu'un de moins amoureux et de moins préoccupé que M. Jean, qu'une ouvrière en dentelles ne sût pas le chemin de sa maison; la jeune femme donna pour excuse qu'elle sortait fort peu et habituellement en compagnie d'une amie qui savait mieux s'orienter qu'elle à travers la grande ville, et que, ce jour-là, elle ne l'avait pas amenée pour une cause que M. Jean apprécierait sans doute.

Ce n'était pas à notre jeune homme de trouver cette excuse mauvaise; il s'en contenta.

Quant à lui, sa position de provincial nouveau débarqué le dispensait de rien connaître aux rues de Paris; il n'y avait d'autre moyen que de demander sa route de carrefour en carrefour, ce qui serait fort ennuyeux, ou bien de prendre une voiture de place, et

il faut avouer que tout modeste et réservé que fût
M. Jean, la perspective d'un tête-à-tête un peu moins
en plein vent, dans ce boudoir roulant qu'on appelle
un fiacre, lui souriait très fort.

Il proposa ce dernier moyen à Jeannette qui l'accepta, non sans rougir un peu, mais elle commençait
à être un peu lasse, car de sa vie elle n'avait autant
marché.

XII

Trouver un fiacre, ce ne fut pas long ; il en flânait
un par là, la caisse peinte en bleu perruquier et
doublée en vieux velours d'Utrecht jaune. En amour,
souvent un fiacre vaut un bosquet de Cythère.

Nos deux amants y montèrent, et dans le trajet
qui malheureusement n'était pas long, Jean, avec une
hardiesse respectueuse, s'était emparé de la main
de Mlle Jeannette, qui ne l'avait pas trop disputée, et
en couvrait les ongles roses de baisers.

La voiture s'arrêta, et un : déjà ! naïf s'échappa des
lèvres de Mme de Champrosé. Exclamation qui dut
charmer beaucoup M. Jean, car elle pouvait passer
pour un aveu, ou tout au moins pour la préface d'un
aveu.

M. Jean, qui avait donné la main à Mlle Jeannette
pour descendre du fiacre, n'avait pas lâché les jolis
petits doigts qu'il tenait pressés délicatement entre les
siens.

La stricte bienséance eût peut-être voulu qu'il saluât
et se retirât ; mais M. Jean, quoique de province et le
plus respectueux du monde dans ses façons, n'était

pas homme à lâcher le toupet de l'occasion lorsqu'il le tenait.

Il suivit Jeannette pour l'aider à monter l'escalier, bien qu'elle prétendît le pouvoir faire aisément toute seule, les grisettes n'ayant point d'écuyer pour leur tendre le poing.

Avec une insistance douce quoique opiniâtre, M. Jean, en dépit de la révérence que lui fit Jeannette, arrivée à sa porte, pénétra dans la chambre d'un air si candide, si décent, si réservé, que Mme de Champrosé ne le put trouver mauvais.

« Ah! que dira Justine, pensa la marquise ; dès la seconde entrevue, l'ennemi est déjà dans la place et mon cœur bat la chamade. »

Un peu fatiguée de sa course et plus émue qu'elle n'osait se l'avouer, Mme de Champrosé se laissa tomber dans l'antique bergère, s'éventant de son mouchoir, quoi qu'il ne fît pas très chaud.

Prenant un petit tabouret, M. Jean vint s'établir aux pieds de Jeannette, ce qui n'était pas si gauche, se dit la marquise, pour quelqu'un d'Auxerre ; car cette position si respectueuse en apparence, et qui se peut prendre vis-à-vis des reines, a cet avantage de ne se prêter pas moins aux audaces qu'aux adorations.

C'est d'un grand stratégiste dans la guerre de l'amour que de s'y mettre tout d'abord, et les Polybes de la chose l'ont toujours conseillé. C'est donc un coup de maître que de débuter ainsi.

« Vous êtes bien logée, mademoiselle Jeannette, dit M. Jean, en promenant son regard autour de lui.

— Oui, fit négligemment Jeannette, il y a assez de place pour travailler et pour chanter.

— Et pour aimer !

— Oh! pour cela, je n'en sais rien ; ma tante Ursule avait des principes. Avec sa mine rébarbative, elle recevait les galants de Turc à Maure. »

« Malheureusement, elle est morte l'année passée ! Pauvre tante ! » Et ici Jeannette éleva vers le plafond, qui représente le ciel dans les scènes d'intérieur, un œil aussi sec que possible.

« Que Dieu veuille avoir son âme, s'exclama d'un air de componction suffisante Jean, qui n'était nullement fâché du trépas de cette tante revêche, dragon qui gardait les pommes d'Hespérides, — et vous vivez seule, ici ?

— Je ne vois que ma cousine Justine; vous savez, celle qui m'a conduite au bal; une bien bonne fille. Je ne sors dans la semaine que pour reporter mon ouvrage, et le dimanche pour aller à la messe et à vêpres.

— Où diable la vertu va-t-elle se nicher? pensa M. Jean, appliquant à la grisette le mot de Molière au mendiant.

— Ma mère et mon père sont morts lorsque j'étais toute jeune; c'est ma tante qui m'a élevée, et maintenant que je n'ai plus que Justine, vous êtes la première personne étrangère qui ait mis le pied dans ce réduit. Ma cousine me grondera bien de vous avoir laissé entrer.

— Et moi, je vous en remercie comme d'une précieuse faveur. On ne peut voir voler la fauvette sans désirer connaître son nid. Ce me sera une satisfaction bien douce, en pensant à vous, de pouvoir mettre derrière votre image le fond sur lequel elle se détache habituellement.

« Le jour, je vous verrai assise dans ce grand fauteuil, près de cette fenêtre, où un rayon de soleil viendra se dorer à vos cheveux, occupant au travail des doigts faits pour le sceptre; la nuit, je me représenterai votre tête virginale faisant des songes enfantins sur le chaste oreiller de ce petit lit bleu et blanc, et je saurai le matin quelles sont les fleurs que vous respirez lorsque, pour faire honte à l'aurore, vous allez en vous levant ouvrir votre croisée.

— Oh! monsieur Jean, vous parlez comme écrivent ceux qui font des chansons. Seriez-vous un auteur et méditeriez-vous une pièce pour la comédie? dit Jeannette d'un air un peu alarmé.

— Rassurez-vous, mademoiselle Jeannette, je ne suis pas assez dénué de poésie pour faire des vers.

— Oh! tant mieux, si j'aimais quelqu'un, je voudrais qu'il n'eût d'esprit que pour moi.

— Ainsi donc, vous vivez contente.

— Oui, mon travail de dentelles, qui n'a rien de répugnant ni de pénible, et que je ferais même par amusement, me donne suffisamment de quoi vivre; il est vrai que je vis de peu.

— Et vous ne sentez pas qu'il vous manque quelque chose?

— Nullement. N'ai-je pas du bon lait pour mon déjeuner et une voisine officieuse qui prépare mon humble repas, car dans notre état il faut se conserver les doigts nets?

« Mon mobilier n'est-il pas gentil, surtout depuis que ma tante Ursule m'a légué son fauteuil à oreilles et sa belle commode à poignées de cuivre? Allez, il y a peu de grisettes qui soient aussi fières et aussi braves que moi: j'ai un déshabillé pour chaque saison, vert pour le printemps, rose pour l'été, lilas pour l'automne, feuille-morte pour l'hiver, sans compter les fourreaux pour tous les jours.

« Quant aux bonnets, ce n'est pas cela qui m'embarrasse, je me fais de quoi les garnir et je me traite en bonne pratique. »

En faisant cette énumération de ses richesses, Jeannette s'était levée et déployait ses robes avec un mouvement de coquetterie enfantine suprêmement bien joué ou peut-être naturel.

Ces ajustements, quoique simples, étaient de bon goût, venaient des meilleures faiseuses et pouvaient flatter la marquise, car ils la rendaient jolie aux yeux de M. Jean.

« Vous n'avez pas besoin de tout cela pour être belle, dit galamment le jeune phénix d'Auxerre après avoir admiré les richesses de Jeannette.

— Oh! pas besoin! cela est bon à dire; mais vous ne ferez jamais croire à une jeune fille qu'un joli bonnet gâte une jolie figure, et qu'une robe neuve n'ajoute rien à une taille fine. »

M. Jean, se souvenant un peu trop du vicomte de Candale, avait sur le bout de la langue une réponse décolletée et mythologique qui eût été de mise chez la Guimard ou dans les coulisses de l'Opéra, mais qui ne convenait nullement dans la chaste mansarde d'une grisette honnête.

Aussi se borna-t-il à convenir que la parure *embellissait la beauté*, axiome que les femmes ont toujours trouvé raisonnable, et qui a été mis en lumière, un siècle plus tard, par un célèbre faiseur d'opéras-comiques.

Cette concession faite, il revint à son idée première et continua :

« Un fauteuil à oreilles, une commode à poignées de cuivre ne remplissent pas tout un cœur, surtout un cœur de dix-sept ans. Justine est une compagne agréable, mais être deux femmes ensemble, c'est être seule. N'avez-vous pas désiré d'avoir un ami?

— Oh! si, mais ma tante Ursule m'a dit que tous les hommes étaient des enjôleurs et qu'il n'y avait pas d'amitié entre une jeune fille et un jeune homme.

— D'amitié, non; mais de l'amour.

— L'amour est un péché.

— Le plus charmant péché du monde et celui qui se pardonne le plus facilement dans le ciel, dit M. Jean en attirant à lui Mlle Jeannette, qui le repoussa d'un « laissez-moi » si faiblement accentué, qu'il n'en fit rien et posa un baiser sur le front rose de la jeune fille, qui se trouvait à la hauteur de ses lèvres. »

Un bruit de pas dans l'escalier se fit entendre fort à propos pour la vertu de Jeannette.

M. Jean, pensant que cette occasion se retrouverait, laissa s'envoler la colombe qu'il tenait déjà par l'aile, et prit congé de l'air le plus civil du monde, après avoir pris toutefois rendez-vous pour le dimanche suivant.

Mme de Champrosé prit par contenance un livre dépareillé sur une étagère, Huon de Bordeaux, ou les Quatre Fils Aymon, nous ne savons plus lequel, se jeta sur le fauteuil, allongea ses pieds sur le tabouret, et attendit Justine qui ne vint pas encore, car le bruit de pas n'avait été qu'une fausse alerte.

XIII

Justine, ayant vu sa maîtresse sous la sauvegarde de M. Jean, avait profité de l'occasion pour aller rendre visite à ce courtaud de boutique, frais et bête, qui lui semblait le type du véritable amour, et dont la solide galanterie lui plaisait plus que les grâces un peu mièvres du chevalier.

S'il ne parlait pas en mots choisis, le courtaud avait auprès des femmes l'éloquence qui persuade, et Mlle Justine le trouvait un Cicéron dans le tête-à-tête.

Aussi eurent-ils ensemble une conversation assez longue, et lorsque la femme de chambre vint retrouver Mme de Champrosé dans la chambre de Jeannette, le jour était-il entre chien et loup.

Sa maîtresse tenait en main un livre plutôt par contenance que pour s'occuper l'esprit, qu'elle avait suffisamment en éveil comme cela, car, pour une femme, les romans qu'elle fait sont plus amusants que ceux qu'elle lit, fussent-ils du citoyen de Genève, de M. Arouet de Voltaire ou de M. de Crébillon le fils.

La prévoyante Justine, qui avait arrangé en route une petite excuse pour rendre son absence un peu prolongée décente et plausible, n'en eut aucun besoin.

Mme de Champrosé ne s'était pas aperçue que Justine eût tardé si longtemps; elle ne vit même pas l'œil brillant, la joue allumée de sa camériste, et sa coiffure un peu irrégulière, quoique rajustée, qui eût pu lui donner le soupçon que Justine n'avait point passé tout son temps à faire sentinelle; et d'ailleurs la marquise, bonne et indulgente, ne s'en fût pas autrement formalisée, surtout en ce moment où elle avait besoin d'elle.

« Ah! vous voilà, Justine, dit la marquise, en sortant de sa rêverie et avec un petit cri qui indiquait plutôt la surprise que l'attente.

— Je suis aux ordres de madame, répondit la soubrette en s'inclinant d'un air respectueux et contrit.

— Justine, défaites-moi, dit la marquise en s'abandonnant aux mains de sa femme de chambre.

— Ce sera bientôt fait, et j'ai là tout ce qu'il faut pour rajuster madame. »

L'habile Justine, en quelques tours de peigne, eut bientôt fait disparaître l'ouvrière en dentelles et remis Mme de Champrosé à la place de Jeannette.

Le déshabillé à mille raies, le fichu de linon, les bas de soie gris et les petits souliers à boucles disparurent comme par enchantement, pour laisser paraître les vêtements d'une personne de qualité qui ne veut pas tirer l'œil.

Ainsi accoutrée, Mme de Champrosé regagna, suivie

de Justine, la voiture qui l'attendait, et se fit mener à son hôtel, où son absence, parfaitement motivée, n'avait pas été remarquée.

Pendant le trajet, Justine avait respecté le silence de sa maîtresse qui, le cœur agité d'émotions inconnues, se livrait délicieusement à ces douceurs nouvelles ; un frais étonnement la rendait distraite à la fois et joyeuse ; quoiqu'elle ne dît rien, sa charmante figure pétillait de pensées.

Le financier et l'abbé, qui ce soir-là soupèrent avec elle, la trouvèrent la plus jolie du monde sans savoir pourquoi, et d'une beauté qu'on ne lui avait pas vue encore ; car cela soit dit sans vouloir faire de comparaison irrespectueuse, il en est d'une femme comme d'un cheval de race : il faut les voir tous deux animés.

Et certes, Mme de Champrosé avait une âme ce soir-là : elle sourit fort agréablement au financier, et traita l'abbé beaucoup mieux que de coutume.

Elle riait de leurs plaisanteries, qui lui fournissaient un prétexte d'épancher sa gaieté intérieure, comme s'ils eussent dit les choses les plus piquantes et les plus spirituelles ; et cependant M. le financier Bafogne avait de l'esprit comme un coffre et de la grâce comme un sac ; et l'abbé, bien qu'il sût du latin et qu'il fût au courant du jargon des ruelles, ne promettait nullement, s'il persistait à être d'église, d'égaler l'aigle de Meaux ou le cygne de Cambrai.

Mais, comme le disent certains philosophes qui ont du bon, malgré leur obscurité, rien n'existe qu'en nous-même ; c'est notre gaieté ou notre tristesse qui rend les horizons riants ou tristes : une personne ayant l'âme en joie trouve à se divertir là où d'autres moins heureusement disposées ne voient rien qui les puisse intéresser.

Mme de Champrosé, dans l'état d'esprit où elle était, se fût amusée fort avec des gens de moins d'agrément que l'abbé et le traitant.

Cependant à la fin ils la fatiguèrent, car le vacarme de leurs éclats de rire, devenus bruyants et incommodes, la distrayait d'une pensée trop agréable pour la vouloir perdre dans les banalités d'une conversation superficielle.

Pour indiquer à ses hôtes, disposés à prolonger la séance, que l'heure de la retraite était sonnée, elle fit quelques-unes de ces petites mines que les gens qui sont du monde comprennent à demi-mot, quoique souvent l'idée de laisser un rival seul avec la dame de leurs pensées leur fasse faire la sourde oreille.

La marquise contracta sa bouche de rose en un joli bâillement nerveux, comprimé poliment par la paume de la main, mais assez significatif pour qui voulait l'entendre.

Comme le financier, qui s'était levé et avait pris son chapeau au second bâillement, vit que l'abbé ne bougeait pas, il se rassit avec une opiniâtreté jalouse.

Voyant Bafogne prendre position dans sa bergère, comme un homme qui s'arrange pour le reste de la nuit, et l'abbé posé vis-à-vis de lui en chien de faïence, Mme de Champrosé sentit qu'il fallait frapper un grand coup, et demanda l'heure qu'il était d'un ton de fatigue et d'ennui assez marqué.

L'abbé, qui était plus usagé que le traitant, comprit qu'il serait de mauvais goût de rester plus longtemps, et, par une manœuvre savante, saisissant le bras de Bafogne, il lui dit d'un ton leste et dégagé :

« Venez-vous, mon cher ? Vous voyez bien que cette chère marquise a besoin de repos. »

Bafogne, quoique énormément contrarié, ne put s'empêcher de faire demi-volte et de suivre la courbure de l'échine de l'abbé dans le salut profond que celui-ci fit à la marquise.

Ces deux messieurs partis, Mme de Champrosé, sur qui Morphée semblait tout à l'heure distiller ses pavots les plus forts, faits d'expositions, de tragédies et de discours académiques, se trouva soudain plus éveillée qu'une chatte guettant un oiseau.

Elle se leva de la duchesse où elle était nonchalamment étendue avec les grâces mourantes d'une femme accablée, et fit deux ou trois tours par la chambre; puis, se dirigeant vers la cheminée, elle tira le cordon de moire de la sonnette.

Au tintement argentin de la sonnette, Justine parut aussitôt, car elle sentait l'heure des conversations confidentielles arriver, et elle se tenait prête dans l'antichambre à se présenter au premier appel.

Justine était trop femme de chambre de grande maison pour ignorer combien il est avantageux pour une soubrette d'avoir voix consultative dans les choses de cœur de sa maîtresse.

Quand elle eut défait Mme de Champrosé, qui passa un grand manteau de lit de mousseline des Indes garni d'une dentelle de Malines large de trois travers de doigt, et mit sur le coin de l'oreille un petit bonnet le plus coquet du monde, dont les ailes en papillon faisaient le plus charmant effet, Justine fit mine de se retirer en adressant à sa maîtresse la question sacramentelle :

« Madame a-t-elle encore besoin de quelque chose ?

— Reste, Justine, je ne sens nulle envie de dormir, dit la marquise en se soulevant sur son joli coude rose enfoui dans un oreiller de batiste.

— Madame a quelque chose à me dire ?

— Voyez la maligne bête, avec son air étonné. Certainement, j'ai quelque chose à te dire.

— J'écoute, répliqua la soubrette en croisant l'un sur l'autre ses bras nus ornés de mitaines.

— Il faut que je commence moi-même, car tu affectes

d'avoir bouche cousue : comment trouves-tu M. Jean?

— Au mieux.

— Il a les dents belles.

— Fort belles.

— La taille fine.

— Très fine.

— Ah ça! Justine, allons-nous faire une conversation en écho ?

— Je ne puis qu'être de l'avis de madame. M. Jean me paraît un jeune homme accompli; il a bonne grâce, se met proprement et danse à ravir.

« Quant à son esprit, je ne puis rien dire, car il n'a parlé qu'à Mlle Jeannette ; mais l'esprit n'est pas nécessaire en amour.

— Il en a, je t'assure, et du plus fin.

— Tant pis.

— Pourquoi tant pis? l'esprit ne gâte rien.

— Je croyais que madame voulait un amour dans le genre naïf.

— Oui; mais est-il indispensable d'être un sot pour aimer?

— On dit : aimer comme une bête; et les proverbes sont la sagesse des nations.

— Que diable, Justine, t'ont fait ces pauvres gens d'esprit pour que tu les maltraites à tout bout de champ?

— Madame, ils ne m'ont rien fait du tout.

— Et c'est pour cela que tu préfères les bêtes?

— N'est-ce pas une raison?

— Rassure-toi, M. Jean n'a pas cet esprit que tu crains.

— Je ne cacherai pas à madame que je l'avais soupçonné d'abord d'être poëte, à un certain air mélancolique qu'il a.

— Fi donc! ses ongles sont trop nets, ses cheveux trop bien en ordre, ses bas trop bien tirés pour cela, et d'ailleurs, je n'ai rien remarqué d'amphigourique dans ses manières de s'exprimer.

— Dès que madame est sûre que ce n'est pas un grimaud de lettres, je le trouve charmant de tout point.

— Penses-tu qu'il m'aime à la façon dont je veux?

— Je le crois, au juger, fort éperdument épris de madame, de M{!!e} Jeannette, veux-je dire.....

— Oh! certes, il n'aurait pas la hardiesse de lever l'œil jusqu'à la marquise de Champrosé.

— Peut-être, je lui trouve un certain brillant dans l'œil, et il a l'air d'avoir le cœur assez haut.

— Mais il faut qu'il ignore que M{!!e} Jeannette est marquise.

— Rien n'est plus facile, car ce jeune homme ne doit pas aller dans les endroits où fréquente madame, et ne monte assurément pas dans les carrosses du roi.

— D'ailleurs, il me rencontrerait, qu'il ne me reconnaîtrait pas : tu as su faire de moi-même deux êtres si différents, que lorsque j'ai sur le dos le casaquin de Jeannette, je ne sais vraiment plus qui je suis.

— Et quand madame le doit-elle revoir, ce beau jeune galant?

— Dimanche, jour où je suis censée n'avoir point de tâche à remplir ni de besogne à faire en ville.

— Si j'osais donner un conseil à madame, je lui recommanderais, pour la vraisemblance du rôle, de faire un peu la farouche à l'endroit de M. Jean, lorsqu'il lui débitera des douceurs, et de lui donner un peu du busc sur les doigts s'il s'émancipe. Ce sont les façons des petites gens.

— Comme je vais lui dire : finissez! d'un ton... d'opéra-comique.

— Je dis cela, madame, parce que si Jeannette, qui, dans les idées de sa petite sphère, doit avoir des préjugés gothiques sur la vertu, se laissait aller tout de suite a des facilités de grande dame, M. Jean pourrait bien la soupçonner marquise.

— Mais sais-tu que c'est insolent ce que tu dis là?

— Oh! madame ne peut pas se faire une idée de l'importance qu'on attache à ces choses parmi le menu peuple : aucune défaite n'est vraisemblable avant six semaines ou trois mois de cour; et puis, en forçant M. Jean à filer le parfait amour comme le font les bourgeoises, madame, j'en réponds, éprouvera des choses qu'elle ne saurait concevoir aujourd'hui.

— Mon Dieu, Justine, que tu es métaphysique ce soir.

— Avez-vous eu faim quelquefois?

— Quelle singulière question me fais-tu là! — Jamais!... Est-ce qu'on a faim?

— Les paysans et les ouvriers prétendent que si.

— Rien ne me ragoûte à table; je tâte un blanc-manger, je suce une aile de perdrix, je touche à quelques drogues, je bois un doigt de crème des Barbades, et c'est tout.

— Eh bien! si madame restait un jour ou deux sans manger, elle mordrait à belles dents dans un chignon de pain bis et le trouverait délicieux, encore qu'il fût plein de bûches et de son.

— Bon! Et tu me conseilles la diète pour me donner de l'appétit?

— Précisément.

— Il y a peut-être du vrai dans ce que tu dis là.

— Quinze jours de résistance, et je prédis à madame qu'elle sera amoureuse comme une couturière.

— Et M. Jean, que dira-t-il de ce régime?

— Il s'affolera de Mlle Jeannette au point de faire toutes les sottises.

— Tu me dis là des choses de l'autre monde, mais qui ont un certain sens; tu fais bien de me raffermir dans ces idées, car aujourd'hui même j'ai manqué de faire une faute de costume, et d'oublier que Jeannette n'était pas la marquise de Champrosé.

Il était temps, pour ma vertu, que tu revinsses, et peu s'en est fallu que mon roman ne commençât par le dernier chapitre ; mais pour me conformer à tes plans, je serai désormais d'une pudicité hyrcanienne et bourgeoise.

XIV

Tout en tenant ces menus propos, Mme de Champrosé se fit mettre au lit, et Justine se retira lorsqu'elle vit Morphée jeter sa poudre d'or dans les yeux de sa belle maîtresse, ce qui ne tarda guère.

La marquise de Champrosé n'était pas la seule qui fût préoccupée tendrement à l'endroit de M. Jean.

Rosette la danseuse pensait aussi fort assidûment au vicomte de Candale, depuis le souper de la Guimard.

Rosette, qui avait le cœur sensible, malgré sa vie de Manon Lescaut (et il faut dire à son excuse qu'il n'était guère possible alors d'en mener une autre à l'Opéra), éprouvait des émotions assez rares pour un sujet de la danse récemment sorti de l'espalier : elle aimait !

Ce qui l'avait séduite chez le vicomte, c'était une certaine grâce triste, un vague air d'ennui qui, derrière son esprit, faisait supposer une âme, chose dont on s'inquiétait fort peu dans ce joyeux dix-huitième siècle.

En ce temps-là, il fallait pour plaire avoir la bouche en cœur, le nez au vent, le rouge à la joue, naturel ou faux, le jarret tendu, l'épée en verrouil, le claque sous le bras, la main au jabot avec un air de marquis de Moncade, offrir des pastilles de sa bonbonnière, débiter des fadeurs ou des équivoques, chanter les derniers couplets contre la favorite, être gai, vif, pimpant, superficiel et surtout rieur, car c'était l'époque des Ris, des Jeux et des Plaisirs, qui devaient régner dans la vie comme dans les ballets et les dessus de porte.

La mélancolie, cette fleur délicate de l'âme, était considérée comme une maladie qui, d'après son étymologie, regardait M. Purgon et M. Fleurant.

Aussi fallait-il à Rosette un naturel plus tendre et plus distingué pour aimer le vicomte, au moment où ses compagnes, et même des femmes d'un rang plus élevé eussent trouvé qu'il donnait dans le morne et frisait l'ennuyeux, par faute de pointe et de montant.

Quand il était pétillant comme un feu d'artifice, sous le fourmillement des paillettes de son costume et de son esprit, et que dans le premier moment de ses conquêtes il n'avait pas reconnu le vide des plaisirs, Rosette ne s'était pas sentie touchée de son mérite comme elle le fut depuis, circonstance qui tendrait à prouver ce paradoxe énorme, que, sous le règne de Cotillon III, à l'Opéra, une danseuse a pu avoir de l'âme, ce qui semble tout à fait invraisemblable ; ces espèces, n'aimant que l'or, les contrats de rentes, les diamants, la vaisselle plate, les carrosses, les laquais de six pieds de haut, et autres choses solides, et ne s'amusant que des plaisanteries les plus insoutenables, en jargon de coulisse ou de débauche.

La pauvre Rosette avait été profondément étonnée de ce que Candale, après l'avoir reconduite en vis-à-vis, l'eût si vertueusement saluée à la porte de sa chambre, car, sans vanité, elle se croyait faite de façon à ne pas mériter tant de respect, et, dans tout le règne de Louis XV, un fait semblable ne s'était peut-être pas produit.

Rosette n'en dit rien, car cette histoire divulguée eût perdu Candale de réputation.

Aussi le matin, très inquiète de cette mésaventure, elle fit devant une glace l'examen détaillé de ses charmes : elle déroula ses cheveux qui étaient à pleines mains ; elle regarda ses dents en les découvrant jusqu'à leurs gencives roses.

Jamais jeune loup, égorgeant dans les bois son premier mouton, n'en eut de plus pures ; elle examina son teint plus uni que le satin, que le marbre, que tout ce qu'il y a d'uni au monde, et elle n'y trouva ni un pli, ni une ride, ni une gerçure, ni une tache de rousseur, ni une vergeture ; Hébé, la déesse de la jeunesse ; Hygie, la déesse de la santé, ont à coup sûr moins de fraîcheur.

Par un heureux privilège, que le vice a plus souvent que la vertu, les joues de Rosette, malgré le fard et les baisers, conservaient cette fleur de pêche que le moindre contact enlève, elle passa en revue ses bras, qui étaient les plus beaux du monde, et ses jambes que tout Paris admirait, brillantes comme le marbre sous leur réseau de soie, dans les ballets de Dauberval.

Le résultat de cette inspection fut un sourire. Rosette se trouvait belle.

Elle était rassurée et se donna pour explication que Candale avait ce soir quelque souci dans l'âme, ou bien qu'il était fatigué, quoique le dix-huitième siècle n'admît pas que l'on pût être fatigué.

Elle prit donc une grande résolution, surtout pour une danseuse, plus adroite de ses pieds que de ses mains ; ce fut d'écrire au vicomte de Candale !

Les danseuses et même les grandes dames du dix-huitième siècle ne brillaient pas précisément par la calligraphie et l'orthographe.

On a conservé des lettres de Mme de Pompadour, de Mme la Popelinière, d'un style charmant, mais écrites comme ne le feraient pas aujourd'hui des cuisinières.

Rosette n'en savait ni plus ni moins que les jolies femmes de son temps. Elle prit une grande feuille de papier et y traça en lettres longues d'un pouce, et de l'aspect le plus hiéroglyphique le billet suivant qu'elle aurait mieux écrit en trempant le bout de son orteil dans l'encre :

« Mon cher vicomte,

« Je suis très inquiète de vous, car sans doute vous étiez malade l'autre soir, ou troublé de remords de conscience, lorsque vous vous retirâtes si brusquement et si maussadement. Je vous soupçonne de m'avoir célé quelque gros péché quand vous étiez à mes genoux, chez cette grande désossée de Guimard. Venez achever votre confession et ne craignez rien, la pénitence sera douce. Je suis pour vous chez moi toute la nuit et tout le jour, excepté de midi à deux heures, où je répète un pas nouveau avec des gargouillades dont vous serez content, et qui me vont mieux que les rigodons, les tambourins et les loures,

« Adieu, mon cœur,

« Rosette,
« Second sujet de danse à l'Opéra. »

« P. S. — N'est-ce pas que Guimard est trop maigre et qu'elle a l'air d'un faucheux quand elle danse? »

Cette lettre fut portée à l'hôtel de Candale, et remise au vicomte sur un joli plateau d'argent ciselé par Reveil.

Candale ne s'étonna pas autrement des jambages hasardés et de l'orthographe fantastique du poulet qu'il déchiffra assez couramment, et dit au grand laquais qui attendait la réponse, avec cet air adorable de fatuité des seigneurs d'autrefois, moitié excédé, moitié protecteur :

« C'est bon, j'y passerai. »

XV

Lorsque Mme de Champrosé s'éveilla, sa première pensée fut pour M. Jean. Tous ses rêves avaient été pour lui : toute la nuit, sous son ciel à baldaquin, la noble marquise s'était vue dans la petite chambre, louée par Justine, avec le costume de Jeannette, assise dans ce fauteuil qui avait si bien l'air d'avoir appartenu à une aïeule, tenant sur ses genoux l'étroite planchette de l'ouvrière en dentelles et croisant avec ses doigts menus les fils imperceptibles qui s'embrouillaient sous les baisers de M. Jean, dévotement agenouillé sur un petit tabouret devant elle.

Changeant de sphère, Mme de Champrosé semblait avoir changé d'âme et de caractère; l'obsession des galantins qui la bourraient de madrigaux fades, de compliments édulcorés, lui avait jusque-là produit l'effet de ces sucreries, de ces crèmes fouettées, de ces meringues à la glace qui ôtent le goût des aliments sains et rassasient sans nourrir.

Trop entourée pour faire un choix, trop prévenue pour éprouver un désir, elle consumait sa vie dans une nonchalance fantasque. Les amours avaient chassé l'Amour. Depuis sa rencontre avec M. Jean, l'Amour avait chassé les amours.

Dès qu'elle fut habillée, le désir d'aller à la petite

chambre s'empara d'elle; mais Justine, qui était prudente, malgré ses airs évaporés, représenta respectueusement à sa maîtresse qu'il ne serait pas toujours facile de sortir de l'hôtel incognito, et que les stratagèmes qui réussissaient bien une fois ou deux, à cause de l'imprévu, finissent par s'éventer et se découvrir,

« Madame ferait mieux de prétexter un séjour de six semaines à la campagne, dans un château quelconque.

— Rien ne serait plus facile; mais si j'annonce que je vais dans une de mes terres, j'y serai attendue; mes amis de Paris pourraient vouloir me rendre visite, et tout se découvrirait.

— Aussi n'est-ce pas dans un de ses châteaux que je conseillerais à madame d'aller.

— Chez une de mes amies la chose serait bien plus vite découverte.

— N'ai-je pas entendu dire à madame qu'elle avait une parente en Bretagne?

— C'est vrai, je n'y pensais plus, une vieille tante sempiternelle, perchée comme une chouette dans un ancien donjon, en compagnie d'un tas de hiboux, avec un nom qui fait saigner la bouche tant il est dur à prononcer.

« On dit qu'il faut passer par une série de casse-cou pour arriver à cette gentilhommière, qui surplombe de deux ou trois cents pieds sur l'Océan.

— Eh bien, madame ferait bien d'aller rendre visite à sa tante, pour un mois ou deux.

— Justine, que me dis-tu là!

— La parente de madame ne vient jamais ni à Paris ni à Versailles!

— Oh! non; elle se croit encore au temps d'Anne de Bretagne et des parlements, et regarde Paris comme une Babylone d'abominations.

— C'est ce qu'il nous faut; madame, accompagnée de la fidèle Justine, monterait en chaise de poste, s'excusant de ne pas emmener de suite, sur l'humeur quinteuse et revêche de la vieille dame, et partirait bien ostensiblement avec un grand bruit de grelots et de fouets ; puis, au premier relai de poste, nous prendrions nos habits de bergère et nous rentrerions dans Paris par une autre porte.

— C'est délicieux! s'écria la marquise en frappant joyeusement ses mains l'une contre l'autre; de cette façon, j'aurai devant moi six semaines de liberté! Justine est un vrai trésor.

— Puisque madame la marquise daigne le dire, je n'en disconviens pas, fit Justine avec une révérence comique; je vaux bien mon prix ; et M. de Marivaux a mis dans ses pièces du Théâtre-Français des soubrettes qui ne sont pas de ma force. »

Mme de Champrosé fit un petit signe d'assentiment, et toutes les choses se passèrent de la façon que Justine les avait réglées.

Le départ convenablement annoncé, la chaise sortit de la cour de l'hôtel, entraînée par trois vigoureux percherons, au bruit d'un tintamarre de fouets qui faisait pousser de pitoyables glapissements aux sylphes fessés dans l'air.

La chaise eut bientôt traversé les rues fangeuses de la grande ville, couvrant les piétons d'un déluge de boue, rouant les chiens, renversant les philosophes qui, à l'instar de Jean-Jacques, tâchaient de se faire accrocher par les équipages, afin de pouvoir mettre dans leurs feuilles des déclamations contre les gens riches à l'adresse de la canaille, que ces sortes d'invectives déclamatoires réjouissent toujours.

L'on sortit de la barrière et l'on entra dans la campagne; quoiqu'il eût tombé de la pluie dans la matinée et que les chemins fussent détrempés, le ciel brillait dans tout son éclat, et quelques jolis nuages pommelés, aussi légers que ceux des plafonds de

Fragonard, erraient sur le fond d'un bleu tendre aussi pur que celui de la porcelaine de Sèvres la mieux réussie; un feuillage d'un vert tendre et gai, car le printemps ne faisait que de naître, et Flore n'avait pas encore vu ses fleurs, changées en fruits, aller remplir les corbeilles de Pomone, rendait l'horizon agréable et riant comme un décor champêtre peint à l'Opéra par Boucher : le paysage, quoique moins azuré et vert-pomme dans le lointain, n'en avait pas moins son charme, car la nature, bien que manquant de grâce et un peu grossière, s'entend assez bien à tenir la palette et à manier les pinceaux, et, si elle avait un peu d'académie, on n'aurait rien à lui reprocher.

Il est vrai que les personnages qui peuplaient ces campagnes n'étaient pas habillés en taffetas gorge de pigeon et de satin vert céladon, comme ceux des dessus de porte et des pastorales : les moutons qui paissaient ne méritaient guère l'épithète de blancs que leur prodigue Mme Deshoulières; ils paraissaient n'avoir pas été savonnés depuis longtemps, si même ils l'avaient jamais été; les tendres agneaux ne portaient au col aucune faveur rose ou bleue, et si la belle Philis eût voulut en serrer un contre son cœur, elle eût infailliblement taché son corsage à échelle, car rien n'était plus crotté que ces agnelets.

Ces moutons étonnèrent un peu la marquise, qui s'était fait, d'après les petits vers de M. l'abbé et les gouaches de son éventail, une tout autre idée de la race ovine.

« Qu'est-ce donc que ce tas de haillons qui chemine sur deux grands vilains pieds plats et rouges?

— Cela, madame, c'est un berger.

— Ciel! que me dis-tu là, Justine. Tu te moques! Un berger, ce pataud!... C'est impossible!

— Il ne ressemble guère à ceux de l'Opéra.

— Et il a bien tort, Justine. La réalité devrait copier le faux.

— Sans doute, Marcel et Vestris, quand ils dansent la courante dans les bergerades, ont bien meilleure façon que cela.

— Et cette autre horreur, qui va battant les dindons avec une gaule?

— Nous venons de voir Tircis; maintenant, nous voyons Philis.

— Justine, tu abuses de ce que je ne me connais pas aux choses de la campagne pour me dire des histoires incroyables.

« Cet affreux morceau de chair mal taillé, cette perruque de filasse emmêlée, ce teint truité, ces gros jupons rapiécés, cette affreuse cape en guenille, non, ce n'est point Philis.

— C'est Philis en personne. Il y a des milliers de Philis, en France, aussi laides que cela.

— Ah! tu déranges furieusement mes idées pastorales. »

En conversant ainsi, Mme de Champrosé penchait sa tête tantôt à droite, tantôt à gauche, s'émerveillant de tout ce qu'elle voyait, et toute joyeuse de l'idée que, tout en paraissant s'éloigner de M. Jean, elle s'en rapprochait en réalité.

Quand la chaise s'arrêta au relai, Mme de Champrosé se prétendit un peu fatiguée, et demanda une chambre d'un air languissant, comme une personne qui se sent attaquée d'une indisposition qu'elle n'a pu prévoir et voudrait ne s'être pas mise en route.

La chaise fut dételée, et Mme de Champrosé dit qu'elle verrait si dans deux heures elle pourrait continuer son chemin. Comme vous le pensez bien, l'indisposition ne fit qu'augmenter, et Justine, du ton d'autorité d'une personne qui s'entend aux choses de la médecine, décida qu'il fallait rebrousser chemin, et l'on repartit, non cette fois dans la chaise de poste, mais dans une carriole louée d'avance par Justine.

Le cheval percheron, attelé à la carriole, ramena d'un joli petit train la marquise et la soubrette à la barrière Saint-Denis, où les malles furent emballées dans un fiacre, et bientôt les deux femmes se trouvèrent dans le petit logis dont M. Jean, quoiqu'il n'en eût pas l'adresse par écrit, et qu'il n'y fût venu que le soir, sut parfaitement retrouver le chemin.

XVI

On voit dans certains contes indiens des personnages soit dieux, soit génies, ou tout simplement magiciens, qui ont la facilité de changer de corps et d'existence sans changer d'âme pour cela.

Grâce à l'industrie de Justine, qui avait su mettre le caprice de sa maîtresse en action, Mme de Champrosé, sans talisman, sans paroles de grimoire, se trouvait dans la situation de ces personnages fabuleux.

La transformation, ou, si vous l'aimez mieux, la métamorphose était complète. Rien dans ce réduit ne rappelait à Jeannette la marquise de Champrosé. C'était une existence toute nouvelle.

Il arrive souvent qu'on se déplace dans les conditions même les mieux réglées, mais l'on emporte toujours quelque chose de soi dans la situation qu'on traverse, ne fût-ce que le vêtement, ne fût-ce que le nom ; ici, tout était différent, et Mme de Champrosé ne savait plus au juste si elle était marquise ou grisette.

Un rendez-vous avait été pris pour le dimanche. M. Jean, vous le pensez bien, n'eut garde d'y manquer.

Comme c'était jour de fête, le jeune protégé de

M. Bonnard, qui était venu de bonne heure, et avait failli surprendre au lit la fausse Jeannette, habituée à se lever tard, proposa, comme c'est l'usage entre commis et grisette, une partie de campagne aux environs de Paris, avec une collation de fraises, course à âne dans le bois, et dîner au cabaret du *Lapin blanc.*

Ce plan fut agréé. Seulement Jeannette voulait emmener Justine; mais celle-ci, qui préférait à la compagnie la plus aimable celle de son courtaud de boutique, garçon peu éloquent sans doute, mais expressif dans le tête-à-tête, s'excusa en disant qu'elle avait à faire des visites qui étaient d'importance et ne se pouvaient remettre. Jean lui sut beaucoup de gré de cette éclipse, et Mme de Champrosé ne lui en voulut pas.

On gagna la barrière en fiacre; M. Jean, encore qu'il ne fût que surnuméraire aux gabelles, paraissait avoir apporté d'Auxerre un nombre suffisant d'écus de six livres dans sa bourse de peau, et se pouvait permettre ces magnificences qui eussent effrayé et épuisé de petits clercs de la bazoche, et même des fils de droguistes.

Les environs de Paris, sans être de la beauté dont les voyageurs prétendent ceux de quelques autres villes, offrent cependant un agréable mélange de cultures, de jardins, de marais et de bocages, où les oiseaux et les amours peuvent trouver à se nicher.

Les maisons des cultivateurs avec leurs toits rustiques, les moulins à vent tournant leur aile flasque, les guinguettes qui rient et qui chantent, animent ce paysage qui, sans être agreste ni pittoresque, a néanmoins de jolis détails et des charmes imprévus.

Et d'ailleurs il n'y a pas besoin des ombres et des fraîcheurs de Tempé pour encadrer les amours d'une grisette parisienne et d'un commis.

Jean et Jeannette s'en allaient donc par la campagne, le long des haies où la jeune femme apercevait toujours quelque fleurette à cueillir, le long des blés trop jeunes encore pour pouvoir prêter leurs gerbes et leurs rideaux à l'amour.

L'on arriva ainsi en devisant au bois, où Jeannette fut hissée sur un âne, à son grand amusement, et parcourut plusieurs allées, accompagnée de Jean et de l'ânier, frappant de conserve la croupe de maître Aliboron. La bête à longues oreilles ne s'en inquiétait pas autrement et happait, tout en trottinant, quelque brindille de feuillage ou quelque tige de chardon, d'où s'envolaient les papillons aussi empressés à courtiser la fleur épineuse que la rose dont on les peint si épris.

La conversation qu'ils eurent ensemble serait difficile à rapporter. Des phrases insignifiantes prennent beaucoup de valeur par l'éclair de l'œil, le tremblement de la voix, la rougeur des joues.

Jean et Jeannette s'aimaient déjà trop pour se le dire, et jouissaient, sans avoir le besoin d'exprimer ce qu'ils sentaient, du bonheur de se trouver ensemble, dans les champs, parmi les fleurs et la verdure, un beau jour de printemps.

Comme l'amour est une passion primitive, on la ressent peut-être avec plus de vivacité quand on se trouve au sein de la nature. Les conventions humaines et sociales s'oublient plus facilement lorsque rien de factice ne les rappelle, et telle vertu qui serait restée farouche à la ville s'humanise aux champs.

C'est pour cela que les poètes qui, sous leurs images cachent quelquefois des idées philosophiques, ont peuplé les montagnes, les vallées, les bois et les prairies, les fontaines, d'Oréades, de Dryades, de Napées, de Limniades de Naïades, de Pans, d'Ægypans, de Satyres et de Faunes, fort galants et fort amoureux, et n'ont rien imaginé de semblable pour les villes.

Mme de Champrosé, cependant, ne succomba point à

ce charme, et, si elle entendit les conseils des oiseaux qui se becquetaient dans leurs nids, des fleurs qui se penchaient l'une vers l'autre en entr'ouvrant leurs calices, elle ne les écouta point.

Fut-ce par rigorisme ou par souvenir des recommandations de Justine, ou M. Jean, rendu timide par l'émotion, ne sut-il pas profiter de l'ombre protectrice des bosquets et des facilités de la fougère ? Non.

L'état où se trouvaient les deux jeunes gens était si délicieux, qu'ils craignaient d'en sortir par quelque entreprise qui eût pu augmenter leur bonheur, mais peut-être aussi le troubler.

C'est ainsi qu'une marquise et un vicomte, déguisés l'une en grisette, l'autre en commis, mangèrent des fraises dans les bois, sans que la vertu eût à gémir que de quelques serrements de mains et de quelques baisers sur le front ou les cheveux, dont la bergère la plus prude se serait à peine formalisée. — S'il semble étrange à quelque lecteur que M. Jean, qui avait paru plus vif et plus délibéré à son début, se soit alangui de la sorte, nous répondrons qu'alors il était pris de goût seulement, et que maintenant il est pris d'amour.

La sensible lectrice comprendra, nous y comptons, cette nuance délicate.

Les amoureux prétendent vivre d'air, à la façon des sylphes dont M. Crébillon le fils et M. le comte de Gabalis racontent des choses on ne peut plus étonnantes; mais cette assertion nous paraît fort hasardée, et il est certain que Jean et Jeannette, malgré tout le plaisir qu'ils avaient à cueillir des violettes, des fraises et des baisers dans les bois, arrivèrent avec un certain contentement au cabaret du Lapin blanc.

Le cabaret du Lapin blanc faisait assez bonne figure sur le bord de la route.

Son enseigne, connue depuis un temps immémorial, avait été barbouillée par un descendant fort éloigné d'Apelle, des deux côtés d'une plaque de tôle qui brimballait au vent et qu'ombrageait une longue branche de pin ; mais l'hôtelier, peu sûr du talent de l'artiste, et se défiant de la fidélité de la représentation du Lapin blanc, avait jugé à propos d'établir dans une cage une enseigne parlante où les yeux les plus ignorants ne se pouvaient tromper.

Un énorme lapin blanc, aux oreilles démesurées, aux gros yeux vermeils, brochait des babines en broutant une carotte à côté de sa fallacieuse image, qu'on aurait pu prendre pour un cheval, un cerf ou un éléphant.

La façade du Lapin blanc était enluminée, comme le teint d'un buveur, d'une joyeuse couche de rouge qui indiquait aux desservants de la dive bouteille un temple ou tout au moins une chapelle de Bacchus.

Sur le toit de vieilles tuiles moussues où avaient fleuri quelques joubarbes se promenaient des pigeons de toutes couleurs, pauvres oiseaux de Vénus, ne prévoyant pas la crapaudine et les petits pois, et faisant l'amour comme si la broche ne tournait pas incessamment au rez-de-chaussée.

Les poulets montraient dans la cour la même insouciance, bien que quelque gâte-sauce, veste blanche au dos, en casque à mèche, coutelas au côté, sortît de temps à autre de la salle basse et en empoignât un par l'aile, malgré ses piaillements, car le cabaret était bien achalandé, et la vrille de fumée de sa cheminée, qu'on voyait monter en spirale bleuâtre sur un fond de verdure, ne s'arrêtait jamais.

Autour de la maison s'étendait des tonnelles en treillage formant cabinets, et toutes couvertes de houblon, de vigne vierge, de rosiers grimpants et de chèvrefeuille. C'était champêtre, rustique et galant au possible.

Les parfums des fleurs corrigeaient à propos les aromes culinaires, plus substantiels, mais moins suaves et une feuille de rose tombait dans un verre, comme pour mêler Vénus à Bacchus.

Les deux amants s'établirent sous une de ces tonnelles, vis-à-vis d'une table garnie d'une grosse nappe bise fort propre, traversée d'une large raie rose, de couverts d'étain, de verres à côtes, et d'un broc d'un petit cru d'Argenteuil assez vert, mais naturel, et n'ayant point reçu le baptême, chose rare chez les cabaretiers, grands convertisseurs de vins, et qui n'en souffrent point dans leurs caves qui ne soient bons chrétiens.

Le repas fut le plus gai du monde ; les mets, quoique simples, étaient assez bien préparés, et l'appétit leur servait de sauce.

A coup sûr, si quelqu'un eût passé sur la route et regardé à travers les découpures du feuillage ce commis et cette grisette mangeant et riant à belles dents, il n'eût pas soupçonné que ce commis était un vicomte, la la grisette une marquise, M. Jean M. de Candale, et Mlle Jeannette Mme de Champrosé.

On revint à la ville par le plus joli clair de lune, et Jeannette, qui prenait tout à fait l'esprit de son rôle, salua gracieusement M. Jean au seuil de sa maison, dont elle lui referma fort proprement la porte sur le nez.

C'est ainsi que cette journée, commencée sous les auspices de Vénus, déesse de l'Amour, finit sous ceux de Minerve, déesse de la Sagesse.

XVII

La pauvre Rosette attendit vainement le marquis de Candale, à qui le personnage de M. Jean rendait difficile d'en soutenir un autre ailleurs.

Elle s'étonna de ce manque de galanterie dans un gentilhomme si accompli, et en prit une humeur qui lui fit rabrouer fort aigrement un officier de mousquetaires, un petit-collet, et même un fermier général qui se voulait émanciper à sa toilette, quoique ces derniers soient en bonne odeur à l'Opéra, et n'y trouvent pas de cruelles, à ce que l'on prétend.

Le soir, elle dansa son pas tout de travers, perdit la mesure, confondit les temps, et risqua de se faire siffler, car elle cherchait des yeux le vicomte dans la salle, et ne le voyant pas dans sa loge habituelle, elle tâchait de fouiller du regard les clavecins et les bonnets d'évêque où elle le soupçonnait en bonne fortune avec quelque rivale; elle ne put rien découvrir et rentra toute dépitée dans la coulisse, sans même penser au peu d'effet de la gargouillade qu'elle venait d'exécuter assez mal, il faut le dire, et qui lui eût attiré, bien réussie, des applaudissements, qui certes, eussent fait enrager son amie Guimard.

Le souper, qu'elle était dans l'habitude de donner après la représentation, fut le plus triste et le plus maussade du monde, quelques efforts que fissent pour l'égayer les convives et les parasites qui ne manquent jamais à ces sortes de fêtes. — Ce fut peut-être pour la première fois qu'on s'ennuya chez Rosette.

Le lendemain, voyant que Candale n'arrivait pas, elle résolut un grand coup de tête : ce fut de l'aller trouver, quoique son amour-propre de femme en pût souffrir; mais l'amour, qui est plus fort que la mort, n'a pas de peine, lorsqu'il est véritable, à l'emporter sur la vanité.

Elle s'habilla comme une femme qui veut être irrésistible, avec un goût, une grâce et une richesse inouïs. Il semblait que les fées eussent arrangé de leurs mains les délicates merveilles de sa coiffure, et bâti sa robe avec des pétales de fleurs, tant elle était frêle et légère, quoique relevée d'agréments de toutes sortes.

Son chignon à la Dubarry, invention charmante due à la favorite, et qui séduit par un air voluptueux et négligé, comme si la chevelure détachée par une main téméraire eût été relevée à la hâte ; l'épingle d'or, ayant pour tête un gros diamant, et piquée de biais, ornement que n'adoptent pas les prudes, mais qui sied à ravir, lui donnaient une physionomie de nymphe en conquête des plus agaçantes, et à laquelle le vieux Priam lui-même n'eût pas résisté, malgré les neiges de l'âge.

Elle monta dans un superbe vis-à-vis dû à la tendresse du prodigue prince de R..., et qui n'avait pas coûté moins de cinquante mille livres ; magnificence qui ne doit point surprendre, lorsqu'on songe que la Guimard se promène à Longchamps dans une voiture aux roues cerclées d'argent et traînée par six chevaux ferrés de même, rien ne semblant assez beau à ces impures qui prennent plaisir à souiller l'or pour narguer la vertu pauvre.

Rien n'était plus magnifique et plus élégant en même temps que la voiture où monta Rosette la danseuse ; une reine ne l'aurait pas souhaitée plus luxueuse.

Outre le chiffre de Rosette tracé en fleurs, qui formait le milieu des quatre panneaux principaux sur fond d'or, sur chacun des panneaux de côté l'on voyait répétés, d'une part, une corbeille garnie d'un lit de roses sur lequel deux colombes se becquetaient lascivement ; de l'autre, un cœur transpercé d'une flèche, le tout enrichi de carquois, de flambeaux, de tous les attributs du dieu de Paphos.

Ces emblèmes ingénieux étaient surmontés d'une guirlande en fleurs de burgau, la plus belle chose qu'on pût voir de ses deux yeux. Le reste était proportionné.

La housse du siège du cocher, les supports des

laquais par derrière, les roues, les moyeux, les marchepieds étaient autant de détails recherchés et finis, qu'on ne pouvait se lasser de contempler, et qui portaient l'empreinte des grâces de la divinité d'un char aussi voluptueux.

Chacun, en le voyant passer, s'écriait que jamais les arts n'avaient été poussés à ce degré de perfection, et que la galanterie ne pouvait aller plus loin.

Ce fut dans ce superbe équipage que Rosette se rendit à l'hôtel de Candale, faisant l'admiration des hommes et le désespoir des femmes, qui s'indignaient de ce qu'une *espèce* affichât un tel luxe, lorsque elles-mêmes étaient forcées de marcher à pied ou de se faire voiturer dans des carrosses de l'autre siècle, aussi surannés que ridicules, mais bien dignes de charrier ces laiderons rechignés et ces vertueuses momies.

Le suisse, colossal et convenablement vermillonné et bourgeonné, secouant la poudre de sa perruque à chaque mouvement, et faisant osciller sur le dos de sa livrée son énorme queue garnie d'un crapaud, ouvrit la porte avec empressement, et le vis-à-vis, traîné par quatre magnifiques chevaux aux crinières nattées de rose et d'argent, tourna dans la cour sablée et vint s'arrêter devant le vestibule de l'escalier qui égalait celui d'un château royal, pour la majesté et le grand goût de la décoration.

Là, un valet de pied, assis sur une banquette, et jouant aux cartes avec un piqueur, répondit au laquais de Rosette que le vicomte de Candale n'y était point.

Peu contente de cette réponse, qui déconcertait ses plus chères espérances, Rosette fit approcher le valet de pied et le voulut interroger elle-même.

« Lafleur ou Labrie ? dit-elle d'un ton interrogatif.

— Lafleur, pour vous servir, madame, répondit le valet en saluant.

— Réponds-moi franchement, Lafleur; ton maître est chez lui?

— Non, madame, il n'y est point.

— Tu es sûr qu'il ne se fait point céler?

— S'il se faisait céler pour les fâcheux, il y serait pour madame. M. le vicomte de Candale nous donne pour consigne de laisser passer les jolies femmes, répondit le maraud, qui se piquait d'esprit et lisait quelquefois des romans dans les antichambres.

— Tu es galant, Lafleur, comme un valet de comédie. Voilà deux louis pour ton compliment.

« Tu dis que ton maître t'ordonne de laisser passer les jolies femmes... à moins cependant qu'il n'y en ait déjà une chez lui.

« N'est-ce pas qu'il y en a une ?

— Oh! non, madame. Lorsque M. le vicomte est en affaire réglée, il va dans sa petite maison du faubourg.

— C'est juste, dit Rosette; où avais-je l'esprit?

— Faudra-t-il dire à M. le vicomte que madame est venue?

— Oui, n'y manque pas.

— Madame... de quoi? dit le valet avec un air malicieux, quoique plein de respect.

— Rosette tout court, ou, s'il te faut un titre, Rosette de l'Opéra, cela vaut un titre de duchesse.

— C'est bien, madame, je n'aurai garde de l'oublier, et je vais boire les deux louis à votre santé, avec mon ami Champagne. »

Rosette fit dire à son cocher de toucher vers le faubourg de..., où se cachait la petite maison du vicomte de Candale, qu'elle connaissait par les récits de ses compagnes, sans y être allée elle-même, hélas!

Ce n'est pas d'ordinaire en si brillant équipage qu'on se rend à ces mystérieux asiles, mais bien en carrosse uni, avec une livrée grise, empaquetée d'une vaste thérèse ou quelque voile rabattu sur la figure, ou dans une chaise hermétiquement close qui vous jette à la porte, ouverte et fermée aussitôt, sans que le passant curieux ait pu saisir autre chose que la pointe d'une mule de satin et le bout des doigts gantés soulevant le marteau ou tirant le pied de la sonnette.

Comme Rosette n'avait rien à ménager, ni frère féroce, ni mari jaloux, ni protecteur en titre, elle ne risquait rien à se montrer à découvert, et s'en alla heurter bravement à la porte de la petite maison.

Un valet, couvert d'une livrée de fantaisie, et qui habitait là au cas qu'un rendez-vous de jour ou de nuit y amenât M. le vicomte, ouvrit aussitôt et introduisit Rosette dans le sanctuaire.

Ce vénérable portier de Cythère avait l'air grave, empesé, discret et pénétré de l'importance de sa place, qui n'était pas une sinécure, car jusqu'alors le vicomte avait mené joyeuse vie.

Il ne parut nullement étonné de la présence de Rosette, quoiqu'il ne l'attendît pas ; mais M. de Candale avait auprès des belles des façons si persuasives et si triomphantes, que le temps lui manquait souvent pour prévenir les ministres de ses voluptés ; celui-ci pensa donc que c'était un rendez-vous impromptu, et que le vicomte allait arriver.

Cette petite maison, que rien ne décélait du dehors, et qui se cachait derrière de grands murs insignifiants, vieillis à dessein pour ne pas attirer l'œil, était une des plus élégantes du faubourg : tout y était disposé pour le plaisir et le mystère.

Quatre ou cinq pièces plafonnées en coupole et prenant le jour de haut, la composaient. Tout ce que le luxe peut inventer de rare et de voluptueux y était réuni.

Les mythologies amoureuses dues au pinceau agréable et léger de Boucher, le peintre des Grâces et des

Amours, agrémentaient les plafonds et les dessus de porte.

Les lambris tourmentés et tarabiscotés avec un caprice inouï étincelaient de dorures en or de plusieurs couleurs et représentaient des rocailles, des palmes, des fleurs entremêlées de musettes, de flûtes de Pan, de nids de colombe, de lacs d'amour, de flèches, de cœurs, de coupes, de flacons et autres attributs galants, sculptés avec beaucoup d'art et de délicatesse.

L'ameublement était des plus galants et des plus magnifiques. De grandes glaces semblaient prêtes à multiplier les objets charmants dont ces lieux enchanteurs avaient le privilège de recevoir la visite.

D'énormes vases de Chine en céladon craquelé y contenaient les fleurs les plus rares, incessamment renouvelées; des tapis épais, semés de roses, y assourdissaient les pas.

Mais une partie qui avait été l'objet d'un soin tout particulier, c'était celle des sophas, des duchesses et des paphos.

Le sopha du boudoir, entre autres, d'une étoffe bleu de ciel relevé de passementerie et de glands d'argent, eût offert un logement riche et commode à l'âme d'Amanzëi, le conteur favori de Schahabam et eût pu lui fournir autant d'aventures à lui seul que tous les divans d'Agra.

XVIII

La solitude de la petite maison fit plaisir à Rosette qui, tout en désirant voir Candale, craignait de l'y rencontrer.

Pour laisser un signe de sa venue, elle défit un superbe bracelet ornée d'un camée représentant Terpsychore dansant, tandis qu'Euterpe joue de la flûte, et le posa sur un oreiller du sopha, de façon à ce qu'il pût être vu et trouvé facilement; mais elle se retira après avoir regardé à sa montre l'heure qu'il était, comme quelqu'un qui ne peut plus attendre.

« Je reviendrai, dit-elle au laquais.

— C'est bien, madame, » répondit-il en s'inclinant.

En sortant de la petite maison, elle se fit conduire chez la Guimard, où le vicomte de Candale fréquentait, et qui aurait pu lui en donner des nouvelles, mais la célèbre danseuse n'avait pas vu Candale depuis le souper.

M. de Valnoir l'avait vainement cherché pour une fête qu'il donnait et où l'on devait jouer une parade amphigourique de Collé, des plus libres et des plus divertissantes.

Rosette rentra chez elle fort mécontente et fort triste. Elle n'avait plus qu'une chose à faire, attendre que le vicomte, mû de quelque résipiscence galante, la vînt trouver de lui-même, parti mélancolique et piteux qu'une amoureuse ne saurait admettre.

Le lendemain, elle retourna à la petite maison du faubourg et retrouva son bracelet à l'endroit où elle l'avait mis, preuve de la sagesse de Candale.

La chose devenait grave : un vicomte de vingt-cinq ans, beau, riche... et sage. Cela n'était pas naturel.

Il devait y avoir quelque passion là-dessous; le bonheur peut seul distraire du plaisir.

Après avoir erré une demi-heure dans cette solitude voluptueuse dont il lui eût été si doux de profiter, Rosette se retira à la grande surprise du grison qui ne pouvait comprendre que son maître manquât de la sorte deux rendez-vous qui devaient être agréables.

Il eût compris qu'il ne fût pas venu au second, mais

qu'il eût oublié le premier, cela blessait ses principes de valet de don Juan qui avait eu l'honneur d'appartenir à M. de Richelieu et de travailler avec M. Lebel, ministre des plaisirs de Sa Majesté; aussi prit-il sur lui d'écrire à M. le vicomte ce qui se passait. Voici la missive du vénérable serviteur.

« Monsieur le vicomte,

« J'ai toujours rempli avec beaucoup de zèle la place que monsieur a daigné me confier, et je crois m'en être montré digne. Sans vouloir en rien préjuger des intentions de monsieur, qui est bien le maître de faire ce qu'il lui plaît, je pense qu'il est de mon devoir de l'avertir qu'il est venu deux fois à sa petite maison, dont j'ai la garde et la direction, une fort belle dame en grand équipage, point masquée ni cachée, et qui m'a paru être de l'Opéra. Elle semblait avoir un grand désir de voir monsieur.

« Il se peut qu'entre tant d'affaires que monsieur a sur les bras, comme de princesses, de duchesses, marquises, baronnes, présidentes et autres, il ait oublié celle-ci. Je sais que ce ne sera pas pour monsieur un bien grand triomphe, vu qu'il a tout ce qu'il y a de plus huppé; mais, outre que cette dame est très bien de sa personne, elle en tient véritablement pour monsieur et s'en va le cœur bien gros. Nous qui voyons passer beaucoup d'amours, nous nous y connaissons; c'est du véritable, et j'en préviens monsieur pour qu'il en fasse comme il lui conviendra.

« Roux, dit Hector, valet de cœur et grison de M. le vicomte. »

Cette lettre parvint à Candale qui reconnut tout de suite Rosette à ce portrait, et se promit d'aller chez elle; mais l'homme propose et l'amour dispose, et

Candale, vêtu de l'habit de droguet de M. Jean, se trouva dans la petite chambre de l'ouvrière en dentelles, au lieu d'être dans le boudoir de la danseuse comme il en avait le dessein.

Contrariée du peu de succès de ses démarches, Rosette se sentit si triste qu'elle se crut malade; elle dit qu'elle avait ses nerfs et ses vapeurs, et s'établit dans une chaise longue. Ses amis la vinrent visiter, entre autres la Guimard, qui, au fond, était une assez bonne diablesse.

Elle vit tout de suite, en femme d'expérience, quel était le mal de Rosette, et, au lieu d'y chercher une foule de noms barbares comme un membre des quatre facultés n'eût pas manqué de le faire, elle lui dit sans autre préambule :

« Tu es amoureuse.

— Hélas! oui.

— Comment, hélas! n'est pas amoureuse qui veut; c'est un bonheur qui ne m'est arrivé qu'une fois, et je donnerais bien les mille écus de pension par semaine que me donne le prince pour en être encore là!

— Mais être amoureuse pour n'être point aimée!

— Qu'est-ce que cela fait? On aime, cela est si bon? Et, d'ailleurs, faite de la façon dont tu es, tu ne dois pas trouver de cruel.

« Tiens! je ne sais pourquoi ce mot au masculin me fait rire. Il semble fait pour rimer avec belle dans les chansons et les madrigaux.

— Comme tu ris!

— Faut-il pleurer celui qui t'a inspiré cette flamme? C'est donc un Hippolyte, un être farouche et maussade qui ne se plaît qu'aux bois et préfère au beau sexe les cerfs et les daims, comme celui de M. Racine?

— Oh! non, il n'est pas sylvestre à ce point.

— Et peut-on savoir son nom?

— M. le vicomte de Candale.

— Alors la situation n'est pas désespérée; car il n'est pas barbare outre mesure, et, l'autre soir, à mon souper, vous paraissiez du dernier mieux.

— Oui, je le croyais assez tendre à mon endroit; mais depuis ce souper, je n'ai pu le revoir.

— Il n'est cependant pas introuvable ; on ne voit que lui à Versailles, au Cours-la-Reine, au Palais-Royal, aux Tuileries, à l'Opéra, à la Comédie, au Concert spirituel.

— Eh bien! depuis quelques jours, il a passé à l'état de chimère.

— Il est peut-être allé dans quelqu'une de ses terres, ou bien il suit le roi au voyage de Marly.

— Point; je m'en suis informée auprès de Lafleur, son valet de pied; il n'a point emmené ses équipages, et même il paraît de temps en temps chez lui, mais sans suite et fort irrégulièrement.

— Voilà qui est singulier!

— Que peut-il faire?

— S'il avait une affaire réglée avec quelque grande dame, le mari ou l'amant supplanté nous l'aurait dit, car c'est chez nous qu'on vient chercher consolation de ces désastres.

— C'est vrai.

— S'il avait donné dans les lacs de quelque beauté de théâtre, elle l'aurait déjà crié sur les toits; quand on est de l'espalier ou des chœurs, ou même premier sujet, on ne cache pas un vicomte de Candale.

— Alors, où a-t-il logé son cœur?

— J'ai bien peur qu'il n'ait donné dans quelque amour bourgeois ou de robe au Marais ou à l'île Saint-Louis.

— Tu m'effrayes, chère Guimard.

— Sans cela, il ne serait pas naturel, ma pauvre Rosette, que toi, une des plus belles filles de l'Opéra, tu soupirasses en vain.

— Je sens le vrai de ce que tu dis; mais comment se conduire en une telle occurrence?

— Fais-toi faire la cour par deux autres amants, cela te distraira toujours un peu.

— Point. J'écouterai tes conseils, à la condition qu'ils ne me diront pas de renoncer à mon amour.

— A la bonne heure, c'est être franche, et je vais te conseiller selon ton goût. Il faut absolument savoir ce que fait M. de Candale.

« Tu y es bien décidée, n'est-ce pas, car tu n'es pas de ces courages pusillanimes qui préfèrent l'incertitude à la vérité?

— Non, certes; mais comment savoir ce qu'il fait? Je l'ai essayé vainement.

— Belle manière de pénétrer le secret des gens que de l'aller demander à eux-mêmes!

— Alors, comment s'y prendre?

— M. de Sartines, qui est fort de mes amis, m'a rendu quelques petits services dans les choses de son ressort, et cela le plus galamment du monde.

— M. le lieutenant de police?

— Oui.

— Quel rapport y a-t-il entre la police et l'amour?

— De très grands rapports. J'avais un amoureux que je soupçonnais de quelques frasques en dessous; je n'y tenais pas autrement; mais je n'aime pas à être prise pour dupe.

M. de Sartines, pour éclairer sa conduite, me prêta ses deux plus fines mouches, des gens admirables pour la sape et l'intrigue, qui en revendraient à tous les Scapins de comédie, des hommes de génie qui lisent les lettres que vous avez dans vos poches, reconnaissant les gens masqués, voient à travers les murs et vous racontent tous vos secrets.

— En qu'en arriva-t-il?

— Mes Sbrigani me démontrèrent en vingt-quatre

heures que j'étais indignement trompée, et j'eus le plaisir de confondre le parjure avec des preuves de trahison si évidentes, qu'il crut qu'il y avait de la diablerie là-dessous, ou tout au moins de la magie blanche.

— C'est admirable !

— Je vais demander avec toi à M. de Sartines qu'il mette à ton service ces deux Argus, ce qu'il t'accordera à coup sûr, à moins qu'ils ne soient employés à des choses qui concernent le salut de l'État. »

Rosette donna dans cette idée avec la furie d'une personne amoureuse et jalouse qui voit un moyen d'éclaircir ses doutes, et les deux danseuses s'en allèrent chez M. Sartines qu'elles trouvèrent dans un cabinet plein de perruques, en train d'en essayer une nouvelle.

Ce magistrat les reçut de la manière la plus affable et la plus gracieuse, et se fit un plaisir d'attacher temporairement au service de Rosette les sieurs Clochebourde et Pincecroc qui, en virtuoses émérites, ne purent s'empêcher de sourire lorsque la danseuse leur dit ce qu'elle désirait savoir.

Le lendemain, un petit rapport fort proprement écrit se trouvait sous l'oreiller de Rosette, placé là par une main inconnue.

Il contenait ces mots :

« M. le vicomte de Candale va tous les jours chez M. Bonnard, son intendant, où il quitte ses habits de ville pour prendre ceux d'un jeune commis aux gabelles, puis il se rend, ainsi déguisé, rue de***, n°***, au troisième étage, chez Mlle Jeannette, ouvrière en dentelles, emménagée là depuis peu. Il y reste deux heures environ.

« Dimanche dernier, M. le vicomte et Mlle Jeannette sont allés se promener à la campagne et ont dîné au cabaret du *Lapin blanc*. Nous ne savons pas au juste ce qu'ils ont mangé, mais si madame y tient nous ferons nos efforts... »

« Ah ! grands dieux ! soupira Rosette en lisant le fatal rapport, une grisette est encore pire qu'une bourgeoise; » et, se laissant aller en arrière, elle perdit connaissance; on ne put la faire revenir qu'avec l'eau de la reine de Hongrie et les gouttes du général la Mothe, souveraines dans ces occasions.

XIX

Le caprice de Mme de Champrosé de se transformer en Jeannette devait troubler plus d'un cœur.

Le sensible droguiste de la rue Sainte-Avoye avait reçu au bal du Moulin-Rouge une flèche de Cupidon en pleine poitrine. L'on n'ignore pas que ce petit dieu tire sur les mortels avec des flèches de deux sortes.

Les premières ont des pointes d'or, les secondes des pointes de plomb, les unes inspirent l'amour, les autres l'antipathie, ou tout au moins la froideur.

Le malheureux droguiste était si traversé par une des premières, que le dard lui sortait par le dos, tant la corde avait été bien tendue et l'arc bien bandé. Une des secondes avait été dirigée sur Mme de Champrosé, qui se souciait du droguiste non plus que s'il n'eût pas été du monde.

Être l'héritier présomptif d'une belle droguerie, rue Sainte-Avoye, à l'enseigne du *Mortier d'argent*, et mourir d'amour pour une grisette sans le sou, c'est une position humiliante et triste.

C'était celle du jeune Rougeron, l'Alcibiade, l'Amilcar, le Galaor du quartier, celui que les Denise, les Nicole et les Javote regardaient tendrement en passant devant la boutique, où, assis au comptoir proprement ciré, il broyait quelque médicament, quelque épice, quelque aromate, ou se délassait des soins de la journée à tourner très dextrement en cornets de papier les œuvres de messieurs tels ou tels, dont plusieurs étaient cependant des quarante.

Plus d'une belle fille de la rue Maubuée, de la rue du Plâtre, de la rue Geoffroy-l'Angevin et Bar-du-Bec, rêvait d'être assise en robe de siamoise flambée dans ce comptoir triomphal; car, si la droguerie touche d'un côté à l'épicerie, de l'autre, elle touche à l'apothicaire, ce qui la relève infiniment et lui donne de la majesté.

Mais elles rêvaient et soupiraient en vain, Rougeron ne pensait qu'à Mlle Jeannette, qui, vu l'effet divers des flèches dont nous avons parlé tout à l'heure, n'avait pas pensé une minute à lui.

Comment retrouva-t-il la jolie ouvrière en dentelles ? c'est un point d'histoire qui n'est pas bien éclairci.

Il est probable qu'il la rencontra par hasard et la suivit de loin jusqu'à son logis, ou peut-être le courtaud de boutique, galant de Justine, qui était son ami, fit-il quelque indiscrétion ; ce que nous pouvons dire, sans plus nous arrêter sur ce détail fastidieux, c'est qu'un matin Jeannette vit entrer chez elle le fils du droguiste ayant l'air le plus piteux, le plus décontenancé et le plus sot du monde, tournant son chapeau entre ses doigts, saluant comme un enfant de chœur, aussi empêtré de sa personne, aussi embarrassé de ses bras et de ses jambes qu'un amoureux de village devant les grands-parents de son accordée.

Ce triomphateur d'un si beau sang-froid et d'un si grand aplomb dans les bals de guinguettes faillit prendre un billet de parterre, comme le beau Léandre ou Jeannot dans les parades de la foire Saint-Laurent, lorsque Jeannette lui dit de s'asseoir, tant il avait pris mal ses mesures car l'amour, qui donne de l'esprit aux filles, rend les garçons bêtes, on ne sait pourquoi.

Jeannette, le voyant tout rouge, tout pantelant, le front couvert de sueur, eut pitié de son embarras et ouvrit la conversation par une phrase banale.

« Quel hasard vous amène ici, mon cher monsieur?
— Je passais par là, et j'ai profité de l'occasion pour vous faire une petite visite, car je ne vous ai pas vue depuis ce fameux bal...
— Ce m'est bien de l'honneur, et vous m'y voyez on ne peut plus sensible, » reprit Jeannette d'un ton froid qui contre-balançait ce que ses paroles pouvaient avoir d'honnête et d'engageant.

La conversation allait tomber de nouveau, lorsque l'infortuné droguiste, faisant un violent effort sur lui-même, reprit ainsi avec beaucoup de feu et de véhémence :

« Non, mademoiselle Jeannette, je ne passais pas par là, comme je viens de le dire tout à l'heure. Je suis bien venu tout exprès en prenant ma résolution à deux mains : je souffrais trop de ne pas vous voir.

« C'est le bal du Moulin-Rouge qui a tout fait. Vous étiez ce soir-là si jolie, si brave, si pimpante, que j'en ai eu le cœur pris tout de suite.

« Jusqu'à présent, j'avais eu des amourettes ; maintenant, c'est de l'amour tout de bon ; je le sens à la peine que j'endure ; j'en perds le manger, le boire et le dormir, encore que je voudrais si bien dormir, pour rêver de vous ; ce serait toujours cela !

« Avant de vous connaître, je passais pour un garçon entendu dans ma partie, et qui ne manquait pas d'esprit ; on citait mes quolibets de la rue de la Verrerie à la rue des Vieilles-Audriettes ; à présent, je ne mets pas le poids qu'il faut, je pèse tout de travers, je fais des cornets qui se déroulent, je donne de la vanille pour de la cannelle, et me trompe sans cesse dans les sirops. Je ne sais plus distinguer un alcali d'un acide, et, tout dernièrement, j'ai raté une teinture de tournesol, à quoi j'excelle.

« Autrefois j'avais toujours le petit mot pour rire, et disais aux pratiques et aux jeunes filles les choses les plus drôles du monde; mais ce n'est plus cela : je suis maladroit, tout stupide et tout chose, ce qui prouve, mademoiselle, que je vous aime; car enfin ce n'est pas naturel, et il faut que le petit dieu malin s'en soit mêlé. »

Pendant cette étrange déclaration, Jeannette eut plus d'une fois envie de rire ; mais l'infortuné droguiste avait tant de feu et de conviction, son sentiment était tellement sérieux sous son discours burlesque, qu'elle put n'éclater point et répondre assez doucement pour ne pas aggraver ce chagrin véritable, quoique ridicule :

« Monsieur Rougeron, tout cela sans doute est fâcheux ; mais qu'y puis-je ?

— Celle qui a fait le mal le peut bien guérir.

— Je voudrais bien vous rendre la raison, mais pas de la manière que vous entendez.

— Et comment ?

— En vous exhortant à ne plus penser à moi, comme doit le faire toute honnête fille en cette occasion.

— Vous ne m'aimez donc pas ?

— Non ! et cela ne doit pas vous blesser. On n'est point maîtresse de ses sentiments. Denise vous aime, et vous ne l'aimez pas.

— C'est vrai; mais il me semble que si vous accueilliez mes vœux un peu favorablement, vous finiriez par avoir de l'affection pour moi.

— On ne finit pas par avoir de l'affection ; c'est par là qu'il faut commencer.

— En amour, peut-être ; mais pour le mariage ce n'est pas nécessaire. Il y a la force du sacrement, puis l'habitude ; les bons soins et les enfants font le reste.

« Oui, Jeannette, tel est l'entraînement de ma passion pour vous, que je vous épouserai, s'il le faut, malgré la distance qui sépare un droguiste établi d'une simple ouvrière en dentelles.

« Mes parents murmureront d'abord, on criera à la mésalliance dans la rue Sainte-Avoye, mais votre beauté triomphera de tout et fera comprendre ma résolution.

« Je mets, divine Jeannette, le *Mortier d'argent* à vos pieds avec son comptoir de chêne, ses balances luisantes, ses pots de porcelaine étiquetés, ses tablettes et ses casiers remplis de cochenille, de safran, de mastic, d'outremer, de sang-de-dragon, de bézoar, de gomme adragante, de sandaraque, de cinname, de benjoin et d'aromates de l'Inde, aussi précieux que l'or ; j'y ajoute les trois mille livres de rente qui me viennent du chef de ma mère, et ma maison de la rue Culture-Sainte-Catherine, qui est d'un beau rapport, et une pièce de vigne près d'Orléans, dont je fais un vin assez joli, sans compter les hardes, nippes et bijoux.

— Tout cela est très beau, répondit Mme de Champrosé, peu émerveillée de cet inventaire persuasif qui eût dû éblouir Jeannette, et sur lequel le droguiste amoureux comptait comme sur le mouvement d'éloquence le plus irrésistible ; mais je ne puis donner les mains à un mariage qui vous mettrait mal avec vos parents.

— S'il n'y a que cet obstacle, je saurai bien l'aplanir, répondit le droguiste tout pâle d'émotion.

— Et auquel, continua Jeannette, malgré tous les avantages qu'il présente et l'honneur dont il me comblerait, je ne me sens nulle inclination.

— Si vous me refusez de la sorte, mademoiselle Jeannette, c'est que vous en aimez un autre.

— Eh bien! quand cela serait! ne puis-je disposer de mon cœur à ma fantaisie.

— Et c'est M. Jean l'heureux mortel! un petit provincial d'Auxerre, dont tout l'avenir est d'avoir douze cents livres aux gabelles... Joli parti!

— Très bon pour moi, qui n'ai rien. Mais de grâce, mon cher monsieur Rougeron, ne vous laissez pas aller à ce mauvais goût de draper un rival. »

Sans ajouter un mot, le droguiste anéanti se retira blême de colère et de jalousie, méditant quelque vengeance contre Jeannette ou contre Jean, ou même contre tous les deux, car rien n'est plus amer dans son ressentiment qu'un droguiste aigri.

XX

Nous avons laissé Rosette évanouie en apprenant cette déplorable nouvelle que M. le vicomte de Candale était préoccupé d'une grisette; quand elle fut revenue de cette pâmoison, elle n'eut d'autre idée que de voir cette Jeannette, assez belle pour couper les roses sous le pied à une déesse d'Opéra et débaucher au sentiment un jeune seigneur qui, jusque-là, s'était contenté du plaisir.

Elle comprit, avec cet instinct de femme qui ne trompe jamais, que l'ouvrière en dentelles devait être un rare morceau pour séduire à ce point M. de Candale, qui était fort usagé et avait beaucoup de monde.

Ce qui l'alarma principalement, c'est que Mlle Jeannette, quoique courtisée du vicomte, restait dans sa petite chambre, au lieu d'être transportée dans quelque petit hôtel meublé avec un luxe ruineux, comme c'est l'usage lorsqu'un seigneur distingue avec quelque suite une fille de peu.

Il fallait que Jeannette fût d'une vertu à toute épreuve, ou que M. de Candale la respectât infiniment, pour ne pas s'être conduit avec elle de la sorte dont il l'aurait fait avec tout autre.

Elle se disait bien que le vicomte s'était déguisé d'abord pour ne pas effaroucher la donzelle et pénétrer dans la place à l'abri de ce travestissement; mais elle s'étonnait qu'il le gardât; et, pour éclaircir ses doutes, elle fit venir une chaise, s'y plaça, enveloppée d'une grande thérèse de couleur sombre, et dit à ses porteurs de la conduire à la rue de...

Jeannette, qui se croyait inconnue à l'univers et perdue comme un oiseau au fond des bois dans ce nid d'amour, fut on ne peut plus surprise lorsqu'elle vit entrer une belle femme bien mise, et l'air passablement dédaigneux, qui lui dit :

« Mademoiselle Jeannette?

— C'est moi, madame.

— Vous travaillez en dentelles?

— Oui, madame.

— Pourriez-vous me faire trois aunes d'un dessin pareil à celui-ci?

— Ce sera long et difficile, mais on peut en venir à bout, dit Mme de Champrosé, soutenant à tout hasard devant cette inconnue, dont elle ignorait les intentions, son personnage d'ouvrière.

— Et ce sera cher?

— Trois louis, madame.

— Les voilà d'avance, » dit Rosette, qui voulait se donner le temps d'examiner sa rivale, et qui ne put avec la meilleure volonté du monde de la trouver affreuse, s'empêcher de convenir vis-à-vis d'elle-même que Jeannette était charmante.

Elle admira en enrageant ces beaux yeux bleus si tendres et si fiers, cette bouche rose, ce teint délicat, ces traits si purs, ce beau col si bien attaché, tous ces charmes modestes que faisait valoir un frais déshabillé ; et cette contemplation lui arracha un soupir.

Certes, sa beauté valait celle de Jeannette, et pourtant l'ouvrière en dentelles avait quelque chose d'indéfinissable, un charme particulier, une noblesse naturelle, un certain air aristocratique, si ce mot peut s'appliquer à une simple grisette.

« D'où vient donc qu'elle est plus belle que moi ? se disait la danseuse vis-à-vis de l'ouvrière ; mes yeux valent les siens, mon teint est aussi éclatant, et ma taille est mieux prise. Serait-ce, comme dit ce philosophe, imitateur de Jean-Jacques, que je fais dîner à l'office, qu'à la beauté physique elle joint la beauté morale ? J'étais venue pour lui chanter pouilles, et voilà que je reste presque embarrassée devant elle. »

Ces réflexions rapides traversèrent la tête de Rosette, causèrent un silence de quelques secondes qui devenait gênant ; la danseuse le rompit :

« Ma chère petite, fit-elle du ton le plus affectueux qu'elle put prendre, cette dentelle n'était qu'un prétexte ; je voulais vous voir et vous parler pour des choses d'importance, qui vous regardent vous et moi : car, bien que je ne vous aie jamais vue, tout ce qui vous intéresse me touche fort.

— Ce que vous dites, madame, est une énigme où je ne comprends rien. »

Que peuvent avoir de commun deux personnes qui ne se sont jamais rencontrées, et qui ne se rencontreront probablement plus ?

« Mademoiselle Jeannette, vous avez un amant ? »

À cette interpellation si brusque, le noble sang de ses aïeux monta aux joues de Mme de Champrosé qui, se rappelant qu'elle était Jeannette, se remit aussitôt et garda un silence hautain.

« Un amant, c'est peut-être trop dire, un amoureux, comme cela se nomme dans votre caste.

— Que j'aie un galant ou non, que vous importe? laissez-moi, madame; vous me tenez, dans je ne sais quel but, des discours que je ne puis entendre.

— Cela m'importe beaucoup, j'aime le vicomte de Candale.

— Et moi, M. Jean, cela m'est bien égal.

— Pas si égal que vous croyez.

— Et pourquoi?

— M. le vicomte de Candale et M. Jean ne sont qu'une seule personne.

— Je ne crois pas un mot de ce que vous dites. Vous voulez me tourmenter; en tout cas, je ne suis point jalouse : vous n'êtes pas aimée. Sans cela vous ne viendriez pas chercher le vicomte de Candale chez Mlle Jeannette.

— Hélas! vous avez bien raison, mademoiselle Jeannette, il ne m'aime point, et maintenant je le comprends, car vous êtes belle, très belle, oui, plus belle que moi; mais l'amour que vous acceptiez de M. Jean, pouvez-vous l'accepter du vicomte de Candale, un jeune seigneur de maison illustre, bien placé à la cour, qui a pris ce déguisement pour vous séduire, comme Jupiter lorsqu'il se transformait pour se divertir avec de simples mortelles? Il n'a d'autre idée que de vous suborner, d'abuser de votre innocence.

Rien de sérieux ne peut exister entre vous. Vous êtes nés dans des sphères trop différentes pour que vos existences ne se séparent pas d'elles-mêmes. Que pouvez-vous être dans sa vie? Une heure de plaisir.

Bientôt il retournera au monde où il est fait pour briller, et vous resterez dans votre ombre, pleurant votre crédulité.

Assurément il vous donnera autant d'or que vous voudrez, il vous fera des rentes; mais ce n'est pas là ce que vous désirez de lui, puisque vous êtes sage et ne visez qu'au sentiment.

Peut-être, chère petite, aviez-vous l'espoir de vous faire épouser par M. Jean.

C'est une chimère avec M. de Candale, qui sera duc et grand d'Espagne de première classe après la mort de son oncle.

— Qui sait? dit Jeannette en souriant le plus tranquillement du monde; nous reparlerons de cela quand vous viendrez chercher votre dentelle.

— Mais c'est qu'elle le fera comme elle le dit, pensa Rosette atterrée, en regagnant sa chaise.

Ces grisettes, avec leurs semblants de désintéressement et de vertu, sont mille fois plus rouées que les sujets du chant, et ce n'est pas peu dire.

Ah ! mon pauvre cœur de bonne fille, dans quelle galère t'es-tu embarqué en aimant Candale ! »

Cette révélation étrange, si bizarrement faite, causa-t-elle peine ou plaisir à celle qui la reçut? Si Jeannette y perdit, Mme de Champrosé y gagna.

Elle se sut bon gré de la perspicacité de son choix : elle aima son sang de ne s'être point trompé, et fit compliment à son cœur de n'avoir pas aidé ce caprice plébéien né des conseils de l'ennui et des intrigues d'une femme de chambre.

Elle eut une joie d'hermine en sentant sa blanche fourrure vierge de tache. Au fond, quoique très-amoureuse de Jean, elle trouvait ce nom bien vulgaire, et fut heureuse de le voir s'allonger de la vicomté de Candale ; alors, bien des élégances, bien des distinctions et des finesses qui lui semblaient étonnantes dans le faux commis aux gabelles s'expliquèrent d'elles-mêmes.

Elle se livra à son amour avec une sécurité plus

complète, n'en redoutant pas les suites et pouvant faire une liaison éternelle de ce qui ne devait être qu'une fantaisie de passage.

Ainsi Rosette, au lieu de nuire aux amours de Candale, les avait servis ; mais elle ne pouvait savoir que Jeannette était la marquise de Champrosé ; elle ne l'avait pas demandé aux mouchards qui, en gens discrets, lui avaient laissé ignorer ce détail à la recommandation de M. de Sartines, toujours prudent, mystérieux et sage.

Lorsque M. Jean vint rendre sa visite accoutumée à Jeannette, celle-ci le reçut de l'air le plus cérémonieux du monde et avec toutes les marques du plus profond respect.

« Quelles belles révérences vous me faites aujourd'hui, Mademoiselle Jeannette ; vous m'aviez habitué à une réception plus amicale et plus familière ; un baiser me plairait mieux que trente révérences.

— Ah ! c'est que je ne croyais pas recevoir dans mon humble chambre un si grand et si puissant personnage.

— Quel personnage ? que voulez-vous dire ? où tendent ces simagrées ? dit Candale, assez inquiet de la tournure que prenait cette conversation.

— C'est vraiment beaucoup d'honneur pour la pauvre Jeannette.

— Pardieu ! trêve de raillerie ; Jean et Jeannette peuvent se faire plaisir, mais non honneur : leurs titres se valent.

— Non. Mlle Jeannette ne peut aller de pair avec le vicomte de Candale. Votre généalogie, monsieur Jean, — permettez-moi de vous appeler encore une fois de ce nom sous lequel je vous ai tant aimé, — remonte beaucoup plus haut que la mienne. »

Ce coup subit étourdit un peu Candale, mais il se remit bientôt, et, avec un air d'extrême noblesse, il dit :

« Quelle que soit la manière dont vous ayez appris mon nom, je ne le renierai pas. Oui, je suis le vicomte de Candale. Je dois cela à mes aïeux de le dire quand on me le demande.

— Ah ! monsieur de Candale, comme vous avez abusé de la simplicité d'une jeune fille ! comme vous m'avez trompée !

— Trompée ! et en quoi ? Ai-je menti ? Regardez, mes yeux ne sont-ils pas pleins de flamme et d'amour ? Ce que M. Jean a dit, Candale le répète.

— Mais Mlle Jeannette peut-elle l'écouter ?

— Dédaigneuse ! elle écoutait bien M. Jean. Allez-vous faire la fière parce que je ne suis qu'un vicomte ? Tout le monde ne peut pas être roturier. Je n'ai pas eu la chance de naître sans particule et sans titre. Il faut me pardonner.

— Comment se fait-il que le vicomte de Candale fût à la noce au Moulin-Rouge ?

— Mon Dieu ! pur caprice, désœuvrement, ennui de plaisirs fastidieux, amour de l'inconnu, vague espérance du cœur qui cherche ce qu'il rêve et que j'ai trouvé, grâce à mon travestissement ; vous avez accueilli le commis aux gabelles et vous auriez repoussé le vicomte.

Écoutez, Jeannette, continua-t-il d'un ton plus sérieux : je vous aime comme je n'ai jamais aimé personne ; fiez-vous à moi.

Loin de cacher ma passion, je veux m'en glorifier, je veux vous remettre à votre place, je veux enchâsser votre beauté dans l'or, vous faire une vie d'enchantements et de fêtes, vous rendre riche, éclatante, heureuse à faire envie aux duchesses, vous donner sur des plats d'argent les clefs de vermeil de tous mes châteaux ; la maîtresse du roi, qui est presque reine de France, pâlira de jalousie en vous voyant passer, car elle se sentira tombée du trône de beauté qu'elle n'occupe que parce que vous daignez rester dans l'ombre.

Ma vie, mon sang, mon or, tout est à vous. Je vous donne tout.

— Oui, tout, excepté cet anneau, que M. Jean aurait passé au doigt de Jeannette, et qui, seul, me permettrait d'accepter les trésors de M. de Candale.

Adieu, vicomte, nous ne devons plus nous revoir. Baisez ma main pour la dernière fois... Ah! monsieur Jean, pourquoi êtes-vous venu danser au Moulin-Rouge! »

XXI

Il faudrait un crayon plus habile et plus exercé que le nôtre pour peindre au vrai la physionomie désappointée de l'abbé lorsqu'il se présenta à l'hôtel de Champrosé à son heure ordinaire, et qu'il lui fut dit par le suisse que Mme la marquise était allée passer six semaines à la terre de sa tante, la vieille baronne de Kerkaradec, en Bretagne.

L'abbé, réjoui de l'idée de voir Mme de Champrosé dont il aimait fort la société, était arrivé d'un air furtif et joyeux, sautillant sur la pointe de ses souliers à boucles d'or, son petit manteau galamment jeté sur le bras, sa jambe moulée dans un fin bas de soie noire et comme on dit *in fiocchi*.

Il était encore plus rose et plus épanoui que de coutume ; son sourire, motivé par un contentement intérieur, faisait étinceler les trente-deux perles de sa denture.

Il avait préparé deux ou trois plaisanteries à peu près neuves et autant de madrigaux presque inédits sur l'effet desquels il comptait beaucoup. Jamais il ne s'était senti si en verve, et, pour arriver plus tôt, il avait fait dire son bréviaire par son domestique.

Pauvre abbé! aucun pressentiment fâcheux ne l'avait averti.

A force de grâce et d'amabilité, il se flattait de supplanter, ce jour-là, le sapajou, son élève et son rival dans le cœur de Mme de Champrosé, et Mme de Champrosé était partie pour un pays sauvage, inabordable, affreux, pire que la Chersonèse taurique, et peuplé de Topinambous, d'Algonquins et de Hurons!..... Quel coup!

Son sourire, qu'il ne pouvait fermer tout à fait, se rétrécit de moitié, ce qui était pour lui la suprême expression de la tristesse, et il se retira à pas lents, la mine défaite et l'air atterrée, laissant prendre au taffetas de son manteau des plis désespérés, et se répétant machinalement :

« Quelle barbarie insoutenable et quelle irrégularité choquante de procédé de s'en aller ainsi sans tambour ni trompette chez une tante sempiternelle, et de nous planter là, nous ses amis, ses commensaux, ses adorateurs, et les animaux de sa ménagerie intime.

A qui donc vais-je dire les petits vers impromptus que j'ai si laborieusement préparés pour elle ce matin! Faudra-t-il les laisser rancir jusqu'à son retour?..... Ah! sort cruel, destinée impie, que t'a fait un pauvre abbé de cour pour le persécuter de la sorte! »

Après l'abbé vint le financier Bafogne, en carrosse surdoré, chargé de peintures et d'armoiries voyantes (car Bafogne avait acheté récemment des lettres de noblesse), encombré par derrière d'un monde de laquais, chargé par devant d'un cocher de la plus vaste corpulence.

Ce financier descendit lourdement de la somptueuse machine, vêtu avec un faste inouï : habit, veste et culotte de brocart d'or doublé de brocart d'argent, boutons de diamants larges comme des tabatières. Il rayonnait comme un paon dans sa queue, car, ayant formé depuis longtemps le projet de faire une déclaration en règle à Mme la marquise de Champrosé, et ayant choisi ce jour-là précisément pour l'exécution de ce grand acte qui lui coûtait beaucoup, car Mme de Champrosé lui imposait, il s'était mis sous les armes et fait aussi beau que possible, c'est-à-dire fort laid, les grâces ne s'achetant pas chez le fournisseur.

Lorsqu'il apprit l'inconcevable départ qui dérangeait tous ses plans, il se mit dans une violente colère, de cramoisi devint violet, jura, maugréa, tempéta, frappa la terre de sa grande canne à pomme d'or, ciselée par Roettiers, le graveur du roi, d'une force à la briser, quoique le jonc en fût d'un prix inestimable, et dit au suisse ce mot magnifique qui peignait au vif sa profonde croyance dans le pouvoir de l'argent :

« Maraud, dis-moi que ta maîtresse n'est pas partie et je te donne cent pistoles ! »

Le suisse consciencieux, qui ne demandait pas mieux que de gagner la somme, eut le chagrin de répondre à Bafogne que sa maîtresse était véritablement partie depuis la veille pour le château de sa tante, la baronne de Kerkaradec, près de Pen-Marck, dans la baie d'Audierne, détails qu'il se crut obligé d'ajouter pour remercier le traitant de la profusion de son offre, et que celui-ci récompensa par une poignée d'écus de six livres.

Au traitant succédèrent le commandeur de Livry et le chevalier, dans un phaéton attelé de grands chevaux anglais, importation mise à la mode par M. de Lauraguais, qui revenait de Londres, où il était allé apprendre à penser.

Le commandeur fut sensiblement navré de l'absence de Mme de Champrosé dont le cuisinier avait un style qui cadrait avec ses opinions sur la science de bien manger.

Personne ne réussissait mieux à son gré le potage à la bisque et les quenelles à l'essence, et c'était un homme incomparable pour les salmis de bécasses.

Aussi le commandeur était-il de la fidélité la plus exemplaire aux soupers de la marquise. On pouvait difficilement le détourner à manger ailleurs, et, après ses propres vins, qu'il soignait avec la sollicitude la plus minutieuse, il n'admettait comme dignes d'être bus par un gosier intelligent que ceux de la marquise dont le sommelier avait pour lui la vénération la plus profonde à cause de ses grandes connaissances dans la matière.

Le chevalier, qui, trompé par les peintures que Justine lui faisait de ses progrès dans le cœur de sa maîtresse, croyait entendre sonner bientôt pour lui l'heure du berger, ne vit pas sans un dépit extrême ses espérances reculées indéfiniment.

Il s'imaginait, grâce à son esprit de ruelles et à sa jambe qu'il avait fort belle et dont il tirait vanité, avoir fait quelque impression sur l'aimable marquise : que de bons mots et de dandinements il lui faudrait pour rattraper le temps perdu ! pensa-t-il avec une sorte de rage. Mais ce dépit outré ne remédiait à rien.

Les quatre habitués de l'hôtel Champrosé se dispersèrent donc, cherchant à passer leur soirée du mieux possible.

L'abbé alla chez la présidente de T***, mais il trouva son carlin si mal élevé et son singe si maussade qu'il s'amusa médiocrement ; la présidente se couperosait d'ailleurs outrageusement, et pour comble de malheur, jamais incarnat ne fut plus mal distribué que le sien, les roses de la pudeur avaient abandonné ses joues pour se réfugier sur son nez où, malgré l'eau de chicorée et de concombre dont on les arrosait, elles se changeaient en coquelicots du ponceau le plus vif.

L'abbé, comparant ce nez, indomptable dans ses ardeurs, au petit nez frais et blanc de Mme de Champrosé, sentit plus amèrement toute l'étendue de son infortune.

Il essaya vainement de placer les vers et les mots qu'il avait faits le matin : les circonstances n'y prêtaient pas, et, au lieu de compliments, ils eussent paru des injures sanglantes.

Accablé par tant de revers, il fut terne, et la présidente de T*** dit à la baronne de B*** :

« Décidément, il baisse, ce cher abbé. »

Encore si le souper avait été bon ! Mais les vins étaient frelatés et les laquais ne versaient à boire qu'en rechignant ; les assiettes disparaissaient aussitôt qu'on tournait la tête, escamotées par les serviteurs pressés de s'aller coucher et d'emporter la desserte.

Malgré le luxe de la vaisselle plate, l'éclat des cristaux et des bougies, c'était une vraie chère de cabaret, comme dans la plupart de ces maisons où l'ostentation se mêle à l'avarice.

Le malheureux abbé prit congé, indigéré à la fois et mourant de faim, et se retira chez lui avec des idées d'aller finir à la Trappe.

Bafogne ne fut pas beaucoup plus heureux ; ne sachant que faire de son temps, il se rendit chez la Desobry, qui l'aidait à prendre en patience les rigueurs des grandes dames ; mais comme l'impure avait compté que son Mondor passerait sa soirée ailleurs, elle avait pris ses mesures pour charmer la solitude où il la laissait.

Le traitant, qui entra inopinément avec l'autorité d'un homme qui paye, vit une petite table à deux couverts délicatement servie, et un bout d'épée et une basque d'uniforme qui disparaissaient par une porte refermée aussitôt.

En vain la Desobry chercha-t-elle à lui expliquer que rien n'était plus naturel que d'avoir deux couverts quand on est seule. Le traitant ne voulut point mordre à cette explication si plausible. Car il avait vu, de ses yeux vu, un pan d'habit disparaître dans le cabinet, qu'il voulut ouvrir à toute force.

Il en sortit un mousquetaire rouge de la plus belle venue, qui n'avait pas l'air le moins du monde déconcerté, et qui expliqua à Bafogne qu'il était le cousin de Mlle Desobry, personne fort respectable, et qu'il entendait qu'on traitât avec les plus grands égards ; sinon, il jurait son grand sacrebleu qu'il couperait les deux oreilles au faquin qui lui manquerait.

Le financier, qui ne brillait pas précisément par l'héroïsme, et tenait à conserver ses oreilles, quoiqu'elles fussent longues, lança à la Desobry un regard de travers, comme celui des boucs dont parle Virgile ; mais il ne sonna mot et se retira en fermant les portes avec fracas, laissant le champ libre au mousquetaire et à la donzelle, qui riait impertinemment aux éclats.

Telle fut la soirée du traitant Bafogne.

Le commandeur de Livry, pour se consoler, dévora presque entière une hure de sanglier aux pistaches qui le faillit étouffer, bien qu'il l'eût arrosée de nombreux rouge-bords et qu'il possédât un estomac d'autruche, célèbre pour sa capacité digestive.

La nuit, il eut un cauchemar affreux. Le sanglier dont il avait mangé la hure, sinistrement décapité, piétinait sur sa poitrine et tâchait de l'écraser en se roulant sur lui.

Ce songe alarma beaucoup le commandeur, qui consulta Tronchin.

Le célèbre docteur répondit en souriant :

« Ce rêve signifie que le sanglier est lourd et que vous aurez une indigestion si vous en mangez encore. »

Quant au chevalier, il était de si mauvaise humeur, si aigre, si cassant, qu'il se fit, dans les coulisses de l'Opéra, une querelle avec Versac ; on prit l'heure pour se battre, et le chevalier reçut à la joue une estafilade qui le faillit éborgner, et le força de porter pendant quelques jours une grande mouche de taffetas d'Angleterre qui le défigurait si plaisamment, qu'elle faillit lui faire avoir un autre duel.

Voilà les fâcheuses extrémités où Mme de Champrosé contraignit ses quatre visiteurs habituels, en feignant d'aller passer six semaines chez sa tante, la baronne douairière de Kerkaradec, tandis qu'elle filait le parfait amour avec Jean, dans sa petite chambre d'ouvrière en dentelles.

Mais ce que Mme de Champrosé n'avait pas prévu, c'est le parti suprême que prirent tous ces désœuvrements aux abois.

Au bout de quelques jours d'essais infructueux pour se caser aussi agréablement ailleurs, l'abbé, le financier, le chevalier et le commandeur conçurent séparément une idée dont chacun crut avoir la primeur, et qu'ils mirent à exécution le plus sournoisement possible.

Cette idée amena la complication que nous allons raconter.

XXII

Le manoir de Kerkaradec, vieux reste des temps de barbarie, est une bastille gothique avec des murailles de quinze pieds d'épaisseur, où les fenêtres font cabinet, avec des créneaux, des moucharabys, des mâchicoulis, des barbacanes, un pont-levis, une herse et tout l'attirail féodal.

Quatre tourelles aux toits en poivrière flanquent les angles, surmontées de girouettes en queue d'aronde que rouille le vent de la mer qui se brise au pied du château sur des rocs, et dont on entend, nuit et jour, la plainte ennuyeuse et monotone ; des nuées de martinets tournent en criant autour de cette gentilhommière pour tâcher de donner un peu de vie à ces murs noircis par les siècles.

Rien n'est plus affreux que ce manoir de Kerkaradec, élevé à une époque où le goût n'était pas encore formé par les Mansard, les Gabriel, les Ledoux et les Servandoni, qui nous ont fait goûter les beautés régulières et le vrai style de l'architecture.

Il est étonnant qu'on puisse vivre hors de l'atmosphère des cours, loin du soleil de Versailles, le seul qui éclaire véritablement, parmi les paysans non moins sauvages que des animaux, et des gentilshommes aussi rudes que leurs aïeux celtes, de féroce mémoire.

Cependant la douairière de Kerkaradec, quoique des mieux nées, avait résolu ce problème, puisqu'elle était âgée de quatre-vingts ans ; il est vrai qu'elle avait eu le temps d'oublier Paris, où elle avait été élevée, sur sa grève solitaire de la baie d'Audierne.

Certes, on ne pouvait rêver pour ce vieux château une châtelaine plus assortie ; la figure allait on ne peut mieux au cadre : la douairière de Kerkaradec, avec son bonnet à grandes barbes du temps de la jeunesse de Louis XIV, sa robe d'étoffe roide, brocatelle ou lampas, qu'on eût dit taillée dans un vieux rideau, ses grands yeux de chouette tout bistrés et séparés par un nez mince, luisant comme un bec, sa bouche rentrée par l'enfoncement des dents, semblait l'esprit des temps passés, qui revenait hanter cet édifice d'autrefois. Malgré son air de sorcière, augmenté par la solitude et la sauvagerie du lieu, Mme de Kerkaradec avait cependant grand air et haute mine ; on comprenait que le sang qui gonflait ses vieilles veines, sous la peau parcheminée de ses mains sèches comme des griffes de momie, était un sang pur et sorti d'une noble source.

Le rêve caressé de cette bonne dame était d'avoir un partenaire pour jouer aux cartes avec elle. Tous les vieux gentilshommes ses amis étaient morts depuis longtemps.

Elle n'avait que des parents éloignés ou qui ne demeuraient pas en Bretagne; le curé ne pouvait pas venir souvent.

Le presbytère était à une assez grande distance du château, et les chemins qui y conduisaient étaient détestables.

La pauvre douairière, assise près d'une fenêtre dans un grand fauteuil de tapisserie, s'occupait donc gravement à faire une partie toute seule, sa main droite la représentant elle-même, et sa main gauche représentant son adversaire idéal, lorsqu'une vieille servante tout effarée entra dans la chambre et dit à sa maîtresse :

« Madame ! madame ! on a sonné à la cloche du pont-levis !

— Allons donc ! folle, les oreilles te tintent. Qui veux-tu qui sonne à notre pauvre colombier abandonné ?

— Les oreilles ne me tintent pas : Yvon est allé ouvrir.

— Que me contes-tu ? Il ne vient personne ici. M. le curé passe par la brèche du parc, et entre par la poterne.

— Madame, on a sonné, — et sonné trois fois.

— Chimères ! Le dernier qui a fait baisser le pont-levis, c'est M. de Penhoël, parce qu'il venait à cheval, et il y a.... voyons.... quinze ans qu'il est mort, » dit la bonne dame en comptant sur ses doigts maigres et jaunes.

La vieille Berthe ne s'était cependant pas trompée,

car, au bout de quelques minutes, un grand drôle, moitié laquais, moitié valet de ferme, vint dire qu'un gentilhomme, dont la chaise s'était rompue à quelque distance du château, demandait l'hospitalité.

« L'hôte que Dieu nous envoie est le bienvenu, dit la vieille dame, qui avait les traditions des anciens temps. Faites-le entrer. »

Le laquais sortit et Mme de Kerkaradec ne put s'empêcher de se dire : « Il fera ma partie, cet hôte béni qui me tombe du ciel. »

Un personnage de notre connaissance, qui n'était autre que le chevalier, reconnaissable à la ligne rouge que lui laissait sur la joue l'estafilade faite par l'épée de Versac, s'approcha du fauteuil de la douairière, qui s'était un peu soulevée, et salua profondément.

« Madame, je suis le chevalier de Saint-Hubert.

— Moi, la baronne de Kerkaradec.

— Un maladroit de postillon a versé ma chaise et m'a brisé une roue dans une ornière, et je me vois dans l'impossibilité de continuer ma route devant que ma chaise soit raccommodée.

— Ce château est le vôtre, monsieur; mais ne vous êtes-vous pas blessé ou contusionné en tombant?

— Non, madame, ma chute a été la plus heureuse du monde; j'ai glissé sur un tertre fort mollet, tout moussu et tout herbu.

— Ah! tant mieux; en sorte que, pour attendre l'heure du dîner, vous pourriez faire avec moi un cent de piquet?

— Très volontiers, » répondit le chevalier qui saisissait aux cheveux cette occasion de rester dans la place.

Et il s'empara des cartes qu'il battit et coupa avec une aisance qui fit plaisir à la douairière.

« Quelle diable d'idée, se disait-il, a eue Mme de Champrosé de se venir enterrer dans ce nid de hiboux et de rats avec cette vieille momie! Les femmes sont vraiment folles. Où peut-elle être? Sans doute dans sa chambre, à lire, à parfiler ou dormir.

Il faudra bien qu'elle vienne dîner, et alors je la verrai, et cette passion à la suivre fera son effet et avancera mes affaires. »

Le chevalier et la douairière avaient à peine joué deux parties que Berthe, plus effarée que la première fois, vint dire :

« Madame, on a encore sonné.

— Eh bien! qu'on ouvre. »

Le laquais introduisit au bout de quelques instants un charmant abbé de cour très poupin, très propret, qui parut très surpris et très contrarié en voyant le chevalier déjà installé.

Cet abbé, vous le connaissez, du reste; il n'avait pu résister à deux jours de présidente et s'était mis au pourchas de Mme de Champrosé.

Dévorant cette contrariété, il déclina son nom et raconta son histoire, exactement pareille à celle du chevalier.

Mme de Kerkaradec expliqua ce double accident par l'état affreux des chemins, où bêtes, voitures et gens se perdent; puis elle invita l'abbé à prendre place autour de la table verte.

Une demi-heure après environ, la sonnette retentit une troisième fois, et Bafogne, souillé de boue, car plus gros et plus lourd il n'avait pas versé si adroitement que le chevalier et l'abbé, fit son apparition.

On lui fit accueil comme aux autres, et la douairière, levant au ciel ses mains diaphanes à force de maigreur, dit, avec un accent de jubilation profonde :

« Le ciel n'a pas voulu que je meure sans jouer encore une fois au whist. Nous voilà quatre : c'est le nombre qu'il faut; la Providence est grande! »

Le commandeur, assez disloqué, ne tarda pas à paraître en se servant du même prétexte.

« Asseyez-vous, monsieur, et quand un de ces gentilshommes sera fatigué, vous reprendrez son jeu, » dit la vieille dame transportée de joie d'une telle affluence.

Les quatre courtisans de Mme de Champrosé avaient eu tous les quatre la même idée d'aller la retrouver au château de Kerkaradec, et leur imaginative peu fertile leur avait fourni le même moyen, c'est-à-dire le plus banal.

Chacun avait espéré être seul inventeur de cette combinaison triomphale, et ce fut avec la rage la plus comique qu'ils se trouvèrent tous réunis chez la vieille Bretonne.

Tout en jouant de la plus mauvaise grâce du monde, ils se regardaient en dessous comme ces chimères japonaises, constellées de verrues, que l'on met en regard sur les étagères et les cheminées.

Mais cela n'était rien en comparaison de ce qui les attendait.

On vint dire à Mme de Kerkaradec qu'elle était servie, et l'on passa dans la salle à manger, la vieille dame donnant la main au chevalier.

O surprise! ô rage! ô désespoir! Mme de Champrosé ne parut pas : elle n'était pas au château!

Où pouvait-elle être? Sans doute en campagne avec quelque galant.

Le chevalier amena délicatement la conversation sur Mme de Champrosé, qui, disait-il, lui avait parlé souvent de Mme de Kerkaradec avec beaucoup de vénération et d'amour.

« Oh! fit la vieille dame, mes rides sans doute lui font peur. Il y a six ans que je ne l'ai vue, et plus de deux ans qu'elle ne m'a écrit.

— Nous sommes joués! » s'écrièrent en chœur,

mais à bouche close, le chevalier, l'abbé, le traitant et le commandeur, qui, après être restés un jour ou deux à faire la partie de Mme de Kerkaradec, comme la bienséance l'exigeait, repartirent ensemble pour Paris moulus et furieux.

Vous pensez bien qu'ils racontèrent l'histoire à qui voulut l'entendre, à la ville et à la cour, dans les cercles et dans les ruelles, à l'Opéra et à la Comédie, et il ne fut bientôt plus bruit que de la disparition de Mme la marquise de Champrosé, envolée avec un galant inconnu; car, dans cet ingénieux et positif dix-huitième siècle, personne ne supposa un instant qu'elle fût partie seule.

Candale lui-même apprit la chose et s'en étonna fort; mais il était à mille lieues de penser que lui seul eût pu dire où était la belle fugitive.

XXIII

La situation se compliquait, Mme de Champrosé avait appris par Justine, qui avait gardé des intelligences à l'hôtel, le voyage de ses quatre familiers à Kerkaradec, et le bruit qui en résultait.

Ce qui aurait été grave avec M. Jean, devenait bien plus arrangeable avec le vicomte de Candale; mais la marquise, avant de rejeter à tout jamais ce joli masque de Jeannette, sous lequel elle s'était déguisée pendant quelques jours, voulut pousser son personnage jusqu'au bout. Elle eut le caprice, ayant commencé cette intrigue, d'en tirer tout ce qu'elle contenait.

Cette ambition la prit, puisqu'elle avait donné dans

le romanesque d'être aimée pour elle-même, de ne devoir qu'à ses agréments naturels un triomphe qu'elle eût si facilement conquis avec son titre, sa richesse et sa grande position.

D'un autre côté, le vicomte de Candale, en rentrant chez lui, où il déposa les modestes habits de M. Jean, désormais inutiles, sentit qu'il était éperdument amoureux de Jeannette, et qu'il lui serait impossible de vivre sans elle.

Il alla donc la voir, revêtu, cette fois, des habits de son rang, dans un costume magnifique et galant qui faisait ressortir merveilleusement les avantages de sa personne. Il avait mis ses ordres, comme pour une visite de cérémonie.

Quand il entra dans la chambre, l'air tout rayonnant et tout superbe, Jeannette eut un frisson de plaisir, et trouva le vicomte beaucoup plus beau que le commis aux gabelles.

« Ah! monsieur Jean, s'écria-t-elle en jouant en perfection la surprise et la douleur, monsieur de Candale, veux-je dire, c'est peu généreux à vous de poursuivre une pauvre fille dont vous avez troublé la vie, et qui ne demande qu'à vous oublier, si elle le peut, dans l'ombre où vous êtes venu la trouver.

— Jeannette, de grâce, continuez à Candale l'amitié, l'amour que vous sembliez avoir pour M. Jean.

— Ne me rappelez pas ce nom sous lequel vous avez surpris un cœur qui croyait pouvoir se donner.

— Eh bien! soit. Ne parlons plus de Jean, parlons de Candale, dit le vicomte en se jetant aux pieds de Jeannette. Que veux-tu, méchante fille, être vertueux et froid qui te fais un jeu de ma souffrance? Tu refuses de me recevoir parce que je suis un vicomte.

Ta roture est donc plus fière que ma noblesse? Quand tu serais princesse, quand tu descendrais de Charlemagne en droite ligne, quand ton blason irait de pair avec le mien, que saint Louis a enrichi d'une nouvelle pièce aux croisades, est-ce que je t'en aimerais moins, et dois-tu m'imputer à faute un avantage que je n'ai pas cherché?

Oui, Jeannette, je le sens, ma vie est désormais attachée à la tienne et ne peut s'en séparer; il faut que tu m'aimes tout vicomte que je suis. Je vois la réponse voltiger sur tes lèvres charmantes, mais tu ne la diras point, car ce baiser l'étouffera au passage.

Tu es à moi de par la sainte nature, de par le droit sacré de l'amour, de par ton cœur qui tremble, de par le mien qui bondit; duchesse ou grisette, prince ou manant, qu'importe! Il n'y a ici que Cupidon et Psyché qui s'embrassent en se reconnaissant.

— Candale, laissez-moi, soupira Jeannette, cherchant à se dégager des bras du vicomte, n'abusez pas de ce que je vous aime.

— Ne crains rien, cher ange; reste sur mon cœur, c'est ta place; que peut avoir à redouter de son mari la vicomtesse de Candale?

— O ciel! que dites-vous là?

— Je dis que je vous épouse, parce qu'il n'y a plus maintenant qu'une femme au monde pour moi, et c'est vous.

— Bonheur inespéré! dit Jeannette, pâle et rose tour à tour, mais que je ne dois pas accepter! Y songez-vous, quelle mésalliance! un des plus beaux noms de France s'unir à une pauvre ouvrière en dentelles qui n'a rien que sa vertu.

— Tu es reine par ta vertu. Et d'ailleurs, par les mœurs et les morales qui courent, personne n'est sûr du sang qu'il a dans les veines.

Qui sait si tu n'es pas aussi noble que moi? Nos princes sont assez galants pour se pouvoir dire à la lettre pères du peuple.

— Oh! de grâce, Candale, ne calomniez pas ma

mère, dit Mme de Champrosé, qui ne put s'empêcher de sourire intérieurement de la supposition de Candale, supposition beaucoup plus fondée qu'il ne se l'imaginait, et ne persistez pas dans cette demande qui ferait le malheur de votre vie.

— Nullement; je prétends que nous serons heureux à faire enrager tout le monde.

— Comment, moi, pauvre ignorante, qui ne sais rien de la vie ni du monde, me pourrais-je conduire dans ces sphères brillantes, parmi tous ces hauts personnages, ces femmes altières qui me regarderont du haut de leur orgueil, et me feront sentir mon humble origine par des coups d'œil méprisants et des rires dédaigneux?

— Tout le monde respectera une femme que je présenterai en la tenant par la main.

— Ne craignez-vous pas les brocards de la ville et de la cour?

— D'abord, je ne crains personne : je suis jeune, libre, riche, et si quelque vieux gentillâtre, entiché des préjugés gothiques, me blâme de l'action la plus raisonnable de ma vie, j'aurai pour moi M. de Voltaire, le citoyen de Genève, Diderot et toute la clique encyclopédique, qui feront un bruit du diable en célébrant mon action comme digne d'un des sept sages de la Grèce.

J'en deviendrai tout populaire. Vous voyez donc, Jeannette, que toutes vos raisons ne valent rien, et vous serez bientôt la femme la plus recherchée et la plus à la mode de Paris.

Voulez-vous me donner, oui ou non, le bout de cette petite main blanche et frêle comme une main de marquise, pour que j'y passe la bague de M. Jean? »

Jeannette, qui comprit que plus de résistance pourrait contrarier et rebuter le vicomte, les yeux baissés et les joues fardées de pudeur, tendit le doigt à l'anneau de fiançailles que Candale lui offrait; et l'anneau accepté, elle se jeta au cou de son mari avec une effusion de tendresse adorable.

Le jour fut pris pour la célébration du mariage que l'impatient Candale voulut le plus rapproché possible; et le vicomte se retira le cœur plein de joie et de rêves de bonheur, non sans que l'amant eût dérobé quelques baisers au trésor de l'époux.

M⁽ᵐᵉ⁾ de Champrosé eut un moment l'idée de dire son vrai nom à Candale, après avoir reçu la bague; mais elle voulut lui garder cette surprise pour le contrat : quel ineffable bonheur inonda son âme lorsqu'elle eut acquis cette certitude d'être aimée sans arrière-pensée d'ambition, de vanité ou d'intérêt par un homme noble, riche, illustre, qui la croyait obscure et pauvre, simple fille du peuple, gagnant sa vie à croiser des fils, et qui l'associait à son rang et à sa fortune ! Cet amour lui mettait au front une couronne plus rayonnante que sa couronne de marquise.

Le rôle de Jeannette allait finir, et M⁽ᵐᵉ⁾ de Champrosé, accompagnée de Justine, rentra en chaise de poste à son hôtel avec un grand vacarme, pour que son retour s'aperçût; l'abbé, le financier, le commandeur et le chevalier accoururent aussitôt, et la marquise leur expliqua qu'en allant à Kerkaradec elle s'était sentie indisposée assez gravement pour rester au lit quelques jours dans une chambre d'auberge, et qu'elle était revenue à Paris au lieu de continuer sa route, pour se trouver plus à portée, en cas de rechute, des soins de Bordeu, en qui elle avait toute confiance.

Cette histoire de maladie n'était guère soutenue par la mine de la marquise, qui était la plus radieuse et la plus fleurie du monde; mais comme elle était rigoureusement plausible, il la fallut bien accepter, car personne n'avait le droit de la trouver mauvaise.

Les jours suivants, M⁽ᵐᵉ⁾ de Champrosé eut soin de

se faire voir en plusieurs endroits, pour bien constater sa présence à Paris.

Elle reparut en grande loge à l'Opéra et à Versailles, où elle fit sur le grand escalier de l'Orangerie une rencontre qui la faillit déconcerter.

Comme elle descendait l'escalier, Candale le remontait.

En voyant venir cette femme avec un panier de six aunes, des plumes, des diamants, et tout l'attirail d'une grande toilette de cour, poudrée à blanc et fardée en roue de carrosse comme une princesse, entourée d'un groupe de courtisans qui papillonnaient, Candale fut étrangement troublé.

Il avait démêlé dans les traits de la marquise une ressemblance la plus singulière du monde avec les traits de Jeannette.

Malgré la différence d'air et de costume, le rapport était si frappant qu'il ne put s'empêcher de s'arrêter sur la marche où il se trouvait et de regarder fixement Mme de Champrosé en s'écriant :

« Grands dieux ! Jeannette.... »

La marquise, qui continuait de descendre, jeta sur lui un coup d'œil étonné et naïf, comme quelqu'un qui est surpris par une action qu'il ne comprend pas, et voyant Candale immobile, les pieds soudés au marbre par la stupeur, elle continua légèrement son chemin, suivie du commandeur de Livry et de Bafogne, qu'elle se plaisait à faire marcher fort vite, parce qu'il était fort gros : petite méchanceté qui la réjouissait infiniment.

« Que la nature est bizarre dans ses jeux, pensa Candale en remontant l'escalier, lorsque la vision fut évanouie : elle s'amuse à jeter deux visages dans le même moule, et à tirer une double épreuve d'une marquise ou d'une grisette ! Comme elles se ressemblent ! mais comme Jeannette est plus jolie ! »

Non, cher vicomte, Jeannette n'est pas plus jolie, et tu t'en convaincras bientôt. Seulement, tu fais ton devoir d'amoureux en trouvant ta maîtresse la plus belle du monde, — plus belle qu'elle-même.

Il n'y a que la foi qui sauve, et la foi de l'amoureux vaut la foi du charbonnier, c'est la bonne.

XXIV

L'on n'a pas oublié que le droguiste était sorti de chez Jeannette profondément blessé de voir son illustre alliance dédaignée par une petite créature, fort gentille, en vérité, mais qui n'avait pas un sou vaillant.

Il chercha à se venger de ce dédain, et comme il connaissait le courtaud de boutique, amant de Justine, à qui celle-ci avait eu la faiblesse de dire la vérité sur Jeannette, sous prétexte d'avoir des renseignements sur cette petite qui l'intéressait, il lui tira les vers du nez, et sut que la prétendue ouvrière en dentelles n'était autre que Mme la marquise de Champrosé, découverte dont il se promit de tirer bon parti.

En effet, il répandit le bruit que la marquise, à l'instar de beaucoup de dames haut placées, ennuyée des voluptés de la cour et des fades galanteries de courtisans éteints, attirait de jeunes hommes du peuple dans de petites tours de Nesle, où elle jouait différents personnages, pour avoir les bénéfices du plaisir sans en prendre la responsabilité.

Il ne borna pas là sa méchanceté, comme on va le voir; mais l'étoile qui présidait à la destinée de Jean et Jeannette, qu'on nous permette de leur donner encore ce nom, était si décidément heureuse, que tout ce qu'on imaginait pour leur nuire tournait à leur avantage.

Le jour où Candale vint chercher Jeannette pour signer le contrat, un commissionnaire ouvrit la porte et jeta une lettre sur la table.

Cette lettre était à l'adresse de M. Jean, et contenait ces mots :

« Monsieur Jean,

« Prenez garde à vous ! vous êtes tombé dans un piège ; vous avez sans doute entendu raconter des histoires de jeunes gens aimés par de grandes dames déguisées qui voulaient voir si les plaisirs du peuple valaient ceux de la cour, et si l'ivresse des cabarets étourdissait mieux que celle des petits soupers ; on vous a parlé de beaux garçons qui disparaissaient, soit dans les oubliettes d'une bastille, soit dans la cale d'un vaisseau partant pour les îles.... Tremblez ! l'ouvrière en dentelles est une marquise, Jeannette est Mme de Champrosé. C'est vous dire assez le sort qui vous attend, lorsque le caprice de cette autre Mme d'Egmont sera passé. Si vous avez du courage, tâchez de vous venger d'avoir été joué de la sorte, et de la perdre comme elle le mérite ; si vous n'avez pas assez de cœur pour cela, et si vous avez mordu à ses amorces, ne vous en prenez qu'à vous de ce qui vous arrivera. Vous êtes averti !... »

Le vicomte de Candale, qui, ne pensant qu'à son bonheur, avait négligemment ouvert cette lettre écrite sur du papier à chandelles, fut on ne peut plus surpris de son contenu lorsqu'il y jeta les yeux.

« Que signifie cette étrange histoire? s'écria-t-il la voix altérée.

— Ah ! Je vois ce que c'est, dit Jeannette en parcourant l'épître le plus tranquillement du monde ; ma femme de chambre aura jasé.

— Votre femme de chambre ! quoi ! grands dieux ! serait-il vrai ! éclaircissez ce mystère ou je meurs !

— Jeannette a fini son rôle.

— C'en était donc un?

— Monsieur Jean, il vous siérait mal de gronder Jeannette.

— Cette lettre dit donc vrai?

— Très vrai.

— Madame la marquise de Champrosé !

— Monsieur le vicomte de Candale !

— Perfide !

— Trompeur !

— Ah ! comme vous m'avez joué !

— Et vous, sans Rosette, vous seriez toujours M. Jean.

— Si cette lettre n'avait pas tout découvert, vous auriez encore gardé le silence?

— Ma signature au bas du contrat vous aurait tout à l'heure révélé mon secret. Allons, mon cher Candale, ne vous désolez pas.

Je ne suis qu'une marquise, c'est vrai, mais toutes les femmes n'ont pas le bonheur de venir au monde grisettes. Suis-je donc enlaidie depuis que je ne suis plus Jeannette?

— Non, dit le vicomte en lui baisant la main avec feu.

— Et quand vous me rencontrerez sur l'escalier de Versailles, vous me reconnaîtrez et vous me saluerez.

— C'était donc vous?

— Assurément.

— Au fait, il ne peut y avoir deux Jeannettes au monde.

— Flatteur !

— Quel singulier enchaînement de circonstances !

— C'est une sympathie secrète qui nous a guidés tous les deux; mais n'allez pas croire que j'aie l'habitude de ces sortes d'escapades. D'ailleurs, vous verrez bien que non, dit en riant Mme de Champrosé.

Mon histoire est la vôtre : un caprice m'a fait prendre, un soir d'ennui, ce travestissement de Jeannette, sous lequel j'ai eu le bonheur de me faire aimer de vous.

Dans le monde, dominés par la mode et la frivolité, nous n'aurions pu, à travers le tourbillon des plaisirs, démêler nos vrais caractères. Nous aurions passé l'un près de l'autre sans nous comprendre.

Le masque nous a rendus vrais. Moi qui ai la réputation d'une femme à la mode maniérée et piquante, je suis simple et vraie, la nature seule me touche.

Et vous, malgré votre réputation de petit-maître et d'homme de bonne fortune, vous êtes tendre et candide. N'en disons rien à personne, et soyons toujours l'un pour l'autre Jean et Jeannette. »

Le mariage se fit dans la chapelle de l'hôtel Champrosé, et le soir, quand l'abbé vint pour rendre ses soins à la marquise, il s'étonna de voir dans le salon une figure nouvelle dont il n'augura rien de bon pour l'avenir de sa flamme, car l'inconnu était jeune, beau et magnifiquement habillé.

Pour contre-balancer l'effet du nouveau-venu, l'abbé récita à la marquise une pièce de vers sur laquelle il comptait beaucoup et qui commençait ainsi :

> Croyant voler sur une rose,
> Un papillon s'était posé,
> Tremblant, sur la bouche mi-close
> De madame de Champrosé....

« Halte-là ! mon cher poète, dit la marquise en riant, je suis bien désolée de déranger la symétrie de vos vers, mais je ne suis plus Mme de Champrosé, je m'appelle maintenant la vicomtesse de Candale, ce qui ne rime plus si bien, et voici mon mari que je vous présente. »

Le commandeur, le traitant et le chevalier apprirent bientôt cette nouvelle et s'y résignèrent. L'abbé seul ne put arranger son couplet avec le nom de Candale et resta inconsolable.

A quelque temps de là, Rosette reçut une grande boîte pleine de dentelles de Malines et un bracelet de diamants fort gros et d'une eau superbe.

Un petit billet était joint à ces deux cadeaux.

Il contenait ces mots : De la part de Jean et Jeannette.

FIN

TABLE

Pages.

Les Roués innocents 1
Militona 125
Jean et Jeannette 250

BIBLIOTHÈQUE-CHARPENTIER
11, RUE DE GRENELLE, 11, PARIS
A 3 FR. 50 LE VOLUME

CHOIX DE ROMANS NOUVEAUX

PIERRE ALLEN
Carmen Lohry .... 1 v

PAUL BONNETAIN
Au Tonkin .... 1 v

FERDINAND FABRE
Toussaint Galabru .... 1 v

EDMOND HARAUCOURT
Amis .... 1 v

ABEL HERMANT
Nathalie Madoré .... 1 v

ARSÈNE HOUSSAYE
Madame Lucrèce 1

GUSTAVE MACÉ
Un Joli Monde 1

HECTOR MALOT
Ghislaine .... 1 v

A. MATTHEY (Arthur Arnould)
Le Billet de mille .... 1 v
189. H. 981 .... 1 v

CATULLE MENDÈS
La Première Maîtresse .... 1 v

CAMILLE OUDINOT
Filles du monde .... 1 v

ANDRÉ THEURIET
L'Affaire Froideville .... 1 v

ÉMILE ZOLA
La Terre 1

Imprimeries réunies, A, rue Mignon, 2, Paris. — 11633.

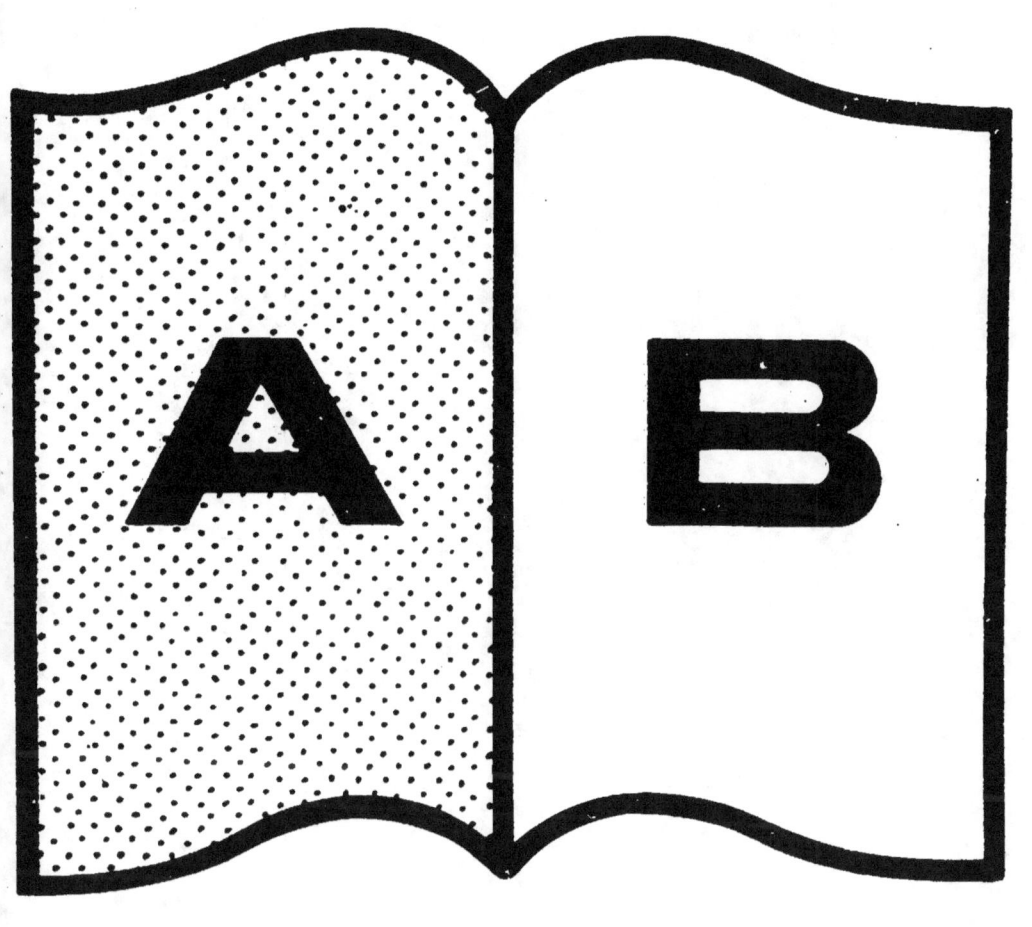

Contraste insuffisant

NF Z 43-120-14

www.ingramcontent.com/pod-product-compliance
Lightning Source LLC
Chambersburg PA
CBHW071858230426
43671CB00010B/1389